JN233768

学校教育の心理学

梶田正巳 編

名古屋大学出版会

学校教育の心理学

目　　次

序　章　「学校教育の心理学」を学ぶ……………………………… I
　　　1　基本にもどる　1
　　　2　学力とは何か　2
　　　3　抽象と具象　4
　　　4　豊かな時代の意欲　5
　　　5　「学校教育の心理学」を学ぶ　7

第Ⅰ部　人間発達と教育

第1章　発達の理解はなぜ必要か……………………………… 10
　　　1　人間理解の第一歩　10
　　　2　教育活動に生かす　11
　　　3　発達理解のポイント　17

第2章　レディネスをどう考えるか…………………………… 21
　　　1　学習の条件　21
　　　2　成熟優位のレディネス観　22
　　　3　形成的なレディネス観　23
　　　4　既有知識と教育　25
　　　5　レディネスを越えて　28

第3章　発達のプロセスを知る………………………………… 31
　　　1　発達段階　32
　　　2　発達のプロセスを理解する視点　37

第4章　知的能力はどう発達するか…………………………… 43
　　　1　知的とは　43
　　　2　知的発達　45
　　　3　知的発達と教育　49

第5章 社会化するということ……53

1 社会化の出発点 53
2 学校教育期における子どもの社会化 56
3 現代社会と子どもの社会化 61

第6章 セクシュアリティの発達……64

1 青年期におけるセクシュアリティの発達課題 64
2 異性関係の発達 65
3 学校における指導 67

第II部　学びの環境

第1章 学力を伸ばす……76

1 学力の幅と奥行き 76
2 生きる力としての学力 80
3 新しい学力観 81

第2章 やる気はどこから生まれるか……85

1 教育場面におけるやる気の時代的変化 85
2 やる気をどうとらえ直すか 88

第3章 学習指導をどう組み立てるか……95

1 学習指導を考える際の3つの要件 95
2 教育目的に応じた学習指導のあり方 97
3 学習指導法のモデル 99
4 授業を設計する 101

第4章 教科指導と総合的な学習……105

1 指導要領改訂と学習指導 105
2 教科を指導する 107

3　なぜ総合的な学習が求められるのか　108
　　　4　総合的な学習をどのようにとらえるか　111
　　　5　総合的な学習にどう取り組むか　112

第5章　インターネット環境の意味 …………………………………… 117
　　　1　学習と学び　117
　　　2　学びの要請の背景　118
　　　3　アイデンティティ形成と学び　119
　　　4　学校のインターネット環境の整備　120
　　　5　インターネット環境の教室でできること　123
　　　6　教室のインターネット環境の持つ意味　125

第6章　学習と指導をチェックする …………………………………… 128
　　　1　学校改善　128
　　　2　多面的な視点の確保　131

第III部　進路設計を支援する

第1章　いろいろな自分がある ………………………………………… 140
　　　1　多様な「わたし」　140
　　　2　文化のなかの「わたし」　143
　　　3　「わたしはだれか？」の研究　145
　　　4　将来の「わたし」　149

第2章　アイデンティティとは何か …………………………………… 153
　　　1　アイデンティティの内容　153
　　　2　学校教育とアイデンティティ　154
　　　3　アイデンティティ形成のプロセス　158
　　　4　ひとつずつ取り組む——焦点理論　162

第 3 章　家族という問題 ……………………………………………165
　　1　ライフコースからみた青年期の親子関係　165
　　2　親子関係の青年に対する影響　170
　　3　青年における家族の問題と学校教育　171

第 4 章　社会の中での進路選択 ………………………………………176
　　1　中・高校生の進路選択　176
　　2　進学という進路　177
　　3　就職という進路　180
　　4　進路選択におけるポイント　183

第 5 章　生涯にわたるキャリア発達 …………………………………188
　　1　キャリアとは何か　188
　　2　学校現場におけるキャリア開発を支援する　190

第 6 章　進路は指導できるのか ………………………………………198
　　1　進路指導とは　198
　　2　進路指導の方法と理論　200
　　3　進路指導のこれから――進路は指導できるのか　206

第Ⅳ部　人間理解と教育

第 1 章　児童・生徒がわかるとは ……………………………………210
　　1　児童・生徒理解の意義・必要性　210
　　2　児童・生徒理解の内容　212
　　3　児童・生徒理解の方法　213
　　4　児童・生徒理解における留意点　217
　　5　児童・生徒理解の課題　217

第 2 章　教師のはたらき ……………………………………………………221
  1　教師への期待　221
  2　教師の多様な役割　222

第 3 章　異文化とどうつき合うか ………………………………………233
  1　教育現場での異文化問題　233
  2　異文化とのつきあい　236
  3　教育現場，教育心理学の課題　237

第 4 章　学校における心の問題 …………………………………………242
  1　学校ストレス——関係性のなかでの理解　242
  2　学校ストレスはどのようにして生じるのか　243
  3　ストレス状況下でどのように行動するのか　247
  4　心の問題をどのようにサポートするか　249

第 5 章　現代社会と心の問題 ……………………………………………253
  1　社会の変動から見た「こころ」の問題　253
  2　若者は変わったか　255
  3　日常場面からの問いかけ　257
  4　現代社会における支援の取り組み　260

第 6 章　学校でカウンセリングをするということ ……………………264
  1　教師によるカウンセリング　264
  2　スクールカウンセラーの実際　266
  3　カウンセリングの理論　268
  4　ブリーフカウンセリング　270

あとがき　273
索　　引　275

序　章

「学校教育の心理学」を学ぶ

1　基本にもどる

　21世紀に入り，学校や大学における問題のひとつとして浮かび上がってきたのは，青少年の学力が下がっているのではないか，という懸念であった。学校教師，大学教授の中からは，児童・生徒や大学生の学力は落ちている，分数さえできない人がいる，と警告が発せられている。加えて，豊かな時代に育った日本の青少年の勉強に対する意欲，ねばり強さ，一般的には生きる姿勢に対して，大人は大きな不安を抱いている。そのために，最近では，学力や青少年問題，子どもの健全育成などに関する評論や論文，単行本が目白押しに刊行され，いたるところで熱い討論が行われている。

　学校や教育に対して人々の関心が高まることはすばらしい。しかし，こうした機会にこそ，原点にもどり本質的問いを発することが肝心ではないだろうか。下がったとか，とぼしいと懸念される青少年の学力，意欲とは，そもそもいったい何なのか，というテーマに取り組むことである。

　目の前の現象にとらわれず，少し学力という言葉を吟味するだけでも，興味深い認識が得られる。とりわけ，青少年の人格形成や，彼らを導く教職に大きな関心がある読者や，仮に教職なら，教師にとって不可欠な学力を見過ごすことはできないし，本書でどんな力を身につけるかも重大な課題であろう。学力や意欲は数ある問いの中の核心をなすクエッションである。「学校教育の心理

学」を学ぶにあたって，身近なエピソードから考えるヒントを提供してみよう．

2 学力とは何か

　大学3，4年生と一緒に教育心理学の論文を読んでいたときのことである．目新しい専門用語，メタ認知（meta-cognition）が出てきた．幸い聞いたことがあるという学生がいたので，早速，その意味を尋ねてみた．すると「人間の知的活動を上からコントロールしている高度な知識」という返事が返ってきた．間違いなく正答なのである．

　しかしながら，それを聞いていた他の受講生の表情はさえない．そこでまた，人間の知的活動をモニターしているという高度な知識，メタ認知の実例を，1つ，2つ挙げてほしい，と頼んだ．すると，彼ははたと困ってしまった．具体例はわからない，実例をまったく思いつかない，というのである．言葉では間違いなく説明できるが実例をいえない．言葉の定義とその実例との間の大きなギャップが浮き彫りになった．抽象的に把握していても，具象とは結びついていない．これはいったいどうしたことか．彼の専門用語の知識が信頼できる学力かどうか心配になるし，単なる説明以上の深い学力，すなわち，よくわかる，深く理解するとは，いったい何かについて，問いが生まれるだろう．

　また，幼稚園や小学校低学年の絵の時間になると，よく目にする出来事がある．ある子どもの画用紙には，太陽と土が描かれていた．太陽は赤く大きくぬられているが，土はなぜかピンク色．担任の先生は驚いて，「土は茶色でしょ．ピンク色にぬってはいけない」と注意したという．しかし，その子どもは砂あそびが大好きで，いつも砂を手にすくってあそんでいた．砂の中をよく見ると，ピンク色の砂粒があり，それに強く心をひかれていた．画用紙に描かれたピンクの土には，このようにしっかりとした背景があったのである．

　それを無視して，「太陽は赤，空は青，土は茶色，木は緑」と教えたら，どんな絵の勉強になるだろうか．第1に，土をみると確かにピンク色の砂粒があるけれども，なぜ茶色にぬれというのか，子どもには大きな疑いが生まれる．先生のいいつけ通りにしたら直された．よく見て絵を描きなさいというが，よ

く見るとはいったい何か。子どもの内面には，何かおかしいという鋭い感覚，根本的疑問が生まれるだろう。

　第2に，いわゆる賢い子どもなら，きっと「太陽は赤，空は青，土は茶色，木は緑」という公式，すなわち抽象的命題通りに絵を描くだろう。絵の時間は公式を思い出して，一見うまく場面に適応しているかにみえる。ものわかりのいい子どもであるが，実態は絵を描いているのではない。公式，つまり抽象を再生しているにとどまり，描く対象の語りかけには，応えていない。この優秀な子に，絵を描く本当の力があるといえるだろうか。

　そしてもっと深刻な問題がある。ピンク色の土が発する子どものメッセージを受けとめることに失敗すると，何が起きるか。「土は茶色である」は逆に学ぶ人の意味構造，学力を破壊しはじめる。大人なら教授や教師との意見のくい違いは，新たな挑戦や創造性への大きなエネルギーに転化するかもしれない。しかしながら，大人の知的権威に素直な子どもには，反対にマイナス効果が現れる。こんな出来事は，学校や家庭，社会の中で日常茶飯事に起きている。

　別のエピソードを挙げよう。塾帰りらしい中学生が電車の中で一生懸命に勉強している。参考書の中の「熱帯雨林気候，サバンナ気候，地中海性気候，ステップ気候」などの学習用語の短い解説を熱心に憶えていたのである。

　たとえば「熱帯雨林気候とは，赤道の付近にあって，一年中多雨で，日中はスコールと呼ばれる激しい雨の降る気候である。この気候帯にあるインドネシア，マレーシア，ブラジルなどでは，あらゆる植物の成育が早く，密林ができる」などと説明されている。地球上のどこに熱帯が分布し，その気候がいかなるものかを憶えることは必要な学力であろう。

　とはいえ，体験できない熱帯雨林気候を，国語辞典のように説明できたとして，それがよくわかった，期待される学力になるだろうか。教科書通りに憶えるのが基礎学力だ，というわけにはいかない。メタ認知の実例がいえない大学生のように，概念的説明だけでは明らかに疑問が残る。としたら，本当の学力，よくわかるとはどのような力を指しているのか。

3　抽象と具象

　ノートや参考書、板書を完全に憶えるとは、キーワードとその説明を仮に「命題」ないしは「命題集合」と呼ぶと、命題学習をしたことにはなる。むずかしい未知の言葉や概念を、やさしい表現に代えて読み解くことは、わかること、学力への第一歩ではあろう。知識を憶えているという状態が生まれたのである。テストはできるし、それも無視することはできない。しかしながら、よくわかったり、期待される学力とは、「熱帯雨林気候は○○である」、「メタ認知には△△の特徴がある」、「土は□□色である」というような国語辞典的理解以上のものであろう。

　ちなみに、先の熱帯雨林気候にある「一年中多雨」を、われわれ日本人が目にすると、どんなイメージを浮かべるだろうか。朝から晩までしとしとと降る梅雨感覚が浮き出て、たいへんな誤解を生む。われわれが説明を理解するとき、自分の内にある既有知識で、あれこれ解釈し補っていくので、必然的にズレが生じるのである。端的には「抽象」と「具象」が結びついていない。抽象から学んで、そこにとどまっていると、こうした問題は常に付きまとう。

　結局は、抽象的な言葉や知識に頼るのではなく、よくわかるためには、徹底的に具象にこだわり、抽象に抵抗することといってよいかもしれない。そして深い理解に近づくために、たえず具象による検証活動、つまりリアリティ・テスティング（reality testing）を重ねることであろう。

　とはいえ、どれだけ創意をこらしてみても、時間的、空間的、物理的に直接には触れられない抽象的な対象、すなわち言葉、概念、命題から、具象を間違いなくとらえることはたいへんにむずかしい。誤解は避けられないだろう。わかるとは深さの問題かもしれない、間違いやズレがある、という感覚が最も大切になるのではないだろうか。

　そもそも学習や勉強、理解、コミュニケーションには誤解は必然的であり、そのためには「疑い感覚」が不可欠なのである。期待される学力とは、疑い感覚に裏打ちされた認識、理解とでもいえるかもしれない。繰り返せば、対象に迫りながら、疑いの感覚に従って、自力で問いを発し続け、解決を求めるトー

タルな力をさして，学力というのかもしれない。

4　豊かな時代の意欲

　ところで，われわれ人間が何に対して意欲，生きがいを持つかは，時代や社会の大きな影響を受けている。例えば，明治・大正時代の日本人の多くは，立身出世の価値意識によって，強く動機づけられていた。社会から見れば，当時は，江戸時代の身分社会の遺制があり，生活も貧困であったから，それから抜け出すことが人々の大きな目標になっていた。より高い教育を受けることは，それを実現する卑近な手段であった。一般的には，かつての日本がそうであったように，発展途上にある社会や時代にあっては，何に自分を向ければよいか，意欲の対象を身近な環境の中から容易に見いだすことができるのである。

　それに対して現代の日本は，昭和30年代，40年代と比べても，非常に豊かになり，いわゆる高い望みを持たなくても，十分に暮らしていける社会になっている。いまやフリーターという定職を持たない生き方が定着しているといわれる。豊かさに適応した気楽な生き方，裕福な時代の自然な帰結といえるかもしれない。

　もちろん，他方では豊かさをばねにして，世界の最高レベルの場に身を置き，一生懸命に努力を重ねて，国際的なコンクールや競技会，世界選手権などにチャレンジして，優れた成果をあげている人々もけっして少なくない。今日，豊かさはある人々には大きな恵みを，他の人々には損失を与えている。このように，どのような社会や時代の中で生きているかが，人々の意欲の行方を左右し，ひいては人格形成や教育のあり方を形造っている，といえるだろう。現代の青少年の意欲，やる気を考えるとき，トータルな時代背景や社会的な文脈を忘れることはできない。

　このことを痛切に思い起こさせたのは，先頃のアフガニスタン報道であった。マスコミが取りあげた数ある報道の中で，難民キャンプを伝えたものがあり，歳の頃は小学生の子どもたちが，3，40人も集まって勉強している光景が映しだされた。厳しい冬空の下に，先生と子どもたちがいるだけである。だれもが

きわめて質素な衣服をまとっていた。先生は立っているが，子どもたちは地べたに座っている。黒板はいうまでもなく，机や椅子があるわけではない。勉強に必要な教科書，参考書，ノートはむろんのこと，鉛筆も消しゴムもない。ノートの代わりをするものは地べただし，鉛筆は指か石を代用していた。まったく何もないのである。これ以上悪いものはない環境の中で，ただひとつ強烈にその存在を誇っていたものは，いったい何か。子どもたちの「勉強への意欲」である。報道記者の質問に，子どもたちは，いま勉強が一番楽しい，字を憶えたいし，算数ができるようになりたい，とはっきりと答えていた。その答えが素直に受けとめられる光景であった。

　現代の豊かな日本における青少年の教育，人間形成を考えるとき，われわれはどのような視点を失ってはならないだろうか。端的には，精神的ないしは人格的飢餓感とでもいえるものである。物質的には何不自由なく暮らしている今日の日本人は，心理学者，マズローの言葉を借りれば，「欠乏欲求」，すなわち生理的欲求や安全欲求は十分に満たされている。衣食住の貧困に閉じこめられた青少年は，今日，劇的に少なくなり，貧しさや危険といった一次的外部環境条件に起因する内面の欠乏感，ハンガーをほとんど自覚しないまま，毎日を暮らしているのである。

　それに対して，マズローは自己実現の欲求は「成長欲求」であるという。空腹や危険とは違って，自分の目標を達成したい，価値ある人生を追求したい，という意欲，動機づけは，外の世界がもたらすハンガー，欠乏感から由来するものではない。これを成し遂げたい，ああ成長したい，という価値意識や目標を自分の内面に創造してはじめて，欠乏欲求のハンガーとは異なった人格的飢餓感が湧き出るものなのである。

　表現を換えれば，豊かな社会の青少年は，自分にとって意味ある「こころざし」，「アイデンティティ」を自力で築くことによってはじめて，成長欲求や人格的飢餓感が生き生きと発動し，価値ある生き方も生まれる。加えて留意しなければならないのは，欠乏欲求を生きるのとは異なり，どのような目標，こころざし，アイデンティティを自分の内面に創造するかは，まさしく人によってまちまちである。大人も青少年も成長欲求には大きな個人差があり，つまると

ころ，一人ひとりの持てる力，つまり創造性が試されている，といえよう。

5 「学校教育の心理学」を学ぶ

それでは，以上のような課題に，教育は具体的にどのようにかかわることができるだろうか。これらの新しいテーマにしっかりと向き合うために，どのような問題把握が必要とされているのであろうか。従来，このような課題を考える上でもっとも重要な役割を果たしてきた教育心理学は，残念ながらここで述べてきた教育をめぐる環境の変化，課題の変化に対して十分に応えることができていないのではないだろうか。

いま，あらためて教育心理学に必要とされるのは，実際の教育場面でどのように子どもの発達を支援していくことができるのかを，具体的に考えることであろう。本書は，何より，変貌著しい教育現場での問題になるべくありのままの形で触れることができるよう配慮されている。上記のような教育をめぐる基礎的な価値観や状況の変化をふまえるとともに，家庭や地域社会とともに，子どもの教育を支える決定的な場である「学校」を焦点に，その変化を丁寧にすくい取ることで，子どもにとっていま本当に必要な支援が何であるのかを考えることにしたい。

学校は，現在，その制度や設備，カリキュラムやスタッフの面でも，激しい変化のただなかにある。総合的な学習の導入をはじめ，学校五日制の完全実施，「情報科」の設置，コンピュータ教育，インターネットへの接続による学習の普及，心の問題への対応の拡大，スクールカウンセラー制度の採用など，枚挙にいとまがない。いずれについても，単なる外面的変化にとどまらない大きな問題を内に含んでおり，子どもの発達を支援する上で，現場での対応がどのようになされるべきか，一貫した見とおしと具体的なノウハウが求められよう。

また価値意識や目標の創造，アイデンティティの形成の重要性がかつてなく増していることは，先に述べたとおりであるが，これについては，本書では，第Ⅲ部「進路設計を支援する」において，これまでのテキストにはない手厚い解説を行っている。アイデンティティとは，端的にいえば，これまでの自分と

は何であったのか，これからの自分は何をめざし，どのような生きかたをするのか，という問いに対して能動的に応えることであり，青少年の成長にとっては，まぎれもなく中核をなすものである。これは，学校教育の場面では，進路選択，進路設計，進路指導という形でもっとも多く問題となる。最近の生涯発達の用語でいえば，キャリア発達，ライフキャリアの問題として取り扱われるものであり，教師がそれにいかにかかわり，どのような働きかけでいかなる役割をはたしうるのかを含め，そこから多くの示唆を引き出すことができる。

また，近年見逃せない問題となっているセクシュアリティの発達への支援，かかわりにも，基本をふまえたより積極的な関与，正しい知識に基づく問題対応がますます必要になっており，あらためてこれらの課題に応えなければならない。さらに，ボーダーレス化による教室の否応のない急速な国際化への対応や教育方法の革新はもとより，理念自体を国際化の時代に即して組替えていくことも忘れてはならない。

もちろん，本書では，新たに浮上した課題ばかりではなく，これまでも研究が重ねられてきた，基礎的な子どもの発達過程や学習指導の方法，家族の問題なども，各分野の第一線の研究者がわかりやすく解説しており，教育心理学に必要な内容をすべて盛り込んで，教育心理学の全体像をつかむことができるようになっている。また，教員採用試験受験者の便宜を考え，重要なキーワードを各章末に示して詳細な説明を加えているので，参照できるであろう。

ひとりでも多くの学生・教員の皆さんが，本書の学習を通じて教育現場の課題に確かな答えを見いだし，基礎的知識をしっかり身につけたエキスパートとして，各自の関心をさらに深く追求していかれることを心から願っている。

（梶田正巳）

第Ⅰ部

人間発達と教育

　青少年の教育に携わろうとする時，人間はどのように成長・発達するのか，発達は何によって大きな影響を受けるか，特に教育はどのように人間の発達を方向づけるか，などの基本的問いに直面するであろう。成長・発達には，DNAなどの素質的要因や成熟も重要であるが，意図的なしつけや教育，広くは偶発的なものも含めてさまざまな環境要因が大きな機能を担っている。その中には，プラスに働くものも，マイナスに働くものもある。また乳幼児期，児童期，青年期などのように，生涯の発達過程をその特徴によって，いくつかの段階に区分し，理解することも大切である。第1章「発達の理解はなぜ必要か」，第2章「レディネスをどう考えるか」，第3章「発達のプロセスを知る」は，こうした基本的問いについて考えようとするものである。

　成長・発達は，人格のさまざまな面で起きている。特に学校教育は，一方では青少年に世界や日本が継承する普遍的あるいは伝統的文化を伝えるとともに，他方では明日を生きる力を育むことに大きなねらいがあり，知的発達の理解は不可欠である。第4章「知的能力はどう発達するか」が扱うのは，このような問題である。青少年の人格発達を論じる第5章「社会化するということ」は，人間の成長過程を社会的関係のなかで，トータルにとらえて理解しようとしているところに大きな特徴がある。いつの時代も青少年の教育で，もっとも大きな問題のひとつは，思春期や青年期における性のめざめへの対応である。第6章「セクシュアリティの発達」では，青少年のセクシュアリティやそれにまつわる諸問題を詳しく扱っている。

第1章

発達の理解はなぜ必要か

1　人間理解の第一歩

　人間の心を理解するには，今起きている状況だけを知るのでは不十分である。その心理過程はどのように発生し，その後環境の中でどのように発達していくのかを把握してこそ，その人の行動の全体像とその意味がわかってくる。発達の理解は人間を理解する第一歩ということができよう。

　ここで，発達理解がどのように人間理解を助け，社会生活に有用かを述べる前に，発達研究の歴史的背景を簡単に振り返ってみよう。

　子どもの発達を理解しようという機運はダーウィンやルソーらの思想にそのルーツがある。15, 16 世紀までのヨーロッパでは，子どもは「小型の大人」であるとされ，子どもそのものに対する関心は低かった。17, 18 世紀になると経済発展にともなって教育や子どもへの関心も高まり，ルソーの小説『エミール』が注目された。『エミール』では子どもの生まれながらの素質が重視され，子どもの素質が5段階をへて発達していく様子が示されている。19 世紀には，ダーウィンの『種の起源』が発表され，子どもの精神発達を個体発達の典型としてとらえる発達観をもたらした。またダーウィン自身も，『人間の由来』『一児の伝記的素描』という著書において，子どもの言語獲得をとおして精神発達を明らかにしようとしている。ダーウィンの研究はその後の児童研究に大きな影響をあたえた。たとえば科学者が自分の子どもの観察によってそ

の言語，情緒，問題解決などを解明するという日誌研究を促す契機となったのもその一例である（村田，1992）。

　19世紀から20世紀にかけて児童心理学の源流ともいえる研究や学問が生まれている。学習不振児に適切な教育を与えるために始まったビネーの知能検査の研究，パブロフの条件反射説，不適応と乳幼児期の体験の関係を指摘するフロイトの精神分析理論，そして鳥類の刻印づけの臨界期を示したローレンツらの比較行動学などである。

　知能検査の考案は，その後個人差の概念や知能構造の研究へとめざましい発展をとげ，条件反射説は行動主義，すなわち刺激と反応による行動形成の考え方をもたらした。フロイトの精神分析理論は行動主義とは対極の心の内面の無意識世界をテーマとしており，人との関係や幼児期の体験が個人の内面に意味を持つことを示した。比較行動学における臨界期の概念は，子どもの発達における初期経験の重要性を示唆するものであった。

　以上のような潮流を背景として児童心理学が生まれたといえるのは20世紀も20年代以降である（岡本，1995）。このころにはヴィゴツキー，ゲゼル，ウェルナー，ピアジェ，ワロンらがそれぞれの立場から子どもの発達理論を発表し，それらは現在の発達研究に直接の影響を与えている。

　今日では，児童心理学は発達心理学と呼ばれることが多い。これは，多様な意味を持つ発達という概念を見直し，子どもが乳幼児期から成年期へと成長する過程を，人の生涯全体からとらえようとする発達観が注目されているからである。また，発達心理学では子どもの発達の諸側面を克明に跡づける「個性記述的な研究」ばかりでなく，子どもの行動発達の法則を見いだすために仮説をたててそれを検証する「法則定立的研究」もさかんになり，相互が補い合って，現実の子どもを理解しうる理論や実践的な知識を提供しようとしている。

2　教育活動に生かす

（1）　教育と発達理解

　発達に関する知識は，家庭での育児，親子関係，学校教育，社会教育，施設

での養護や療育，などのあらゆる分野で子どもとどう接すればよいのかについての基礎的な指針を提供する。また，子どもの発達上の問題の発見やその解決を手助けする役割ももっている。

とくに学校教育は，家庭教育とあいまって直接的に子どもの心身の発達に関与している。なかでも，教育内容すなわち教育課程の編成と教師の日々の授業展開や子どもへの接し方は大きな影響をもっているといえよう。つまり，一人ひとりの教師の心構えや態度が子どもの学習や学校生活の成否を左右し，ひいては子どもの心身の発達を左右するといってもよい。

そこで教師の子どもに関する知識が重要となる。とくに学習や人間関係の基礎となる知的発達，言語発達，情緒発達，社会的発達，親子関係などの知識と理解は，教師の日々の態度を決定する情報を含んでいる。以下に，発達理解の意味を具体的に紹介しよう。

(2) 言語発達を理解する意味

言語発達は精神発達全体と深い関係にある。乳児のことばの遅れは単に言語発達の問題だけでなく，さまざまな発達の問題のサインであることが多い。たとえば，身体発育の遅れ，情緒障害，聴覚障害，知的障害，注意欠陥多動性障害，自閉症なども，初期にことばの遅れを示す。ことばの発達は，障害の早期発見と適切な処遇を可能にする目印となりうるのである。

言語と心の関係は乳児期だけの問題ではない。緘黙，吃音，構音障害など幼児期・児童期にみられる言語に関する問題の多くは，ことばだけではなくその子どもの社会的関係や情緒的発達の問題が背景にあると考えられている。言語行動に関する問題でありながら，問題解決のためには多面的に子どもを理解していかなければならないひとつの例である。

さて，学童期の言語発達は国語をはじめとする教科学習の基礎である。学童期は具体的操作という認知構造が確立する時期であるので，言語においても6歳から10歳くらいにかけて著しい発達を示す。

学童期の言語発達の特徴を村田（1986）を参考に列挙すると，ことばの意味や品詞の理解の深まり，書きことばの獲得，自己中心的言語から社会的言語へ

の脱却，言語的伝達能力の発達，読み能力の発達などがある。

　その中で書きことばの獲得は，話しことばとは異なる独自の難しさをともなうことが指摘されている（岡本，1986）。つまり，書きことばは具体的文脈や状況から離れて，不特定の人に客観的に表現しなければならず，話しことばのように聞き手があいづちを打つというような相互作用もない。また子どもの日常会話ではあまり使われない，「です」「ます」などの丁寧語を使って書くことが求められる。このように，書くことは客観性，内容の構成能力，状況に依存しない抽象的な能力などが要求される高度な作業である。ところが現在のところ，国語の教育課程では読解指導のほうに多くの時間が費やされ，書くことにはあまり時間がとられていない。とくに小学生では，読みや文章の理解力が自然に書く力に移行するわけではないので，これを育てる固有の指導が必要である。

　固有の指導の例として，小学校1年生の作文指導の試みが挙げられる（鹿島，1981）。鹿島は，子どもに対して，「あのね帳」というノートに「せんせいあのね」と語りかけて文章を綴ることを奨励し，そこから生まれた子どもたちの生き生きした文章を紹介している。これらの文章表現は，日常の学習活動や教師の人間性をも背景にしていることはもちろんであるが，指導によって段階的に書きことばが獲得されていくことの証左でもあろう。

　書きことば獲得の難しさは，教科書や読み物などの文章理解に影響を与えている。文章理解も話しことばの理解よりも高度な理解力が必要となる。小学校低学年では文章を音読，黙読できても，そこに表現された客観的な世界について真の理解ができないことも多い。教師は，子ども一人ひとりの経験や興味・関心を把握して，子どもの理解に合わせた読み方や説明をとおして読むことと理解することの橋渡しを工夫する必要がある。

（3）　認知発達を理解する意味

　ピアジェの発達理論では子どもの認知構造には4段階があり（第Ⅰ部第3,4章参照），このうち6,7歳からの具体的操作期と11,12歳からの形式的操作期が学齢期にあたっている。具体的操作期では，保存性，類概念，空間概念などが形成され，学齢期の認知発達の土台を形成する。そして学童期後半から

徐々に，具体的経験を離れた抽象的論理的思考が可能となり，中学生の頃にほぼ論理的な思考が完成する。

認知や思考の発達は数概念，科学的概念，歴史や文化に関する概念を学習する上で重要な役割を果たす。数字のもつ序数と基数の性質や集合概念を理解したり，生物の分類の階層性を正しく分類するには，認知，すなわち事物（事象）のもっている共通の特徴を抽出したり，統合したりする精神機能が必要である。

また，保存性概念も児童期に獲得される概念である。これは，見かけ上の変化があってもものの質量は不変であることを理解することであり，理論的判断が知覚的な矛盾を克服することによって成立する。この保存性概念を獲得することも，ことばの理解や理科や算数の学習に不可欠である。これらの学習では，知覚にとらわれない推理や可逆的なものの考え方，想像力，論理的思考が必要であり，学童期にこれらの認知発達が順調に進むことが子どもの学習を支える要素となる。

最後に，これまで述べてきた認知を含んだより広範な精神機能である，知能について述べよう。ウェクスラーの定義（塩見，1991）によれば知能とは，「目的的に行動し，合理的に思考し，環境を効果的に処理しうる総合的全体的能力」であり，ガードナー（子安，1992）によれば「言語的知能，音楽的知能，空間的知能，論理-数学的知能，身体-運動感覚的知能，人格的知能の6つの多重知能」である。いずれにしても知能は，新しい知識や技能を身につけ学力を形成する基礎的能力であり，教科学習の潜在的な能力や未来の学習可能性を知る上での手がかりともなると考えられている。

これらの知能を測定して教育や臨床に役立てようとしたのが知能検査である。知能検査は，知能概念についての考え方や対象年齢，実施方法などによっていくつかの種類がある。しかしどの検査でも，尺度（検査問題）を用いて知的機能の絶対的な年齢，すなわち精神年齢を導き出して知能指数を算出する点は同じである。そして，知能指数が100であればほぼその年齢にふさわしい知能であると判断することができる。これによって子どもの学習などに関する適応能力の把握が容易にできると考えられている。障害児や幼児には発達検査と発達指数が用いられることが多い。

ただし，知能検査でわかるのはあくまでも，測定道具である特定の知能検査をとおしての検査時点での知能指数である。知能検査で得られた個々の子どもの知能指数のもつ意味を解釈するには，用いた検査の特徴，測定の状況，さらには子どもの心身の状態などを十分に考慮しなければならない。その上で，知能指数と学習成果や学習意欲との関係を吟味したり，家庭教育でのあり方を考える資料にすることができる。

個々の知能検査はそれぞれ特色をもっている。実施にも解釈にも専門的な知識や経験が求められるので，検査の理論と技術に習熟した上で注意深く取り扱い，その結果を教育に有効に活用すべきである。簡便な集団式知能検査はよく実施されるが実際に活用されていない例も多い。重要な個人情報だけに，実施の段階から子どもに与える影響を配慮し，よりよい教育活動の指針として生かしたい。

（4） 道徳性発達を理解する意味

人が社会の成員として調和して生きていくには規範を守らなければならない。法，慣習，規則，道徳などがそれであり，子どもは社会化の過程で規範にしたがったよい行動がとれるようになっていく。さらに，単に規範にしたがうためではなく積極的に他者を利するために行動することもできるようになる。報酬をもとめず他者を援助する向社会的行動がそれである。

道徳性や向社会的行動の形成は教科学習と並んで学校教育の大きな柱である。善悪の判断，共同作業における助け合い，弱者への思いやりや援助行動などが日々の教育活動をとおして直接的，間接的に教授されている。このとき，教師や大人は，各年齢の子どもたちがどの程度，「よい」「悪い」を理解しているのか，「助け合い」の意味や方法をどう把握しているのか，子どもたちは何が「思いやり」であると思っているのかを十分知っておく必要がある。

道徳性の発達についてコールバーグ（1987）は，認知的な側面から研究している。彼によれば道徳性判断とは「何が正しいかに関する枠組み」である。そこで彼は，子どもに道徳的葛藤場面の判断を求めることによって「正しさの枠組み」の発達過程を明らかにした。道徳的葛藤場面とは，たとえば，貧しい状

況下にあるが、高価な薬が手に入らなければ家族が病気で亡くなってしまう、という場面で、子どもにどう行動するかの判断を求めるのである。子どもの反応の分析によると、どうすればよいのかという「正しさのとらえかた」は、自己中心的なとらえかたからしだいに客観的なとらえかたへと変化するという。

日本の子どものデータ（山岸，1997）では10，11歳ごろ、他者の観点も取り入れる中間地点まで発達する。したがって、他者の立場に立った道徳的判断や思いやりの行動が、子ども自身の理解に裏付けされたものになるのは小学生高学年のころといえるだろう。

山岸は道徳性判断を促す要因としては、賞罰、認知的葛藤、役割取得の経験をあげている。いうまでもなく、しつけや教育、手本を見せることも重要であるが、生活のなかで子どもたちが葛藤や役割取得などの経験ができるよう配慮していく必要がある。とくに現代では子どもたちは、きょうだいが少ないうえに豊かな物質的環境に囲まれ、葛藤場面を体験したり、他者の視点や気持ちを学ぶ機会が少なくなっている。学童期の長い期間をとおして発達に応じた教育が求められる。

（5） 発達障害の発見と予防

子どもの発達を理解しておくことは発達に関するさまざまな障害の発見につながる。また、発達の原理や発達に必要な環境要因を理解しておくことで、発達の遅れを未然に防いだり、軽度にとどめたりすることができる。

子どもの発達を理解する第一の方法は、親が日頃から子どもの様子を把握していること、また担任教師がクラス全体の中で、一人ひとりの子どもの状態を把握していることである。日常生活が自立できており親子関係や友だち関係が良好であれば家庭ではとくに発達の問題はないといえる。学校においても学業に自主的に参加し、教師や友人との関係が良好であればその子の発達はまず、順調といえる。

しかし、学業不振や注意力散漫、無気力、怠学、友人からの孤立、などの問題が見られるときは、客観的に発達状態と精神的な特徴を明らかにする必要がある。学業不振や不登校、無気力などの問題行動は、行動上の逸脱が先に注意

を引くので知的発達や社会的発達の遅れは見過ごされやすい。しかし、子どもの問題行動に際してはまず第一に発達水準に注目すべきである。発達の遅れが二次的に行動上の問題をもたらしていることが多いからである。

調べ方としては、担任教師として、日常的な観察や学力診断などの資料から現状を把握するのが第一歩である。また、児童相談所などの専門家の手にゆだねて精密に子どもの様子を調べる方法もある。たとえば行動観察、発達診断テスト、知能検査、学力診断テスト、質問紙法、投影法などである。いずれの方法もひとつだけでは子どもの発達を的確にとらえられないが、多面的な情報と日頃からの子どもの様子とを対応させて現状を把握し、どのような指導が必要かを考えていくことができる。

3 発達理解のポイント

(1) 多視点をもつ

発達は人の諸側面の多様な変化を含む複雑な概念である。そのため、発達の理解には複数の視点を同時に持つことが必要である。

今日の発達心理学では、人の出生前からの一生の変化を、完成態に向かう変化ばかりでなく、衰退や下降的な系列も含めて考えるようになっている。

また、発達にはさまざまな側面があり、感覚、知覚、知能、言語、情緒、社会性、性格、などの機能と構造が徐々に分化し、抽象化していくことも発達である。そして言語発達が認知能力や情緒発達に密接に関連しているように、これらの諸側面は相互に関連しながら発達していく。子どもを理解するとはこれらの諸側面における発達をトータルに把握することであり、複数の視点から子どもの変化をとらえることである。

(2) 状況性・関係性を見きわめる

子どもは家庭や学校ばかりでなく、社会や文化状況の中で相互作用しながら発達する。では、子どもは今、どのような状況におかれているだろうか。現代社会は、子どもに豊かな物質環境を提供する一方で、「能力主義」「学歴主義」

にもとづく，強い圧力が子どもに日常的に加えられている。子どもが少なくなって，大人の干渉や期待が過度に加わりやすくなったために，子どもの遊びや子ども集団の独自性が失われつつあるといえよう。

　学校は教師によって統制された，家庭より自由度の少ない場であり，子どもは，自分の遊びや学習に関する行動が教師によって見られ，評価されていることを意識している。そこで「よい子」になろうと過剰適応したり，「悪い子」として行動し教師の注意を故意に喚起したりする。学校や教師が子どもに対してどのような統制や評価を行うかによって子どもの反応が左右されるといえよう。家庭は子どもの行動の自由度が学校より大きく，愛情や承認，信頼感などに比重があり，その欠如は学校とは異なる影響をもたらす。

　あたりまえのことであるが人間関係も子どもの発達では大きな要因である。たとえば，言語を獲得していくとき，社会的なルールを獲得するとき，自己統制心を身につけるとき，いずれの場合にも親や教師，友だちなどの他者との相互作用や関係性が重要になってくる。他者の応答性が高く，そこに深い信頼関係があればことばや社会性は容易に獲得されるけれども，拒否的な雰囲気や不信感のなかでうまくいかないことが多い。

　このように子どもは，二重三重の状況性と人との関係性の中で生活していることを忘れてはならない。

（3）一人ひとりを理解する

　ここまでは子どもの全般的な発達理解の意味を考えてきた。最後に，親や教師が，目の前にいる個々の子どもを理解することと，一般的，平均的子ども像の理解との関係を指摘したい。

　大人が日々接しているのは一人ひとりの子どもであり，その子どもの発達や個性に関心を持っている。Aくんは縄跳びや鉄棒が得意で運動能力に優れているとか，Bさんは寡黙で友人関係がうまくいかず，社会性が未熟なのではないかとか，Cくんは学習のテンポが遅く時間中に課題をなかなかやり遂げられない，などのようにその子どもの特徴に注目しているのである。とくに親は長期間子どもにかかわるので，その発達の現実の姿をより深く把握していると考

えられる。

　このとき，大人は一般的・平均的な子ども像と比較して現実のひとりの子どもの状況を把握する必要がある。たとえばAくんを理解するとき，その年齢の運動能力は普通はどの程度なのか，一般的にはいつごろから縄跳びができるようになるのかという知識と比較しながらAくんの状況を理解し，その指導や援助をしているのである。

　つまり，子どもを理解するときには個別的な発達，一般的・平均的な発達の両方の側面からとらえる必要がある。しかも，2つの側面のどちらかに偏りすぎることなく，その発達過程にあらわれる個性を十分に把握しつつ平均像を見失わない，という複眼的な視点で子どもの発達を理解し，教育や援助の方策を見いだしていくことが重要である。

〈引用文献〉

岡本夏木　1985　『ことばと発達』岩波新書
岡本夏木・浜田寿美男　1995　『発達心理学入門』岩波新書
鹿島和夫編　1981　『一年一組せんせいあのね』理論社
コールバーグ，L.　1987　『道徳性の形成』永野重史監訳，新曜社
子安増男　1992　「知能」東洋他編　『児童心理学入門』ミネルヴァ書房
塩見邦雄・千原孝司・岸本陽一　1991　『心理検査法』ナカニシヤ出版
村田孝次　1986　『児童心理学入門』培風館
────　1992　『発達心理学史』培風館
山岸明子　1997　「道徳性の発達と教育」永野重史編『教育心理学』所収，放送大学教育振興会

〈キーワード〉

個性記述的研究と法則定立的研究
　哲学者による研究方法の対比をオールポートが性格研究において援用したもの。前者は一回性のできごとを含めた個人の生活史を重視して記述する了解心理学的研究方法で，日記研究や事例研究がこれにあたる。後者は反復可能な自然科学的手法を基礎とし，普遍的な法則を発見することを目標とした研究法で，心理学実験や質問紙調査などがある。

認知機能
　外の世界の情報を自分の行動システムの中に取り込み，自分にとっての意味のある世界を構成する心の働き。視覚，知覚，記憶，知能，思考，言語などにかかわる機能である。ピ

アジェは,「同化」と「調節」という心理学的な機能が,感覚運動的段階から表象的段階へと発達するという,認知機能の全体的構造を示す発達理論を提唱した。その後,認知心理学などでは認知機能を異なる視点(領域固有論)でとらえている。

知能指数
IQ (intelligence quotient)。知的な発達の程度すなわち精神年齢を測定し,これを暦の上での年齢である生活年齢との比で相対的にあらわしたもの。精神年齢(MA)/生活年齢(CA)×100 の式から算出。精神年齢は,知能検査の問題に対する正答数から求められる。なお,知能検査は幼児用から成人用まで,また測定状況によって多くの種類がある。

発達指数
DQ (developmental quotient)。知的機能だけではなく,身体発達,社会性などを広範囲に調べる発達調査によって発達年齢を測定して,暦の上での年齢である生活年齢との比で相対的にあらわしたもの。発達年齢(DA)/生活年齢(CA)×100 の式から算出。おもに発達的変化の激しい乳幼児や知能検査が困難な子どもの発達理解の指針に用いられる。

向社会的行動
他者や相手からの報酬(賞賛やお返し)を期待しないで他者の利益になる行動をとること。これは行為者の自発的な行為であり,またある程度犠牲を払うものでなければならない。向社会的行動には状況を見極める認知能力,他者の感情を理解する共感性などの発達が不可欠であり,しつけ,教育,文化的背景,また手本となるモデルなどがこれを育てる。

役割取得
俳優が役割を演じるように,人は社会や集団のなかで占めている位置や地位に応じて行動している。この行動の型を役割といい,性役割のように比較的永続的な役割もあれば,遊びの集団における鬼ごっこの鬼のような一時的な役割もある。役割取得とはこのような役割行動を自己の中に取り込むことをいうが,それによって役割関係の交替が可能になる。

(吉田直子)

第2章

レディネスをどう考えるか

1　学習の条件

　私たちの何気ない行動，たとえば駅の自動販売機で切符を買ったり，電車に乗って空いた席にすわったりする行動は学習によって身についたものである。実際，初めて外国に行って，初めてみる販売機では上手く切符も買えないし，改札口もわからない。私たちは誰かの操作を見たり，直接教えてもらって学習するのである。パソコン操作のように時間をかけて習得する操作も，もちろん学習の一例である。

　学習とは，経験や練習を積み重ねることで行動や知識が変化し，比較的長く持続することをいう。いわゆる勉強を意味する学習は，これらの学習の仲間であり，狭義の意味での学習である。

　学習を可能にしている条件として，学習する人の属性や動機づけ，反復練習などがある。そのなかで，学習する人の属性としては身体的な成熟と精神的な準備状態，発達水準が重要である。ある学習が成立するには，その学習に必要な身体的，精神的な発達の状態に達していなければならない。このような学習のための準備状態をレディネスという。

　レディネスという用語を教育的文脈で初めて用いたのはソーンダイクである。彼は，子どもが理解できる水準に達しているかどうかに注目して教育すべきだという。ソーンダイクの考え方は，その後，成熟を決定因とするレディネス観

と経験的要因を重視するレディネス観の2つの方向に分かれて受け継がれていった。本章ではソーンダイクに始まるレディネスの考え方の変遷を追いながら，今日ではレディネスがどのように考えられ，また学習には実際どのようなレディネスが必要なのかを考える。

2　成熟優位のレディネス観

　ソーンダイクは，問題箱を用いたネコの道具的条件づけの研究で有名である。ネコに対して，問題箱を自発的に操作して脱出し，餌を獲得する，という学習をさせ，その動機づけの要因として「効果の法則」を見いだした。また一方では，3巻からなる『教育心理学』を著して，教育問題に対して貢献している（村田，1992）。

　そのなかでソーンダイクは，子どもの読み書きや算数の指導などの開始は，学習の準備状態，すなわちレディネスを考慮すべきだと主張した。彼によれば，教育とは子どもの自然成長を待ち，レディネスが整ってから実施すべきものであった。

　ゲゼルはその流れをくみ，乳幼児の身体発達と運動発達に関する研究から成熟優位のレディネス論を唱えた（ゲゼル他，1982）。子どもの発達は，解剖学や生理学を基礎にした遺伝的な諸過程の結果であると考えた。たとえば歩行器とか歩行練習は乳児の歩行開始の助けにはならず，成熟したとき乳児は自然に歩き始める，というのが彼の主張である。彼は，一卵性双生児の一方に階段登りや積み木操作，ボール操作などの訓練実験を行い，訓練をほとんどしなかった子どもの行動と比較して，一定の成熟がなければ訓練の効果がないことなどを示している。また，乳児は生後約1年の準備期間をへればどのような環境でも自然に話し始めることから，言語の発達も成熟の所産であるという。

　ゲゼルの成熟優位のレディネス観，発達観は綿密な観察と実証的な資料にもとづいているが，当時から反論も多かった。たとえば，ゲゼルらの実験で訓練期間の短い乳児が，長期間の訓練児と同じ時期に歩き始めたのは成熟のためではなく，非訓練期間に普段の自由な運動をしていて，それが別種の練習になっ

ている可能性があったからであり，ゲゼル自身も，子どもの発達が環境との相互作用にも影響を受けることをまったく無視していたわけではない，といわれている。

　以上のように，成熟を決定因とするレディネス観を養育や教育にあてはめてみると，レディネスがなければ何を教えてもむだであり，教える人はレディネスができるまで待つべきという，ひじょうに消極的な教育観となる。これでは健常な子どもはもちろん，障害児や学習上の困難をかかえる子どもの教育の可能性を過小評価してしまうことになる。

　一方，経験によってレディネスそのものが形成されるという考え方がある。これはレディネスが経験的な要因によって決定されるとするブルーナーやヴィゴツキーらの主張に端を発したものであり，今日の教育観に大きな影響を与えている。

3　形成的なレディネス観

(1)　ブルーナーの教授法

　ブルーナーは「どの教材でも知的性格はそのままに保って，発達のどの段階の子どもにも効果的に教えることができる」という大胆な仮説を示した（ブルーナー，1963）。これは，あることを学習するときにレディネスがあるかどうかを問うのではなく，適切な指導によってレディネスをも引き出し，形成していくという積極的な教育観である。

　ブルーナー他（1969）によれば，認知発達は経験によって促されて「動作的表象」「映像的表象」「象徴的表象」の順に形成され，それらが相互関係をもって外界の情報処理と内的世界の形成を可能にする。また，子どもの発達において，内発的動機づけにもとづいた能動的な学習過程が重要な意味をもつ。ブルーナーはこれらの理論を背景に独自の教授法を展開し，レディネスの形成を示そうとした。

　たとえば彼は，「因数分解という教材を8歳児にも効果的に教える」教授法を開発している。これは，8歳という「映像的表象」の時期の子どもには，因

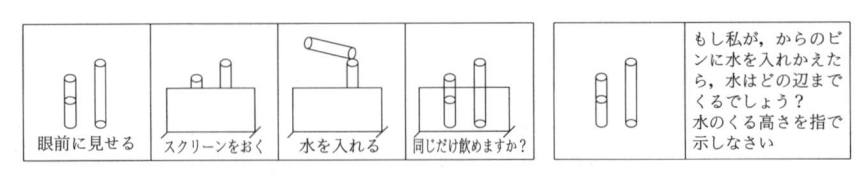

|眼前に見せる|スクリーンをおく|水を入れる|同じだけ飲めますか?|もし私が、からのビンに水を入れかえたら、水はどの辺までくるでしょう？水のくる高さを指で示しなさい|

|最初の提示|スクリーン上に水位を描かせる|からのビンに水を入れかえる|新しく水を入れた方のビンの水位を描かせる|スクリーンをとりはらって、水位について説明させる|

＊スクリーン使用の実験の3つの手続き。左上が第Ⅰ部で，スクリーンをつかうが水位をかかせない場合，右上が第Ⅱ部で，水の操作をしてみせないで水位を推定させる場合，下段の図が第Ⅲ部で，スクリーン上に水位をしるしづけさせる手続きである。

図Ⅰ-2-1　スクリーンによる遮蔽を用いた保存性実験の手続き例

出典）ブルーナー他（1969）。

数分解の課題をその子どもに合わせた方法で示し，課題の構造の理解を促しながら教授し，理解に導くというものである。

　また彼は幼児に対して経験や学習の効果を示す実験をおこなっている。ピアジェの保存性概念は6・7歳以降に成立するとしているが，ブルーナーは，通常の保存実験では失敗した幼児が，環境要因の効果によって保存性を示すことを明らかにした。たとえば液体の保存では，図Ⅰ-2-1のように液体を移し替えるときにビーカーの液体が見える部分をスクリーンで遮蔽すると，5歳児では保存性を示す子どもが増加した。これは，スクリーンの遮蔽によってビーカーの液体が変化したように見える「知覚的誘惑」にうち勝ち，「同じ液体なんだ」という同一性を引き出すことができたからである。彼はこのほかに，子どもが自分の手で粘土を操作したり，対象の数量を言語化したりすることで，4割程度の子どもが保存性を学習することも示している。いずれも，レディネスを待つのではなく，レディネスを引き出して学習を成立させた例として注目された。

（2）　発達の最近接領域

　形成的なレディネス観を語るとき忘れてはならないのは，ヴィゴツキーの発

達の最近接領域論である（ヴィゴツキー，1970）。ヴィゴツキー自身はレディネスということばを用いてはいないが，発達の最近接領域論は，子どもの教育可能な水準に働きかけることでその発達を促す，という教育の積極的な意味と役割を強調したものとしてよく知られている。

発達の最近接領域とは，問題解決の場面において子ども自身では解決できないが，親や教師の適切な助言があれば解決可能な領域を意味している。この考え方は，レディネスを待つのではなく子どもに適切な経験の機会を与えて発達を促す，という点ではブルーナーと共通したレディネス観であるが，背景となる発達論は異なっている。

ヴィゴツキーは，精神発達は社会文化的な相互作用において構成されるという，文化獲得過程としての精神発達論を唱えた。子どもははじめ，文化や歴史の担い手である大人の手助けと相互作用のなかで言語や知識を獲得していき，しだいにその精神活動が子どもの中に内面化し，その後子ども自身の力で知識や経験の獲得活動ができるようになるという。したがって，精神発達においては大人との相互作用を重視することに加えて，子ども自身の獲得活動や内面化が学習や発達のキー概念となっている。

このように，20世紀初頭に提起された成熟を待つレディネス観は幾多の議論をへて，今日ではレディネスは形成しうるものであるという考え方が優勢である。子どもの学習や教育への準備状態は，親や教師が子どもとともに作り上げていくことによって整えられるのである。

とくに，ヴィゴツキーのいう社会的相互作用は，大人による手助けの内容の精選，方法の充実，工夫を促すとともに，子どもの能動的な参加を含んだものであり，教育活動への示唆に富む発達理論である。

4　既有知識と教育

レディネスとは本来，学習の諸側面にかかわる準備状態を意味する抽象的な概念である。しかし，教育や教科学習では，個々の教科や単元において何がレディネスであるのか，子どもたちのもっているレディネスをどのように把握す

るのか，あるいはそのレディネスは形成，促進できるのか，というより具体的な問題が重要である。残念ながら，今のところ直接的に教育活動に適用できるような個々のレディネスは必ずしも明確ではない。

　しかし，最近の認知心理学における知識獲得研究は，教科学習におけるレディネスについてのヒントを含んでいる。たとえば，教科に関する知識がどのように学習されていくのかについて，初心者と熟達者との比較や学習プロセスの分析をとおして検証されている。その中から，国語や理科のレディネスともいえる既有知識の問題を取り上げよう。

（1）　文章理解と既有知識

　文章を理解することはとくに国語の学習において必須の主題である。認知心理学では，文章理解には既有知識が重要な役割を果たしていること，既有知識は階層や性質の異なる知識のまとまりであるスキーマの集合であること，スキーマの理解や学習が文章理解に影響を及ぼすこと，などが明らかにされている（鈴木他，1989）。

　既有知識と文章理解の関係を具体的に説明しよう。

　話題がわからないと平易な文章でも何をいっているか理解しにくく，覚えにくいという現象を鮮やかに示したブランスフォード他（1972）の研究はよく知られている。これは以下の文章で始まる説明文（日本語で約400字程度）をどれだけ記憶できるかを，何についての文章かを知らせるグループと知らせないグループとで比較して，既有知識と理解の関係を明らかにしたものである。

　説明文とは，

> 手順はまったく簡単である。まず，ものをいくつかの山にわける。もちろん，量によっては，一山でもよい。設備がその場になければ，次の手順として他の場所に行かねばならないが，そうでない場合はこれで準備完了である。……

というように続くのであるが，ここまで読んで読者は何の話題か気づかれたであろうか。400字の文章の最後まで読んでもわからない人の方が実際多いのである。

ブランスフォードらの厳密な実験と分析では、話題を知っているグループのほうが2倍多く文章を正しく記憶することができたという。つまり、あらかじめ話題を知っていれば、それに関する既有知識を利用して、容易に文章を理解し記憶量も増加するというのである。

さて、この説明文の話題とは洗濯である。いままでわからなかった読者も、洗濯といわれるとすぐに、「なんだ、簡単な話だ」と理解できたに違いない。ではなぜ話題が文章の理解を左右するのだろうか。これは、話題を知ると、話題すなわち洗濯という既有知識を文章理解に利用することができるからである。説明文の「手順」「山」「設備」「場所」ということばは辞書的意味を知っているだけでは抽象的で範囲が広すぎ、話題の理解につながらない。洗濯という限定があればそれについての知識を使って、「手順」「山」が、あの洗濯をすすめる手順のことであり、洗濯物の山のことであると理解しうる。

以上から、文章理解には読者が既有知識をもっていることはもちろん、それが利用可能な状況であることが重要だといえよう。これまでも、子どもの文章理解には関連の知識や経験が重要であることは指摘されてきた。上記の研究は、さらに既有知識の利用可能性を高めること、すなわち、子どもが既有知識や個々のスキーマを結合させたり、スキーマを再統合できるよう援助することの意義を示している。

(2) 誤った既有知識

既有知識は学習に負の影響ももっている。自然科学を学ぶ以前から自然現象についてもっている知識、「素朴概念」がそれである。生物の分類、物体の落下、電流の流れ方、などについて日常生活で自然に身につけてきた誤った既有知識は、自然科学の概念や法則を正しく理解する上で大きな障害になっている。

マクロスキー他（1983）は物体の落下について次のような実験をした。図Ⅰ-2-2の人がもっているボールは手を離すと(a)(b)(c)のどこに落ちるか、という問題を99名に聞いたところ、49％が素朴概念の(b)を選択した（ここで、×印はボールが落ちたときに人がいる地点である）。正解は慣性の法則から考えて(a)であるが、正解を選択したのは45％であった。誤答の割合は実際ボールをもっ

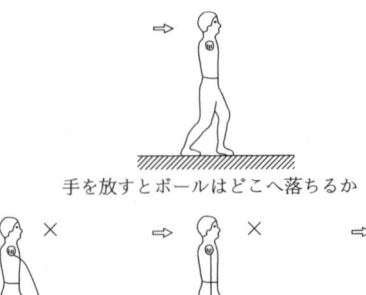

手を放すとボールはどこへ落ちるか

(a)　　　(b)　　　(c)

図 I-2-2　直落信念の実験
出典) McCloskey, et al. (1983).

て歩かせても変わらず，マクロスキーらは，人々は直落信念という素朴概念をもっていると考えた。

　素朴概念がなぜ生まれるのかについては明らかではないが，専門家の概念とは異なるにも関わらず多くの人に共有され，容易に変化しないことは知られている。

　理科教育では，子どもたちがどのような素朴概念をもっているかをあらかじめ把握すること，その上で，実験や体験をとおして素朴概念を克服させることが課題であろう。

5　レディネスを越えて

　学習を成立させる基本的な条件としてのレディネスを概観したが，そもそもレディネスへの注目は，学習とは個人が知識を形成する営みである，という伝統的な学習観から出発している。

　1990年代になると学習観の転換がみられ，他者や周囲の状況との相互関係のなかで営まれる社会的実践が学習であるという協同学習（佐藤，1996）や状況論的学習（レイヴ他，1993）という学習観が生まれた。これらの学習観では

もはやレディネスをその前提として取り上げない。

　協同学習は，社会的相互作用を重視するヴィゴツキー理論の再評価や認知科学における情報処理のネットワーク理論などを背景として生まれた。協同学習とは子どもが教師や子どもたちと助け合いながら知識を構成していき，そのときの感情，絆，喜びも重視する，という学習形態である。佐藤（前述）の示す小学4年生の「ごんぎつね」の読解の授業展開を見ると，子ども同士のやりとりや教師の助言が，教師を含む参加者の読みや理解を深化させていく過程がよくわかる。

　レイヴらの状況論的学習では個人と環境あるいは他者を不可分のものとして学習をとらえている。学習は個人の内部に生じるのではなく，状況の中に埋め込まれているものであり，社会文化的な状況と密接にかかわっていると考える。学習は個人が共同体の営みに参加できるような行動を身につけることであり，それによって共同体も変容するという。

　この学習観は今までのレディネス観を越えた新しい視点であり，これからの教育に貢献する可能性をもっている。

〈引用文献〉

ヴィゴツキー，L. S.　1970　『精神発達の理論』柴田義松訳，明治図書
ゲゼル，A.／トンプソン，H.／アマルダ，C. S.　1982　『小児の発達と行動』荒井清三郎訳，福村出版
佐藤公治　1996　『認知心理学からみた読みの世界』北大路書房
鈴木宏昭・鈴木高士・村山功・杉本卓　1989　『教科理解の認知心理学』新曜社
ブルーナー，J. S.　1963　『教育の過程』鈴木祥蔵他訳，岩波書店
ブルーナー，J. S.／オリバー，R. R.／グリーンフィールド，P. M.　1969　『認識能力の成長』岡本夏木他訳，明治図書
村田孝次　1992　『発達心理学史』培風館
レイヴ，J.／ウエンガー，E.　1993　『状況に埋め込まれた学習』佐伯胖訳，産業図書
Bransford, J. D. & Johnson, M. K.　1972　"Contextual prerequisites for understanding: Some investigations of comprehension and recall" *Journal of Verbal Learning and Verbal Behavior*, 11
McCloskey, M., Washburn, A. & Felch, L.　1983　"Intuitive physics: The straight-down belief and its origin" *Journal of Experimental Psychology: Learning, Memory and*

Cognition, 9

〈キーワード〉

道具的条件づけ
　ソーンダイクの実験に起源がある。ヒモなどが取り付けられた問題箱という装置のなかで，空腹のネコが外に出るという問題解決行動をしだいに素早くできるようになることを指した。その後，スキナーはネズミを用いて，レバーを押せば餌が出るという経験の繰り返しが条件づけられることを示し，オペラント条件づけと呼んだ。オペラント条件づけは，人間の学習をも説明する適用範囲の広い概念である。オペラントとは自発的な反応のこと。

動機づけ
　人の行動を引き起こし，それを一定の方向や目標に向かわせている力動的な過程を動機づけという。この過程は外的刺激ばかりでなく内的過程や誘因によって方向づけられる。学習行動の動機づけは，課題の難易度などの学習条件やまわりの大人の社会的態度のみならず，子ども自身の個人的特性である，やる気や持続性，自己評価などが関与している。

認知心理学
　知的な働きを解明するのが認知心理学である。行動主義の心理学では脳の内部の過程はブラックボックスとしてヴェールに包まれていた。認知心理学では，コンピュータによる情報収集と情報処理の手続きをヒントに，知的な働きを情報処理過程としてモデル化し，記憶や知識獲得，問題解決などのメカニズムを解明しようとしている。

既有知識
　認知心理学では文章を読むとき，あるいは話を聞くとき，読者や聞き手がすでにもっている知識を既有知識という。知識には単語の概念，文法的な知識，文章の構造，書かれている内容に関する知識などがあるが，文章の理解にはそこにあるか扱われている内容についての知識が必要条件であり，既有知識とはこの内容的知識をさすことが多い。

スキーマ
　既有知識の典型例。知識は多くの場合構造化されて蓄えられている。「洗濯」という知識には洗濯機使用のための知識や洗い方，干し方，取り入れ方に関する無数の知識が関与している。スキーマ理論では知識の構造化をスキーマ，サブスキーマの階層化として説明している。

状況論的学習論
　レイヴらは，学習を，知識の獲得や行動の変化としてのみとらえるのではなく，人が何らかの社会的実践に参加していく過程で，共同体との社会的関係づけを獲得することとした。つまり学習者は否応なく共同体に参加し，知識や技能の獲得には新参者が社会文化的実践に十全的に参加していくとし，これを「正統的周辺参加」と定義している。

（吉田直子）

第3章

発達のプロセスを知る

　人の一生は，産まれてからあるいは受精してから死に到るまでの長い道のりである。この間に人はさまざまな変化をとげていく。それは進歩であることもあれば衰退であることもある。この変化は，生物学的な発生と成長によるものと，文化によって規定されるものとがある。後者は，文化・時代がもつ価値観あるいは信念体系によって，発達のプロセスの方向づけや意味づけが異なってくることを意味している。このような方向づけや意味づけは，教育を通じて効果的かつ組織的に行われる。文化が求める姿に向かって発達を筋道立てていくために，教育目標やカリキュラムが決められる。もちろん，教育は生物学的な成熟と無縁ではなく，ある教育目標を達成するのに適切な発達段階があることは当然のことである。

　人の生涯にわたる変化をある適当な年齢範囲に区切ったものが発達段階であり，各段階にはそれぞれ特有の身体的・心理的特徴や発達課題をもつ。発達段階は，乳児期，幼児期，児童期，青年期，成人期，老年期などに分けるのが普通である。図I-3-1に代表的な発達理論における発達段階と日本の学校制度の区分を示した。この図から，青年期までは細かく発達段階が区切られているが成人期以降はその区分が粗くなっていることが分かる。

　このような成人期以降の発達段階の区切りの粗さは，成人期以降があまり研究の対象になってこなかったことも示している。しかも，平均余命の延長とともに老年期が長くなった現在，成人期においてその後の人生設計をやりなおす

32 第 I 部 人間発達と教育

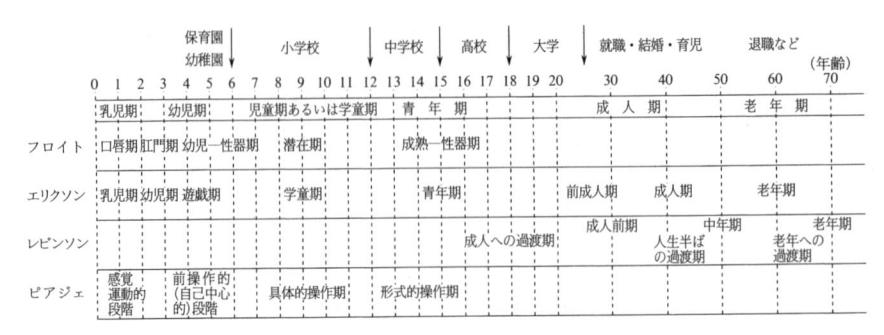

	0 1 2 3	4 5 6	保育園・幼稚園	小学校 7 8 9 10 11	中学校 12 13 14	高校 15 16 17	大学 18 19 20	就職・結婚・育児 30	40	50	退職など 60	(年齢) 70
	乳児期	幼児期		児童期あるいは学童期		青年期		成人期			老年期	
フロイト	口唇期 肛門期	幼児一性器期		潜在期		成熟一性器期						
エリクソン	乳児期 幼児期	遊戯期		学童期		青年期		前成人期	成人期		老年期	
レビンソン						成人への過渡期		成人前期	中年期 人生半ば の過渡期		老年期 老年への 過渡期	
ピアジェ	感覚 運動的 段階	前操作的 (自己中心 的)段階		具体的操作期		形式的操作期						

図 I-3-1　代表的な発達理論による発達段階

注）細かい年齢区分は本章および次章参照。

必要が出てきている。したがって，成人期・老年期ともに重要な意味をもつようになり，今後これらの区分はさらに細分化されていくであろう。

　以下では，まず，乳児期から老年期の各段階の概略を述べ，発達段階を規定する遺伝と環境の関係と，段階が変化することによって何が変わり，何が変わらないのかについて述べる。

1　発達段階

（1）乳児期

　乳児期はいわゆる言語もとぼしく，知覚・運動能力もまだ十分でない時期といわれる。しかし，この時期は，その後のさまざまな心理的機能の基礎を確立する重要な時期である。エリクソンは，この時期を基本的信頼感，つまり母親に代表される主たる養育者との基本的な信頼関係を築く時期であるとしている。この基本的信頼感の確立は後の安定した対人関係を築くための基礎となる。青年期での対人関係，特に異性への愛着行動や，自分が親となったときの子どもとの関係を規定するといわれる。

　この信頼関係，知覚・運動能力，さらには言語能力などの発達は，乳児が持っている運動・知覚能力を使って外界に働きかけたときに，その働きかけになんらかの反応が返ってくるという応答的な環境からもたらされるものである。

したがって，女性の社会参加とともに重要になってきた3歳未満児の保育において，応答的な環境を提供するような保育が必要である。また，子どもが言葉を理解しないからといって話しかけなかったり，おとなしいからといってテレビばかり見させておくなどは，重要な問題を引き起こす可能性がある。しかしながら，人生の初期の経験によってすべてが決まってしまうという運命論的な発達観は必ずしも正しくない。インプリンティングのように初期経験がかなり決定的であるものでさえ，その後の経験によって変化しうるので，その後のさまざまな体験をとおして，十分修復可能であることを理解しておくべきである。

(2) 幼児期

この段階は，2歳から学校に入るまでかなり長い期間になるので，2段階に区切ることが多い。フロイトは肛門期（2～3歳）と幼児―性器期（3～5歳）に，エリクソンは幼児期初期（2～3歳）と遊戯期（3～6歳）に分けている。幼児教育にはいる前と幼児教育の期間にほぼ対応する。

この時期は言語の習得が目覚ましく知的にも大きな変化を示す時期である。また，自律性と積極性の発達が中心となり，反抗期と一般にいわれる現象が見られることになる。自我の芽生えである。前半のもっとも重要な課題はトイレットトレーニングに代表されるような日常の基本的生活習慣の確立である。

知的にはピアジェの前操作的段階に相当し，言語の発達が劇的に進展する時期である。特に，伝達の手段としての言語の機能を習得し，自分の考えを人に伝えるようになる。さらに，幼児期の後半は男女の違いに気づく時期である。この男女の違いに気づくことと言語の伝達機能の習得を通して，自他の区別ができ，他者との関係で自分を見ることが可能になりはじめる。つまり，自己中心的なものの見方から脱し始め，社会化の兆しを見せる時期である。

(3) 児童期あるいは学童期

この時期はちょうど小学校の時期に相当し，以前とは異なり，学級に代表される比較的大きな同年齢集団の中での対人関係が重要になってくる。そして，母親に代表される養育者への愛着が薄れていき，親離れをしていく。その一方

で，ギャングエイジといわれるように仲間集団によるゲームや遊びが，生活の中で大きな位置を占めるようになってくる。このような仲間集団での活動を通して，子どもが集団の中で守らなければならない規則があることを学びながら，社会化を成し遂げていく。ことばが自分の欲求や考えを伝える手段として効果的に利用されるようになり，学級の中で討論が成り立つようになってくるし，仲間同士のトラブルをことばによって解決できるようにもなってくる。

　その一方で，自我も飛躍的に発達し，個性の違いが明確になってくる。さらには，各自の適性を学校での活動や仲間同士の遊びを通してためすことになるので，後の職業選択にとってもひじょうに重要な意味をもつことになる。また，小学校4，5年生くらいから，男女による遊びの違いが大きくなる。このような違いの中には，暗黙の内に文化が求めている性役割が反映されることもある。

　エリクソンによれば，この時期の子どもの成し遂げなければならない課題として，勤勉性の確立がある。さらに，学校の教科，あるいは学校での係の仕事を適切にはたすことで，生産性と自信も身につけていく。自分の可能性を探る子どもの活動に対して否定的な評価を与え続けると，劣等感を植え付けることになる。

　この時期は，文化が学校教育という手段によってもっとも組織だって子どもへ影響を与える。学校では明示的に示されるものだけではなく，暗黙に伝えられるものがある。「皆で助けあいましょう」「あまり自分のことばかりいってはいけません」などは暗黙に学校教育の中で伝えられる文化の信念体系である。このようなことが子どもの発達の方向を決めていくことになる。

　知的な側面では，ピアジェの具体的操作の段階にあり，5，6年生になると抽象的な思考が可能になってくる。ものごとをさまざまな視点からとらえることができるようになり，自己中心的な思考を脱し，他の視点からものごとを見たらどのように見えるかなどを考えることが可能になる時期である。的確な敬語の使用や人称代名詞の使用にそれは現れている。また，書き言葉の発達も著しい時期である。

（4）青年期

　青年期は，第二次性徴に代表されるように身体的な変化も大きく，異性を愛情の対象として意識しはじめる時期である。また，知的発達はこの時期が頂点となる。さらに，進路選択・職業選択を迫られる時期であり，学校教育の中では進路相談が大きな意味をもつ。

　年齢的には，11歳前後から20歳前後までをさし，思春期の開始とともに始まると考えられるが，始まりも終わりもかなり幅広く変動する。早熟な子どもは早く思春期が始まるなど，個人差が大きい。また，社会へ出て行くことをもって青年期の終わりと考えれば，最近の高学歴化は青年期を延長しており，場合によっては30歳くらいまでが青年期になる。

　青年期の前半である思春期では，子ども自身もその親も，子どもの身体の大きな変化に戸惑い，どのように扱ってよいのか混乱が起きることもある。このような混乱が親と子どもの間の葛藤を生みだし，子どもから見れば自立を妨げる親になり，親から見れば子どもが反抗していることになる。このような葛藤の過程を通して，子どもも親も心理的距離をとることができるようになり，ともに心理的な自立を達成してくる。

　この時期後半の最大の問題は，エリクソンのいうアイデンティティの確立であり，これは職業選択と大きく関連する。もっとも彼の理論は60年代に確立したものであり，今では状況が異なっていることも忘れてはならない。例えば，日本における中卒の就職率は，1960年には38.6％あったものが，1980年には3.9％と激減し，2000年にはわずか1.5％となっている。また，高卒の就職率も，1960年には61.3％，1980年には42.9％，2000年には20.7％となっており，やはり減少している。これは進学率の上昇を意味しているだけでなく，職業選択の時期が遅くなっていることを示している。職業選択によってアイデンティティがある程度確立されると考えるなら，15歳で職業選択を迫られた時代と22歳までその選択を延ばすことができ，その決定もかなり流動的になった時代とでは，アイデンティティの意味そのものも違ってくるだろう。時代が変わることによって，発達課題が変化するよい例といえる。

(5) 成人期

　学校教育を離れたこの時期のもっとも重要な課題は、家庭を形成し、子どもを産み育てることである。また、社会の中での地位や役割の確立と現存している社会を存続させていく後継者の育成である。したがって、この時期は、自分が直接教育を受ける立場ではなく、子ども会活動、PTAなどへの参加を通じた間接的な教育への参加と関心をもつべき時期である。これが地域社会や家庭の教育力を高めることにつながる。

　また、この時期の後半（成人期後半）の重要な課題として、子どもの自立にともなう喪失感の克服と、後の人生への再出発を考えることがあげられる。つまり、平均余命が80歳近くになった現在、人生50年と考えられていた時代とは大きく変わり、成人期を終えた後の老年期をどう過ごすのか、人生設計を立て直す時期の意味をもっている。レビンソン（1978）は、この時期には人生の意味をとらえ直し、さらに成熟した人生へ出発するための中年期の発達課題について述べている。

(6) 老年期

　知的にも肉体的にも衰えの目立つ高齢者はさまざまな機能が減退した社会的弱者であり、保護されるべきであるとされることが多い。しかし、このように高齢者が扱われるようになったのは、産業構造の近代化にともなう変化によるともいえる。第一次産業、例えば農業なら、草取りや農器具の手入れなどがあり、肉体的に衰えても高齢者の労働力は必要とされていたし、高齢者の経験的知識（例えば、天候に関する経験的知識）はかなり重要な役割を果たし、老賢者と呼ばれることもあった。ところが、近代化とともに、技術の急速な進歩により、高齢者の労働力や古老の知恵というものが必ずしも感じられなくなってしまった。しかし、高齢者に社会参加する場を提供することで、生きがいを提供することは可能である。教育の場では、生涯学習の場を提供することや、地域の活動や小学校などでの講師として高齢者を活用することである。このような社会参加は、地域の教育力の向上という意味でもますます必要となる。

2　発達のプロセスを理解する視点

　発達段階が変わることでいったい何が変わるのだろうか。さらに，発達のプロセスはどのような要因によって進行していくのであろうか。これらを遺伝と環境の力動的な相互関係の観点から述べる。

（1）　連続か不連続か

　一般に，発達段階を区切ることは，段階間に質的な違いがあること，すなわち発達は不連続な過程であることを前提としている。しかし連続か不連続かは，発達現象をどのようなレベルでとらえるかによって変わってくる。このレベルには，構造，処理過程，出力の3つを考えることができる。出力は，二足歩行ができるようになった，語彙量が増えたなどであり，外から容易に観察できる行動と考えることができる。処理過程は，入力（刺激）が処理されなんらかの出力（行動）が出てくるまでの内的な過程であり，外からは一般に観察できない。思考の過程などがその例である。その処理過程をになっている装置が構造（ハードウェア）になり，大脳の発達や筋肉の発達などが関連する。

　構造，処理過程，出力のどのレベルで発達現象を記述するかによって，連続か不連続かは変わってくる。同じ出力結果であっても，それが出力されるまでの処理過程は異なることがある。たとえば，同じ計算結果であっても，算盤を使って計算したのか，筆算でやったかという，計算の過程の違いがある。他方，同じ処理過程であっても，その早さが格段に上がると出力が飛躍的に向上し，あたかもそれ以前とは急激かつ不連続な変化であるように見えることもあるが，その背後にある過程がまったく同じなら，不連続とはいえない。逆に，出力すなわち行動を見れば連続した変化としか見えなくても，その背後にある処理過程が変化してしまっているときは，不連続な発達と考えることができる。

　また，構造のひとつである大脳（ハードウェア）が発達し，その処理能力が上がることによって，今までできなかった処理ができるようになることもある。このとき，大脳の量的かつ連続的な発達が処理過程の質的かつ不連続な発達をうながすことがある。つまり，あるレベルの連続的な発達が他のレベルの不連

続な発達をうながすかもしれないのである。

（2） 遺伝と環境

どのレベルで発達のプロセスをとらえるにしても，先に述べたように生物学的要因（遺伝）と文化的要因（環境，教育）の2つの要因が発達のプロセスを規定している。

このような遺伝と環境の問題は古くから考えられてきており，生得優位の立場に立つものとして「前成説」や「予定説」があり，遺伝と環境の両方が必要であると考える「相互作用説」がある。ただし，単純に遺伝と環境の両方が関与すると述べるだけでは不十分であろう。つまり，「遺伝と環境の両者とも必要である」ことの意味をさらに検討してみなければならない。すなわち，環境が遺伝子を発現させる，逆に遺伝子が環境を選ぶ，あるいは環境を変えるということなのかどうかが明らかにされる必要がある。

少し具体的な話を考えてみたい。発達研究における素朴な視点は，養育者である親や教師が子どもにどのように影響を与えるか，というものである。養育者は子どもにとって環境であるので，環境が子どもに及ぼす影響という視点である。

ところが，子どもの特性を考慮に入れると，養育者や教師の同じ行動がすべての子どもに同じ意味をもつとはいえない。身近な例として，「高い高い」といって，幼児を親の頭より高くさし上げ，場合によってはちょっと放り投げるような遊びがある。この時，とても喜ぶ幼児もいれば，顔を引きつらせて泣きそうになる子もいるだろう。親はこの子どもの反応を見て，もっとこの遊びをしようとか，もうやめておこうとか考え，その結果として，親の行動は変化することになる。この例では，子どもの反応が親の行動（広くいえば養育方法）を変化させたことになる。子ども自身の側から見れば，子どもは自分の都合の良いように環境を変えた，あるいは環境を選択したことになる。

したがって，子どもをとり巻く環境が応答的であれば，子どもが環境を選択あるいは変えることが可能であり，子どもが持っているものがよりうまく引き出されることになる。また，われわれは今まで発現していない多くの遺伝子を

もっており，この遺伝子を発現させるか否かを環境は決めている。したがって，個人が環境を選択することで，まだ発現していない遺伝子が発現する可能性もある。

年齢を重ねるにつれ，人はより多くの環境に遭遇する。その結果，各自がもっている多様な遺伝子が多様な環境に触れることで活性化し，その個人のもっている可能性が発現していくこともあろう。つまり，多様な遺伝子がそれぞれに適合した環境を選択あるいは作り出すことで，結果として，かなり多様な発達が見られることになる。多様な環境を教育が提供しなければ，多様な遺伝子が発現しないといえる。

（3） 成熟・素質・学習（教育）

発達を成熟で説明しようとする考え方は，遺伝と環境という観点からいえば，遺伝子の発現の時期を理解することが発達のプロセスの理解であるという考え方であり，予定説の立場をとることになる。しかし，先に述べたように，遺伝子が発現する時期やどの遺伝子が発現するかは，それぞれの遺伝子にとって適切な環境に出会う時期によっても決まってくる。したがって，なんらかの心理的あるいは身体的な機能が成熟によって決まるとしても，その時期や様相は環境によっても異なってくる。

成熟によって行動変化がおきる，あるいはなんらかの行動が発現するというとき，次の2つの点を区別すべきである。まず，本来の成熟と考えられるものであり，ある行動変化があったとき，内的な要因（遺伝子）のみによって決まり，環境要因はまったく関与していないものである。もうひとつは，同じように行動変化が内的要因によって規定されているように見えても，その行動を学習するのに適切な状態が内的要因によって発達している場合である。この場合，成熟したのは行動そのものでなく，ある学習をするのに適切な生体の状態ということになる。

したがって，前者のように完全に成熟によって決まってしまう行動変化には，環境がその行動の変化に関与しないことになり，教育の効果は考えられない。しかし，後者のように，成熟するものが，ある学習への準備状態であるなら，

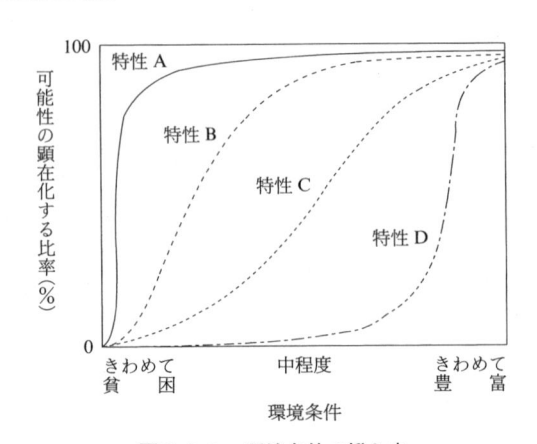

図 I-3-2　環境条件の働き方
出典) 東洋　1969『知的行動とその発達』金子書房。

　実際に行動変化を引き起こすには、学習（教育）が必要になる。したがって、この場合、あることを学習させるのに適切な時期というのが存在することになる。
　この適切な時期について、われわれは普通、子どもに何かを習わせようとするときに、何歳から習わせようかとか、この子には素質があるだろうかと考える。例えば、英語教育や音楽教育は早期教育が必要だというので、幼稚園から教育が行われたりする。しかし、絵を習うのに、早期教育が必要だといわれることはあまりない。このように、学習する内容によって、学習を始めるのに適切な時期すなわち臨界期（敏感期）があり、それは早すぎても遅すぎても、教育の効果はないと考えていることになる。また、学習するのに適切な時期のある学習もあれば、そうでないものもあるとも考えている。
　適切な時期があるということの意味にも2通りあり、先に述べたインプリンティングのようにその時期を逃すと後での学習が困難になる場合と、その時期以降なら学習が可能であるという場合である。前者には音楽教育や母語の習得が入るだろう。後者では、抽象的思考を要求する数学の学習内容などであろう。いずれにしても、教育を始める時期というのは重要であり、その時期には成熟が大きくかかわっているといえる。

子どもに何かを習わせようとするときに考えるもうひとつのことは，子どもの素質である。前に述べたような遺伝と環境という観点から見れば，素質も遺伝子によって規定されており，その素質を活かすためには適切な環境（教育）が必要になる。しかし，環境があっても，やや極端にいえば，ある能力に関連する素質（遺伝子）がなければ，その能力は発現しないといえる。

　しかし，このように極端なことは一般にはなく，特に障害などがない限り人は，適切な教育があれば，それぞれ能力を発揮することができると考えられる。なお素質についても，どの程度の能力レベルに関与する素質かを区別しないと，環境（教育）の効果に関する議論の混乱をもたらすであろう。

　つまり，普通の能力レベルに関与する素質か，ひじょうに高いレベルになるための素質かの区別である。前者の素質を考えたときは，教育を適切に行えば，各自のレベルまでは到達可能であるといえる。しかし，秀でた能力レベルになるための素質は，芸術家やスポーツ選手を考えれば分かるように，誰でもが持っているものではないであろう。とはいえ，そのような素質のある，なしを判断することはひじょうに困難なのが現実である。

〈引用文献〉

安藤寿康　2000　『心はどのように遺伝するか』講談社（BLUE BACKS）
レビンソン，D. J.　1992　『ライフサイクルの心理学』南博訳，講談社学術文庫

〈キーワード〉

信念体系
　ある時代と文化がもつ信念あるいは価値観の集まりであり，教育，育児，しつけ，さらには，日常の会話の中で，子どもに伝えられていくものである。文化がもつ価値観や信念は明示的に伝えられることもあれば暗黙の内に伝えられることもある。このような伝達のシステムは，ブロンフェンブレナーの生態学的モデルにも関連する。

発達課題
　発達段階ごとに達成しなければならない課題が発達課題である。この課題をその発達段階でうまく達成するか否かによって，その後の発達の成否が決められると考える。もともと，この発達課題は，ハヴィガーストが発達段階を考える中で設定したものであるが，1930年代のアメリカの中流家庭を想定した課題であるので，現代にそのまま通用するものとはい

えない。しかし，発達段階を考える限り発達課題を想定することは必要である。さらに，この発達課題には生物学的な成熟に規定されるものと，文化や時代によって規定されるものとがあると考えられる。

インプリンティングと臨界期あるいは敏感期

家禽類（アヒルやカモ）の雛は，孵化直後から目が見える。この雛が孵化後のかなり短い期間に初めて見た動く対象を追従するようになる現象である。このとき，動く対象は，自然状態では親鳥であるが，必ずしも親鳥でなくてもよいことが知られている。また，孵化後のかなり短い時間にこの追従する対象が決まってしまい，その後の変更がほとんど不可能なことが，インプリンティングの特徴である。このように，あることを学習するのに有効な時期を臨界期あるいは敏感期という。しかし，必ずしも，インプリンティングされた対象が変更できないわけでなく，その後の訓練によっては変更可能であることも知られている。

前成説・予定説・相互作用説

前成説と予定説は遺伝優位の考え方であり，前成説は，すべての機能がその縮小として胎児に備わっており，それが量的に拡大してくると考えるものであり，子どもは大人の縮小版であるとする人間観につながる。また，予定説は，機能そのものが縮小した形で備わっているのではなく，さまざまな機能はその元となる遺伝子の形で備わっていると考える。さらに，発達変化の主な要因である遺伝子が，一定の時間順序にしたがってさまざまな機能を発現させていると考える。相互作用説は，発達には遺伝と発達の両方を必要とするが，遺伝と環境がそれぞれどれだけ必要かというような独立・加算的な関与を考える立場と，遺伝も環境も相互に閾として働きあうとする立場がある。後者の立場は，片方が十分あるなら，もう片方は比較的少なくても，ある機能は出現すると考える。しかし，どちらかがあまりにも少なすぎる，すなわち閾値を超えていないと，その機能は出現しないとする。

成熟と素質

いずれの概念も発達における生得性を強調したものである。ゼゼルらは，一卵性双生児を用いた実験から，階段のぼりに訓練の影響が見られなかったことを見いだした。そのことから，適切な時期が来れば訓練などの外的な要因とは関係なく，内的な要因によって自動的にある機能が発現することを成熟という。素質は，能力の背後にあるものと考えられ，遺伝子によって決まるものと考えられる。

（鋤柄増根）

第4章

知的能力はどう発達するか

1　知的とは

（1）　知的であることの基準

　知的とはどのような意味だろうか。辞典で調べると，知識・知性の豊かな様子と書いてある。さらに，「知識」を引くと，知って理解していること，また，「知性」を引くと，ものごとを知り，考えたり判断したりする能力，とある。このように一般的には，知識が広く深い人，感情的にならずに論理的に思考する人を知的な人とみなすことが多い。また，応答が早く的確な人，他の人が思いつかないような面白い発想をする人などを知的と考える人もいるだろう。

　知的であると思う対象は人間だけとは限らない。私たちは，お手と命令すれば前足を出し，お座りといえばちゃんと座るイヌを賢いイヌだと思う。また，ペット型ロボットの振る舞いを見たり，人間型ロボットが床や階段を二本足で倒れずに歩く姿を見ると，そこに知性を感じる人もいるだろう。さらには，ミミズに知性を見いだす人もいる（佐々木，1996）。

　その一方で，ピアノを上手に演奏するロボットや，卵をうまく割るロボットを見ても，すごいとは思うものの，そこにあまり知性を感じない。また，チェスの世界チャンピオンがコンピュータに敗れたというニュースを聞いても，世界中のコンピュータに日々膨大な量の情報が蓄えられていっても，自分の知性が脅かされると考えることはあまりない。

以上のことから，知的であることの基準として，思考や知識のように内部の認知構造が反映されたものだけでなく，学習能力や適応力と呼ばれているような，外界との関係の中で現れるものがあることに気がつく。

(2) 思考と知識

　まず，思考と知識について見てみよう。よく考えなさい，というように何気なく「考える」という言葉を使うが，何をどのようにすれば考えたことになるのだろうか。考えるという行為は直接目に見えるものではない。したがって，言語や数式，図表などを用いて考え方を説明することはできても，そのように考えたり理解したりするためには頭のどこをどのように動かせばよいのかを直接教えることはできない。このような，思考力，推理力，理解力，洞察力，判断力といった目に見えない力をどのように扱えばよいのだろうか。

　思考の研究において，心理学では対立する2つの立場があった。そのひとつは，思考を意識としてではなく目に見える行動としてとらえようとする「行動主義」である。この立場では，思考は刺激と反応との連合とみなされ，ネズミやネコを用いた実験から，問題解決は試行錯誤的な過程と考えられた。それに対してゲシュタルト心理学者たちは，思考を場の再構造化の過程としてとらえ，チンパンジー等を用いた実験から，問題は洞察によって解決されると考えた。

　行動主義者は，動物の学習実験や無意味綴の学習実験などから得られた知見を，人間の一般的な学習にも適用しようとした。それに対して，認知心理学における情報処理アプローチでは，人間の知覚や記憶，思考の仕組みをコンピュータの仕組みになぞらえて研究してきた。その結果，課題場面の符号化や方略の構成が思考の発達において大きな役割を果たしていることが明らかになってきた（シーグラー，1992）。

　また，知識はばらばらに貯蔵されているのではなく，相互に関連づけられ意味を生じさせていること，既有の知識構造が，知覚や記憶，そして理解などの過程に大きな影響を及ぼしていることが明らかにされた。そして，知的発達のひとつの姿は，知識が構造化されていくことであると考えられるようになった。

（3） 学習能力と適応力

つぎに学習能力と適応力について見てみよう。先に，ピアノを上手に演奏するロボットにあまり知性を感じないと述べたが，その理由のひとつは，ロボットが何回ピアノを弾いてもその演奏に変化がみられないことにあるのではないだろうか。経験しても行動に変化がないということは，新たな技能や知識を経験によって獲得できない，いいかえれば，学習する能力がないということである。逆に，乳幼児程度の能力しかないペット型ロボットが知的にみえる場合があるのは，新しいことを身につける能力があるからだと思われる。

演奏ロボットやチェスの世界チャンピオンに勝ったコンピュータに知性を感じないもうひとつの理由は，演奏やチェスというあらかじめプログラムされたことしかできず，振る舞いに多様性や柔軟性がない点にあるのではないだろうか。それに対して人間は，新しい場面や問題に直面したときに適切に解決する能力を持っている。

このような適応力は，程度の差はあるものの，有機体である生物すべてがもっている。生物は自分自身を維持するために，環境に合わせて自分の活動を変えるとともに，自分の状態に合わせて環境を変える。このように考えると，適応とは，生物と環境との間における相互作用の均衡ということになる。そして私たちは，自分や環境がたえず変化する中で均衡を保とうとする働きに知性を感じているのである。

本節では，知的であることを，思考と知識，学習能力と適応力という観点から概観した。これらは相補的なものと考えられるが，論理的な思考と生物的な適応のレベルには大きなギャップがある。このギャップを発達という観点から埋めようとしたのが，ピアジェである。

2　知的発達

（1） ピアジェの発達段階

ピアジェ（1960）は，適応とは同化と調節との均衡であり，自らを体制化することであると考えた。つまり，内化された行為の協調の結果が論理的思考で

あると考えたのである。そして，均衡の過程によって生じる人間の思考の発達を，質的な変化としてとらえ，以下に示す4つの時期に区分した。

　感覚運動期（0～2歳頃まで）：対象の永続性が成立しておらず，言語やイメージなどの表象機能も弱い。感覚と運動を協応させながら外界を認識する。

　前操作期（2～6・7歳まで）：幼児期に入ると，言語やイメージにより外界を表象するようになるが，思考は知覚に強く影響され，論理を操作することはできない。この特徴は保存性や自己中心性として明らかにされてきた。

　具体的操作期（6・7～11・12歳まで）：児童期に入ると，論理操作を獲得する。しかし，操作がおよぶ範囲は具体的な世界に限られる。つまり，思考の対象となる物や事象が，今，ここになくてはならない。

　形式的操作期（11・12歳以降）：青年期に入ると，操作の対象が現実を超えた事象にまで及び，仮説的な事象について考えられるようになる。現実の具体的世界だけでなく，可能性の世界を扱うことができるようになる。

（2）　制約と領域固有性

　ピアジェの発達理論は，思考の発達を考える上で，ひじょうに有用な枠組みを提供してくれる。しかしながら，その後の研究により，ピアジェの理論は乳幼児の能力を過小評価し，青年期の能力を過大評価しているという批判が生まれ，制約と領域固有性という考えが主張されるようになった。

　ピアジェは乳児期にシェマが同化と調節の均衡により発達していくと考えた。しかしこの仕組みだけでは，実験方法の工夫等により明らかにされてきた乳幼児の知覚等の有能性を十分に説明することができない。また，概念等も外界から与えられる情報や経験だけで速やかに獲得することは原理的にほとんど不可能である。そこで，何らかの生得的もしくはそれに近い，学習を方向づけるものが仮定されるようになった。

　例えば，コップを指さしてコップと呼んだとしても，新たなラベルは対象全体を表すというような制約がなければ，コップという名称がコップの色につけられたのか，コップの形なのか，あるいは，コップの取っ手の部分につけられたのか，数多くある他の可能性を排除することができない。このように制約は，

解釈の可能性や探索すべき情報をあらかじめ制限する働きをし，さまざまな制約があるために，外部からの情報が比較的乏しくても学習が可能になると考えられている。

また，ピアジェは，思考の発達の最終段階が形式的操作期であると考えた。しかし，青年や成人でさえ，形式的・抽象的な演繹推論が要求される課題において，既有知識を利用して類推したり，日常生活の経験から帰納された推論方法を用いる傾向があることが明らかになってきた。そこで，知的発達は，ピアジェが考えたようなさまざまな内容から独立した一般的な心的構造の発達としてではなく，各領域における知識の増加や再構造化としてとらえられるようになってきた。

(3) 理解と問題解決

最初に，ピアジェの発達段階にもとづき知的発達の姿を簡単に描いたが，知的発達の姿を具体的にとらえることは難しい。というのは，その様子を直接見ることができないので，子どもの課題に対する反応を分析することにより間接的に推測しているからである。そのために，反応の結果だけを見ると，発達していないように見えたり，退行しているように見える場合がある。

例えば，次のような課題を実施する（西林，1988）。長さ60cmの柵の模型を2本用意し，伸ばした状態では両者が同じ長さであることを子どもに教示する。その後，実験者が2本の柵を折り曲げ，15cm四方の正方形と，縦10cm横20cmの長方形をつくり，2つの四角形の面積を比較させる。その際，面積という言葉が理解できない子どもには，おもちゃの牛を柵の中に置き，どちらの牛が柵内の草を多く食べられるか，それとも同じであるかと聞く。

その結果，図Ⅰ-4-1に示すように，3，4歳や5，6歳では半数以上の子どもが，正方形の方が長方形よりも広いという正しい反応を行った。しかし，正反応は，小学2年生で減少し，5年生では無くなり，そして大学生で再び半数近くまで増加する。年少児で多くみられる誤りは，長方形の方が広いという反応であるのに対して，小学2年生以上では，正方形と長方形の面積が同じという誤った反応が多く，特に5年生では全員がそうであった。

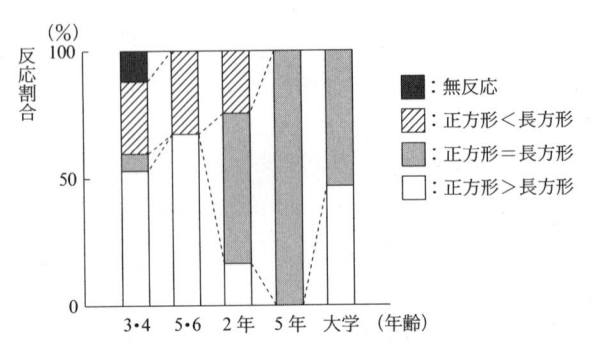

図Ⅰ-4-1　等周長課題に対する年齢別の各反応の割合
出典）西林（1988）を一部改変。

　この結果は，次のように解釈できる。6歳までの子どもは，知覚的に判断する傾向が強く，その中で，全体に目を向けた子どもは，広さの違いを正しく判断し，長方形の長い辺だけに注意を向けた子どもは，長方形の方が広いと判断したのであろう。それに対して，2年生と5年生では，対象を変形させても数や量は変わらないという保存性の概念をこの課題にも適用したために，正方形と長方形の面積が同じという誤反応が増加したと考えられる。大学生で正しく反応した者は，底辺×高さといった計算によって判断していた。

　以上の実験結果から，知的発達には質的に異なるいくつかの段階があること，知的発達の程度と課題に正しく反応できることとは必ずしも対応せず，理解が深まるとかえって成績が低下する場合があること，面積に関する知識があり計算も容易にできるはずの大学生でも半数以上が計算にもとづいた判断をしないこと，がわかる。したがって，子どもの知的発達の姿をとらえるには，問題が解けたかどうかだけを見るのではなく，その背後でどのような理解がなされているかに着目する必要がある。また，大学生のように，知識があっても適切に利用しない場合も多いので，理解を深めるだけでなく，それが様々な問題解決に結びつくような教育が大切になる。

3 知的発達と教育

(1) 形式と実質

　最後に，知的発達と教育との関係について考えてみよう。学校で何を教えるべきかに関して，形式陶冶と実質陶冶という対立した考え方がある。形式陶冶が思考力，記憶力など精神的諸能力の育成を重視するのに対し，実質陶冶は知識を子どもに伝達することを重視する。

　形式陶冶は，ある領域で形成された能力が他の領域でもうまく働いたり影響を及ぼしたりするという転移を前提としている。しかし，思考にはそれを学習した状況の制約を受けるという特徴があるので，共通の要素が少ない他の異なる課題や状況に転移しにくい。また，十分な知識がないと，新しい知識の発見や獲得にかかわる過程であると考えられる類推も働きにくい。

　では知識重視でよいかというと，この考え方にも問題がある。機械的な暗記学習ではなく，新しく学習される内容を子どもの持つ知識の体系や枠組みである認知構造にうまく関連づけるように工夫したとしても，知識は爆発的に増加しつつあるので，広く網羅することは困難である。また知識を蓄えたとしても，世の中の変化が激しいと，知識がすぐに古びて役立たなくなってしまう。

　結局のところ，形式か実質かという二者択一的発想には無理があり，両者を統合する教育方法を模索しなくてはならない。そのためには知的発達において思考と知識を統合する活動を知る必要がある。現在のところ，これにもっとも関連すると考えられるのは，自己の認知過程を意識し制御する「メタ認知」と呼ばれる働きである。メタ認知を高めることは「自己教育力」を育てることにつながると考えられるが，残念ながら現時点では，その獲得過程は十分に明らかにされていない。

(2) 学校と日常

　知識という観点から考えれば，学校教育の目標は，たくさんの知識をばらばらに詰め込むことではなく，組織化・体系化された知識を教えることである。普遍的かつ体系的な概念や知識の総体のことを理論というが，近年，このよう

な科学理論との対比により素朴理論・素朴概念とよばれるものが研究の対象になってきた。また，発達心理学でも，心の働きや性質を理解する知識や認知的枠組の発達が，心の理論の研究として盛んに行われている。

　素朴理論は，日常的な現象に関するその人なりの説明の原理であり，素人の大人や子どもが，学校で教わったのではなく，経験的・体験的に自ら作り上げたものである。素朴物理学，素朴心理学，素朴生物学というように，ある領域内で知識や信念がまとまりをもってはいるものの，研究者が作り上げた理論に比べて，因果的・論理的に構築されていないので一貫性に乏しく，誤った概念も多い。

　したがって，素朴理論や素朴概念を克服させることが学校の役割のひとつになる。子どもなりの理論を持っていることを前提に，それらを意識化・言語化するよう促し，さらに，仮説を立て実験により検証するといった科学的な方法で確かさを吟味させる。しかしその際には，あまりに論理的，分析的な見方を強調しすぎて，子どもがもっている洞察力，直観力，想像力，創造力などを弱めてしまわないように注意する必要があるだろう。

（3）　知識・行為・社会

　作曲家についてよく知り，楽譜が読めるからといって，ピアノを上手に弾くことができるとは限らない。チェスのルールを教えてもらっても，実際にゲームをしなくては楽しめない。経済学に関する知識が豊富でも，お金とはまったく縁がない人もいる。このように，行為や活動から切り離された知識を学んでも，役に立たないし，面白くない。

　発達的に考えると，知識や理解と行為は表裏一体となっている。ピアジェのように行為や活動を重視する立場では，知的発達は生まれつきのものや外から与えられた経験によって決まるだけでなく，主体である子どもの働きによって作り出されると考える。知識は伝達されるのではなく，子ども自身によって能動的に構成されるのである。したがって，教育場面においても，知識と行為が循環的に働くように工夫すべきであろう。

　また，知的発達は社会的文脈において生じていることを考慮すると，文脈か

ら切り離された知識だけを学ぶのではなく，社会的に構造化された活動に参加しつつ学ぶことが重要になる。授業の中でも，ディベイトのように論点を明確にして議論したり，ブレーンストーミングのように集団で考えることにより独創的なアイデアを生み出したり問題解決を図ったり，子ども同士が相互に教え合うことにより理解を深めたりすることも，積極的に行う必要があるだろう。

　児童期以降の発達においても同様のことがいえる。形式的操作期の青年の論理は，絶対的，観念的，理想的であり，現実を考慮したり，現実に合わせたりすることが少ない。それに対して成人は，社会的・歴史的文脈の中で人や社会的世界と相互作用を行うことにより，自分の認知活動を構成する。そうすることにより，論理的な確かさだけを追い求めるのをやめ，形式的論理を現実に合わせて実際に調節することができるようになる。単に知識があるだけでなく，それをもとに自分で考え適切な判断ができるようになる。このように，思考様式が相対的，実用的になることが青年期以降の知的発達の方向だと考えられる。

〈引用文献〉

佐々木正人　1996　『知性はどこに生まれるか――ダーウィンとアフォーダンス』講談社現代新書
シーグラー，R. S.　1992　『子どもの思考』無藤隆・日笠摩子訳，誠信書房
西林克彦　1988　「面積判断における周長の影響――その実態と原因」『教育心理学研究』36
ピアジェ，J.　1960　『知能の心理学』波多野完治・滝沢武久訳，みすず書房

〈キーワード〉

符号化と方略
　対象や事象のもっとも重要な特徴を取り出して，内的な表象を形成することを符号化という。算数の文章問題等では，解答に無関係な情報を無視し，必要な情報だけを符号化することが重要となる。また，記憶や問題解決などにおいて用いられる方法を方略という。一般的に，方略を用いることができない段階から自発的に用いる段階へ発達し，それに伴い，方略の数や種類が増加し，課題に応じて適切な方略を選択することができるようになる。

連合説と認知説
　刺激と反応との結合を学習の基礎とみなす連合説では，正しい反応には報酬を与え強化する必要があり，学習が成立するには数多く反復をしなければならないと考える。それに対して，認知構造の獲得を学習の基礎とみなす認知説では，場面の意味や手段─目標関係の

同化と調節

同化とは，自分がすでに持っている認識活動に合わせて外的な現実を取り込み構造化することである。吸うという活動を例にとれば，乳首を吸うことができる乳児は，自分の指や他人の指，枕やふとんなども吸おうとする。それに対して，調節とは，外的な現実に合わせての自分の認識活動を変化させることである。乳児は最初，乳首を口の中に入れてもらわなければ吸うことができないが，しだいに乳首が触れただけでも吸えるようになる。

対象の永続性

対象を実体のある永続的なものとしてとらえること。ピアジェによれば，永続性の認識は6つの段階をへて，感覚運動期の間に獲得される。なかでも特徴的なのは第3段階（4～6カ月）である。子どもの興味を引くものをテーブルの上に置き，子どもが手を伸ばしかけたら，ものを布などで完全におおうと，子どもは，まるでものがなくなってしまったかのように，伸ばしかけていた手をひっこめる。ピアジェは，この時期の子どもにとって，物体は主体の見るという行為と切り離されて存在する独立した客体ではなく，主体の見るという行為に依存して存在していると考えた。

保存性

対象の形や状態を変形させても，対象の数や量といった性質は変化しないという概念のことを保存性という。たとえば，底面の幅が広く高さが低い容器に入っている水を，幅は狭いが高さが高い容器に移した場合，前操作期の子どもは，水が多くなったと答える。移動した対象を元に戻せば再び同じになるという可逆性や，幅と高さの相補性というような論理的思考能力が獲得されておらず，高さが高いから量が多いというように，思考が見えの世界に影響されているのである。

自己中心性

自己の視点や観点に中心化され，他者の視点をとったり自分自身を他者の立場においたりすることができないこと。この状態を脱することを脱中心化という。ピアジェは，他者の視点からの見えの理解を調べるために，子どもの前に3つの異なる特徴をもった山の模型を配置し，子どもが見ている地点以外の地点に人形を置いて，人形から山がどのように見えるかを尋ねた。その結果，4～6歳の子どもは，自分の視点と人形の視点とを区別できない，あるいは，区別しようとしてもうまくいかず，自分の視点からの見えをそのまま再現するという自己中心的な反応を行う，7～9歳になると，他の視点からの見えを構成することができるが不正確，9歳以降になると，視点の変化に応じた見えを正しく構成できるようになる，ということが明らかになった。

（杉村伸一郎）

第5章

社会化するということ

1 社会化の出発点

　「社会化」とは学校教育に携わる多くの人々にとって，耳慣れないことばであろう。これは，英語における Socialization の訳語として用いられるようになったことばであり，「社会 Society」の派生語である。したがって社会化とは人を社会のものとするということになる。しかし，人を社会のものとするとはいったい何か。このことを考えるために2つの例を挙げてみよう。

（1） 「自分を尊重すること」と「ひとのためを図ること」
　あるとき，欧米の社会のあり方を学ぼうとヨーロッパに出かけた青年が「日本の若者は自分のことばかり考えるようになってしまった」と話したところ，それを聞いたイタリアの青年が「どうしてそれが問題なの？」と怪訝な顔をしたという。もともと日本の問題への答えを求めようと出かけていったその青年は，ことばに詰まり，衝撃を受けたという。
　日本では，さまざまな社会問題が起こると原因を人々が自己中心的になったことに求め，「人が自分自身のために考える」ことに対して否定的な議論が展開される例が多い。この青年も，日本国内の対立や若者のわがままな振る舞いにいら立ち，安定し調和的な社会関係や社会行動のモデルを欧米に求めたのであろう。いっぽう，このイタリアの青年にとっては「人が自分自身のためにど

うしたらよいか判断して自分のために行動する」のは当然のことである。彼にとっては社会全体が各自の自己主張を出発点として相互に調整を図っていくという営みを基礎に成り立っていると見えるのであろう。

(2) 新しい世代のコミュニケーション手段としての携帯電話器

近年，歩行中も携帯電話を耳にあてながら通話に熱中している若者をよく見かける。呼び声に振り向いて見ると，その場にいない相手へ携帯電話をとおして話しかけている人を発見することもしばしばである。携帯電話に慣れていないひとから見るとまことにふしぎな光景である。耳からアンテナを突き出し，ここではない場を見えない相手と共有している。

同じ部屋，同じ食卓など，空間的な場の共有を基礎に対話が成立すると考えてきた古い世代は，携帯電話で作られる新しい対話の様式になじみにくい。しかし，携帯電話を使いこなす今の若者は今の時代を成長し，続く時代の大人として生きていく。彼らは，たとえ現在，異様に映るとしても，さまざまな場面での問題を解決し調整を重ねながら新しいコミュニケーションの仕方と新しい社会関係を打ち立てていくに違いない。

(3) 社会化とは

これまで，子どもの発達を考える心理学者の間では，社会化とは，すでに出来上がっている社会集団が新しいメンバーを同化していく過程を指してきた。すなわち，はじめに示した事例に照らすならば，日本人の青年が日本の社会において社会化していくとは，あらかじめ互いに配慮しながら振る舞うような日本の行動様式になじんでいくことを指す。また，彼がイタリアでの自己主張を基本としながら社会関係を作り上げていく社会集団に飛び込めば，その日本人の社会化は，そのイタリア社会のルールや行動様式を獲得し，以前からのメンバーと違和感なく適応していくことであると考えられる。また，現代日本の若者が，日本の社会において社会化するとは，大人たちの使わない携帯電話でのコミュニケーションをあきらめ，大人たちの行動の仕方，価値観を獲得し，古い社会関係の様式に同化していく過程を示すと考えられる。

社会化ということばには，このように一人ひとりの子どもが参入するはずの社会のイメージが伴う。しかし，そもそも「社会」とはどのようにして成り立つものであろうか。この問題に対する答えを私たちは持っているであろうか。また，人々のこの問題に関する見解は一致しているであろうか。日本の社会における教育論議や欧米における教育問題をみてみると（苅谷，2002），いずこにおいても，さまざまな考え方が展開されており，時には相容れない意見がぶつかり合う事例もあることに気づくであろう。

　19世紀末から20世紀はじめには「ヨーロッパの社会」が，20世紀半ばからは「アメリカの社会」が，作り上げるべき社会，適応すべき社会関係のモデルとして多くの人々に共有されていた。したがって，社会化とは，19世紀末から20世紀はじめに「ヨーロッパ」あるいは「アメリカ」の中枢を占めていた「大人の男性」が共有している行動様式や価値観を獲得することであるという暗黙の前提があった。この例として，ハヴィガースト（Havighurst, 1953）によって青年期までの発達課題の積み重ねとして描かれた発達過程が挙げられる。

　20世紀は一方でこの欧米モデルの考えがさまざまな形でゆらいでいった時期でもある。すでに1920年代にはアメリカで発展した文化人類学の研究集団がアメリカ先住民族や南太平洋の原住民の社会に注目した。なかでもマーガレット・ミードは近代化され禁欲的なアメリカ社会とは異なる共同体的な伸びやかな生活集団として南太平洋原住民の世界を描いた（Mead, 1928, 1973, Freeman, 1983, Bateson, 1984）。20世紀後半には前の時代には注意の払われることの少なかったアメリカ国内でのマイノリティとして，黒人社会やアジア人社会そして女性へも関心が払われるようになった。それに伴って社会化のとらえかたそのものにも新しい試みがなされるようになる（Gilligan, 1982など）。さらには，産業化および情報化による急速な社会変化はコミュニケーション・システムにも変容をもたらし，このことが社会化に新しい視点を持ち込む必要を生み出した（浅野，1990）。

　以上のように「社会化」ということばの意味は近年変貌を遂げつつある。この変化の状況を次節にまとめよう。

2　学校教育期における子どもの社会化

(1)　社会化に関する視点のシフト

(a)　「行動様式伝達」から「相互行動調整」へ

　すでに示したように，社会化とは，それまでに出来上がっている社会集団が新しいメンバーを同化していく過程であると定義されてきた。この働きをする社会集団を「社会化のエイジェント」と呼ぶ。すなわち，大人たちが作ってきた社会には彼らによって維持されている生活習慣や社会ルールがあり，大人は社会化のエイジェントとして，子どもがそれらの生活習慣や社会ルールを習得するように影響を与えるとした。

　人々が同時にさまざまな社会集団に所属し，所属する社会集団の置かれた状況そのものが急速に変化する現代社会においては，それまでに作り上げてきた生活習慣や社会ルールそのものが，不断に作り変えられ確かめなおされていく必要がある。そこでは，新しいメンバーが，以前からのメンバーの習慣やルールを習得するというとらえかたを改変し，現代に子ども時代を過ごし，未来を生きる人々が新たな習慣やルールを作り上げていくために，相互調整を行う過程としてとらえていくべきであるという視点が生まれてきた（Bugental & Goodnow, 1998 など）。この視点では社会化のエイジェントという用語はあまり用いられない。すなわち，家族および学校を，親および教師が社会化のエイジェントとして価値観や行動様式を一方的に伝達する場ととらえることから，家族における親と子の関係形成，学校における教師と児童・生徒の関係形成として，相互調整に注意を向けるように変化してきた。

(b)　「普遍的尺度の構成」から「形成される行動の相対化」へ

　したがって，そこで形成される社会的な特性も，すでに普遍的で「望ましい」とされている特性を共有することを前提とするのではなく，それぞれの社会集団で維持されている社会的な関係のありかたを相対化してとらえることになる。すでに示したように，近代欧米社会で望ましいとされた特性が普遍的に世界中で通用するという考え方に対し，多様な社会規範や行動様式などを重ね合わせることで，これまでの見方を相対化することが求められるようになった。

子どもも同様に大人に対して異質な存在として，成人の社会関係を相対化する機能を果たすと考えられる。

(c) 「行動」から「身体」「情動」「認知」へ

同様にして，子どもによって形成される社会的特性も，ルールに沿った行動ができるか，大人としての行動をとりうるか，という視点から行動の背景にある意欲，感情などの動機的側面，身体，認知，言語などさまざまな側面の総体として社会性の形成をとらえるように変化した。達成されるはずの特性をどのようにとらえるかという認知的問題，それにかかわる身体の働き，情動を概念化する働きと情動の抑制などさまざまな問題が浮かび上がってくる。このようなとらえかたを必要とするものの一例としては「思春期やせ症」，「拒食症」，「摂食障害」などとよばれるものが挙げられる。

(d) 青年期的課題としての社会化から生涯発達の視点へ

以上の視点の変化は同時に社会関係の形成を発達の初期にまでさかのぼり，乳幼児期のさまざまな事象へ子どもが関心を持ち注目するという「注意 Attention」のしくみ，両親あるいは身近な年長者への安定した愛着（Attachment）や，言語表象の形成なども後の社会関係の形成にかかわっているとみなされ，重視されるようになった。また，一般には社会化が完成したとみられる成人期以降も加齢に伴う新しい社会関係の形成という視点で，社会化の課題として視野に収められるようになった。学校教育の期間の子どもは，幼少期に作り上げた社会関係を変容させ学校社会へ適応しようと試みる。また，彼らは将来の自分自身に対する展望とともに今を生きている。

(e) 「環境―主体」概念から「関係の場」概念へ

環境が子どもの行動形成の影響源であるとする考え方は一般にも心理学研究でも広く受け入れられてきた。「刺激―主体―反応」あるいは「環境―主体―行動変化」などの行動主義的な図式を用いて，環境としての社会化のエイジェント，その受身の対象としての子どもないし青年という位置づけが行われていた。しかし，子どもの能動的な活動，子どもの側からの行動形成，そこでの身体，情動，言語，認知などのかかわりを重視する視点からは，子どもが作り上げるさまざまな「関係の場」として，家族，学校，仲間集団などを位置づ

け る。さらに，さまざまな場において関係を作り上げていく上で，子どもの身体，言語表象，認知などがどのようにかかわっていくかという新しい視点が導入される。

　(f)　多重システムというとらえかたの導入

　社会関係は人々が作り上げるさまざまな関係のうちのひとつである。自然との関係，事物との関係，自分の身体との関係，そして表象的な働きによってことばが伝達され，操作される社会関係など，さまざまな関係のひとつとして位置づけることができる。また次項に述べるように，彼らはさまざまな場面で多様な社会関係を作り上げていく。

(2)　関係の作られる場と関係の特徴

　現代社会の子どもが関係を作り上げていく場としては，家庭，学校，友人または仲間集団，地域，そして職業集団が想定される。子どもは発達するに従って家庭から，順に関係を持つ世界を広げていく。学校教育期には，多くの子どもは家庭と学校と仲間集団との間で生活し，それぞれで特徴のある社会関係を作り上げていく。

　(a)　家　庭

　家庭では乳幼児期からの持続的な関係をとおして，独自の関係システムができ上がっていく。また，食事，就寝，入浴など基本的な要求の充足や健康管理を含む生活を共有する。このような関係は慣習として維持されていく場合が多い。家族関係はさらに「母親は子どもに対して優しく，子どもの要求を受け入れてくれる」というようにどの家庭にも当てはめられるイメージとして用いられる。子どもは自分自身の家族関係を友人の家族関係と対比させて理解し，一般化された家族関係のイメージによって自分自身の家族との関係を組み立て直そうと試みる。

　初等教育・中等教育の期間には子どもは対人関係の場をしだいに家庭の外に拡大させていく。食事・就寝・その他の生活に関することがらはなお家庭内にあり，家族成員間のコミュニケーション機会を提供する。いっぽうで，家庭においては，祖父母の世代，親の世代，子どもの世代と，それぞれの成員の生涯

を重ね合わせてとらえることのできる場が構成される。進学，就職，結婚などのライフイベントが家庭の中で課題とされ，コミュニケーションの対象となることも知られている。学校生活から持ち込まれる学業成績や卒業後の進路などがこのような関係の中で共有されることになる。

(b) 学 校

初等教育および中等教育の期間には，学校は子どもの生活の場として重要な役割のひとつを占める。日本ではほとんどの場合，同年齢集団を擁した学級を中心に学校生活が展開される。学級担任の教師との関係は小学校期には，日常生活全般にわたる。中学校・高等学校と進むにつれ学校生活は地域を中心とした家庭生活から分離していく。通学区の拡大，学習内容の抽象化，学科担任制の採用が，学校生活と家庭生活との分離の背景となる。学校は，このように教師，同年齢集団など，家庭とは異なる社会関係をつくる場を提供するばかりでなく，学習目標を共有し，卒業後の進路についての話題を共有する場ともなる。

日本の学校生活は，児童・生徒の自主的な集団活動を重視する傾向が強い。恒吉（1992）は日米の学校の観察および教師への面接を通して，日本の学校では全体の方向付けをしながら，集団的に生徒が自主決定をするという形をとるのが一般的であるとしている。いっぽう，アメリカの学校では，教師の権威を基礎にした個別指導が中心であり，集団的な活動を行う場合にも，教師が全体のガイダンスを行っていると指摘している。日本の児童・生徒は教師が望んでいることを暗黙のうちに内面化し，あたかも自主的に行動したかのように，教師が望んでいる行動をとっていくという。この恒吉の指摘は，次のようにいい換えることも可能である。すなわち，教師と子どもの間に学校や学級の中での行動の仕方についての調整がすでにでき上がっており，教師と子どもの間に共有されていると。浅野（2000, 2001）は，社会関係を，ことばによって表現できる水準と日常の生活習慣の水準とに分けてとらえることができることを示し，さらに，生活習慣の水準については，ある学校の同一コーホートなど，小さなグループの内部で共有され，グループ間では差異が生じる傾向にあることを指摘した。中学校の時期には異なる生活背景を持った子どもたちが学校生活を共有するために，学校生活の習慣を互いに調整して作り上げることに困難を生じ

ることがある。学校生活のルールとしての校則や管理体制はこのような共同生活上の困難に対応して作り上げられたものと考えられる。

浅野（2000, 2001）はまた，高等学校期には，生活習慣も社会表象と関連づけて整理され，とらえられる傾向があることを示した。社会関係を方向づける表象的な枠組みが作られると，彼らは日常の対人関係の小さなトラブルに心を奪われることが少なくなると期待される。生徒たちが互いに自由にのびのびと振る舞いながら，しかも適切に調整できるようなスキルを習得している場合には，靴下や持ち物，スカートの長さに至るまで細かく決めるような校則は必要とされないだろう。

(c) 仲間集団

初等教育・中等教育の期間は学校生活が同年齢の学級編成によっていることもあり，年齢を同じくする仲間集団が構成されることが多い。同年齢，同性など等質性の高い集団では感情・気分の共有が容易に行われる。たとえば，同じゲームへの要求，同じ教師への反感，同じ悩みなど，感情の直接的なやりとりを通して「同じ」気持ちを確認することができる。

小学校の時期には子どもは学級を中心にした経験によって，仲間と感情を共有することができる。遊び集団による経験と感情の共有もなされる。一般には小学校の通学圏は比較的狭い地域に限られているので，子どもは学校での友人と地域の生活を重ねあわせることができる。このような経験からたがいの家族を比較し，相違点と同時に共通点を引き出す機会にも恵まれる。

中学校の時期には小学校期よりも一般には通学圏が拡大するので，よりいっそう多様な仲間と接することになる。感情共有の基盤となる生活経験も多様化する。この時期には，すでに指摘したように，家族との間では交わせないコミュニケーションの対象として等質性の高い友人を求める傾向がある。このため，中学期には，感情や経験の異なる相手との関係の安定を図るために気分を調整するターゲットを求める場合がしばしばある。同じ気持ち，同じ判断，同じ行動を引き出すための共通のはけ口が求められ，それは，時として「いじめ」に発展することもある。また，学級対抗の球技大会，学校祭の展示競技など，集団間で競い合うことで，努力や感情を共有することも見逃せない経験で

あり，このような場合には「集団でのいじめ」とは異なる形での感情の共有が達成される。このような問題については今後，研究が進んでいくことになろう。限られた対象との親密な関係をとおして，他者や自分自身への理解を深めていくことも重要な経験である。

(d) 地域集団

家庭と地域の生活はしばしば重なっている。しかし，現代の社会においては，子どもの成長発達に地域の社会関係があまり大きな役割を負わない場合が多い。日本の企業においては父親が仕事および仕事と関連した交際のため，深夜に帰宅する場合が少なくない。国民生活時間調査の分析結果は地域の社会関係が母親に任される傾向があることを示唆している（NHK放送文化研究所，1996）。しかし，生活という視点から家族を超えた共生関係を考えていく上で地域の生活は重要な場となる。災害時，高齢者との共存など，さまざまなテーマがここを基礎に組み立てられていくことになろう。

(e) さまざまな社会集団の中での社会化

学校と家庭，仲間集団それぞれにおいて作り上げられる社会関係は同じ様式や同じ規範に収斂するとは限らない。それぞれが相反する行動規範を持つこともあり，いっぽうが他方の関係成立から個人を擁護する機能を果たす場合もある。また，メディアとのかかわりやあたらしいネットワークシステム，すなわち情報化やIT革命による社会関係の再構成についても考慮していく必要がある。

3 現代社会と子どもの社会化

この章では子どもが学校教育の中で大人としての行動様式を作り上げていく過程について「社会化」という概念の下にまとめてきた。学校教育期における社会化を議論するときには学校生活の中での行動様式のみに関心があつまるが，学校の中で子どもがどのように振る舞うかは，家庭生活や学校外の仲間関係，地域社会における人間関係とも深いかかわりをもっている。そしてそれらは，長い成育の歴史の中で時間をかけて育まれてきたものである。現代は急速な社

会変化に伴って学校教育においてもさまざまな問題が出現している。これらのひとつひとつについて詳しく述べるスペースはないが，学校教育にかかわる立場からも，常に社会や家庭のしくみの変化に配慮し，新しい社会関係の構想，すなわち新しい社会化のありかたを作り上げていく必要があるだろう。

〈引用文献〉

浅野敬子　1990　「青年文化の多様化」久世敏雄編『変貌する社会と青年の心理』所収，福村出版
──　2000　「青年期における社会関係の構造化過程に関する分析」『中京女子大学研究紀要』34
──　2001　「社会関係の構成メカニズムについて」『中京女子大学研究紀要』35
NHK 放送文化研究所　1996　『1995　日本人の生活時間』日本放送出版協会
苅谷剛彦　2002　『教育改革の幻想』筑摩書房
恒吉僚子　1992　『人間形成の日米比較』中公新書
Bateson, Mary Catherine　1984　*With a Daughter's Eye*, William Morrow & Co.（メアリー・キャサリン・ベイトソン　1993　『娘の眼から──マーガレット・ミードとグレゴリー・ベイトソンの私的メモワール』佐藤良明・保坂嘉惠美訳，国文社）
Bugental, D. B. & Goodnow, J. J.　1998　"Socialization Processes" in W. Damon ed., *Handbook of Child Psychology* 5th ed., vol. 3, John Wiley & Sons, Inc.
Freeman, Derek　1983　*Margaret Mead and Samoa : The Making and Unmaking of an Anthropological Myth*, Harvard University Press（デレク・フリーマン　1995　『マーガレット・ミードとサモア』木村洋二訳，みすず書房）
Gilligan, C.　1982　*In a Different Voice : Psychological Theory and Women's Development*, Harvard University Press（キャロル・ギリガン　1986　『もうひとつの声──男女の道徳観のちがいと女性のアイデンティティ』岩男寿美子監訳，川島書店）
Havighurst, R. J.　1953　*Human Development and Education*, Longmans, Green & Co.（ハヴィガースト　1958　『人間の発達と教育──幼年期より老年期まで』荘司雅子訳，牧書店）
Mead, Margaret　1973　*Coming of Age in Samoa*, William Morrow & Co.（マーガレット・ミード　1976　『サモアの思春期』畑中幸子・山本真鳥訳，蒼樹書房，原著初版は1928年）

〈キーワード〉

システム論
　システム論の起源は生物学とサイバネティック・サイエンスにある。社会化に関するシステム論を代表するものはブロンフェンブレンナーの環境システム論および家族療法におけ

る家族システム論である。環境システム論は子どもの生育環境をマイクロ・システム，メゾ・システム，マクロ・システムなど多重性を持ったシステムとしてとらえるものである。直接的な母子関係のような局所的なシステムを社会制度や子ども観など広範に影響力をもつシステムが包含していると考えた。

社会的行動
20世紀半ばの行動主義の隆盛期においては認知や情動などの内的過程ではなく，外部に現れた行動を社会化研究の対象とすることが多かった。また，個人を単位としてとらえる人間観がひろく支持を受けていた。したがって社会関係を個人の行動の水準で表す，社会的行動という用語が頻繁に用いられた。行動主義はまた学習理論と親近性が高いため，社会的行動が学習される過程を社会化研究の主たる対象とする研究もまた成立した。

社会学習理論
バンデューラは社会的行動が学習される過程を理論構築した。社会的学習理論はこれを指すことが多い。直接的な強化によらない，観察学習，模倣，代理強化（他の子どもや大人が強化を受けるのを観察することが社会的行動を獲得していくことを促進する過程）を特徴的な原理とした。バンデューラはさらに自己制御のシステムを自己効力観という概念を加えて説明しようとしている。この発展した社会的学習理論は最近では社会認知学習理論と称されることがある。

コーホート
もともとはローマの軍隊で歩兵隊を構成する小隊を指すことばであった。発達心理学では，生まれ年を同じくする集団をコーホート Cohort と呼んでいる。特定の年代に出現した薬物，環境汚染などが子どもの成長発達に与えた影響を分析する場合にこのコーホートによる差異を基礎として用いる。世代ということばであらわされていたものと似た概念であるが，より細かい分析を行う場合に用いられる。

愛着（アタッチメント）
くっつく，付着するという原義から見てわかるように，子どもが養育者に抱きつき，養育者について廻ることをさす。動物から人間まで広く見られる子どもの行動であり，生得的な基礎によっているが，生まれてからの周囲の養育者とのかかわりの中で作り上げられるとされている。乳幼児期に形成された愛着は青年期や大人になってからの社会関係すなわち社会化にも関係すると考えられている。

社会関係のスキル
人と人との関係には適当な距離のとりかた，相手の意思の尊重のしかたなど，自分と相手を大切にしながら，良好な関係を維持する方法がある。母親や家族との関係から多様な相手との関係へ社会関係を拡大していくにあたって，人は「信頼しあいながら，相手も自分も尊重する」という社会関係様式を意識的に作り上げていく必要に迫られる。

（浅野敬子）

第6章

セクシュアリティの発達

1 青年期におけるセクシュアリティの発達課題

　社会学では，家族を定位家族と生殖家族とに分けている。定位家族とは，自分が生まれ育った家族で，自ら選ぶことができない家族である。一方，生殖家族とは，自分の意志で配偶者を選択し，形成する家族をいう。従って，青年期は，定位家族から生殖家族への移行の時期に相当する。あるいは，生殖家族を形成する準備期間であるといえる。著名なハヴィガーストの発達課題論においては，青年期の発達課題として，10の課題を挙げているが，その中に，以下の課題が含まれている。
　①自分の体格をうけいれ，身体を効率的に使う
　②同年代の男女との新しい成熟した関係を結ぶ
　③男性あるいは女性の社会的役割を身につける
　④結婚と家庭生活を準備する
　このように，青年期は，第二次性徴（男子の場合は骨格や筋肉の発達，女子の場合は乳房や骨盤の発達などの身体的変化。また男子の精通，女子の初潮・初経に始まる生殖能力の獲得など）の表れとともに，自分が男あるいは女であることを意識するようになり，そうした意識にもとづいた異性との交流・交際が始まり，やがて多くは配偶者をみつけて，新しい家族を形成していく。この道程がスムーズに進行する要件として，上記の課題が提示されているのである。カーケ

ンダールらは，性に関連するすべての側面を包含する概念として，「セクシュアリティ」という概念を提唱している（カーケンダール，1972）。セクシュアリティの発達は，幼少期から始まるが，上記の諸課題は，青年期におけるセクシュアリティの発達課題として包括的にとらえることができる。

こうした課題を遂行していくことは，青年期の他の課題と同様，必ずしも容易ではなく，学校教育においても適切な指導・援助が求められる。

2　異性関係の発達

上記のような発達課題の達成を指導・援助していく上で，異性関係や性意識についての発達の様相を，理論的ないしはモデル的に，また，今日的な実態について理解しておくことは必要かつ重要であろう。

（1）理論ないしはモデルとしての発達過程

異性との関係ないしは性意識の発達過程については，これまでもいくつかの説が示されてきたが，それらを概略的に総合すると以下のようになる。

①相手の性の違いに無関心な時期（児童期の前期まで）
②同性どうしの結束が強く，異性に対して反発する時期（児童期後期のギャングエイジと呼ばれる時期）
③異性に対して関心が強まるが，羞恥心も強い時期（思春期初期）
④異性との交際が始まるが，相互の認識が不十分で，ぎこちなく，誤解や衝突が生じやすい時期
⑤自分たちだけに通じあう交際をへて，社会的にも公認され，心理的にも安定した交際を始める時期

（2）実態的側面

以上のような発達図式に対して，今日の青少年の実態はどうであろうか。いくつかの調査結果から性，異性関係についての意識，行動面をみてみよう。

日本性教育協会は，青少年の性に関する意識・行動について，全国的規模で

経年的に調査を行っているが，1993年の調査結果により，経験率が50％を超える年齢により年齢的変化をみると，以下のようになっている（日本性教育協会，1997）。

男子　［13歳］性的関心／<u>射精</u>／異性と親しくなりたい　→　［14歳］異性に触れたい／性的興奮／マスターベーション／キスしたい　→　［17歳］デート　→　［18歳］異性に触った／<u>キス</u>　→　［19歳］<u>ペッティング／性交</u>

女子　［11歳以前］月経／<u>異性と親しくなりたい</u>　→　［13歳］性的関心　→　［16歳］デート／<u>キスしたい</u>　→　［18歳］<u>キス</u>　→　［19歳］異性に触りたい／性的興奮　→　［20歳］<u>異性に触った</u>／<u>ペッティング</u>／<u>性交</u>

（注：下線のある項目は，1987年の調査結果と比較して年齢が1歳低下したもの）

　異性に対する関心として，「異性と親しくなりたい」という感情は，男子では13歳，女子では11歳までに半数の者が経験している。しかし，実際にデート経験を持つ者が半数を超えるのは，男子が17歳，女子では16歳と，4・5年後になる。男女の違いもかなり見られ，男子は，「異性と親しくなりたい」という異性への関心が芽生えるとともに身体的接触欲も強まるのに対して，女子の場合は，デート経験後に身体的接触欲が強まること，などが示されている。

　性意識，行動については，その早熟化傾向がずいぶん以前から指摘されてきた。上記の調査結果でも，1987年から1993年の間の6年間において，意識，行動の両面で低年齢化していることが示されている。1999年に中学3年生を対象とした調査では，男女交際することについて，「中学生ではまだ早いと思う」と答えている者は，男子が21％，女子が12％と，ひじょうに少なく，許容されている（ベネッセ教育研究所，1999）。一方，異性交際の許容範囲をみると，高校生を対象とした経年的調査結果で，「セックス」までを許容している者は，1975年が13％，1980年が11％，1985年が21％，1990年が18％，1996年が46％と，大きくみれば段階的に上昇してきており，半数近くにまでなっている（北海道高等学校「倫理」「現代社会」研究会，1997）。

　以上の調査結果からみると，中学生では，異性との交際は当然視されており，

高校生になると，デート経験者も半数を越え，意識レベルでは，セックスを許容する者がかなり多くなっている。このように，性意識，性行動は，最近，いっそう早熟化傾向が強まっているとみることができる。このような早熟化傾向は，人格発達のより未成熟の段階から，セクシュアリティの困難な課題に子どもたちを立ち向かわせることとなり，心理的混乱をよりいっそう招いたり，課題の達成をより難しくする要因ともなりうる。

3 学校における指導

わが国の性教育の推進に大きな役割を果たしてきた日本性教育協会は，性教育を「ヒューマン・セクシュアリティ（人間の性）」の教育であると位置づけ，幼稚園（保育所）から高等学校に至るまでのそれぞれの学校における学習指導要領に準拠した性教育のねらいや内容を「性教育指導要項解説書」として提示している。表I-6-1は，平成元年改正の学習指導要領を踏まえた教育内容・主題のうち，小学校高学年以降のものについて，学年別を取り払ってまとめ直し

表 I-6-1 性教育の主題

目　　標		主　　題
性自認	身体面	二次性徴　月経・射精　月経と女子の生活　射精と男子の生活　性の成熟　性器の構造と働き
	心理面	性の欲求　性欲・性衝動と性行動　思春期のこころ　性に関する不安や悩み
生命誕生		生命誕生　性の決定　授精と妊娠　出産と育児
男女の人間関係		異性とのかかわり　特定の異性とのかかわり　愛情　人間の性交行動　避妊・人工妊娠中絶
家庭・社会の一員		性の情報環境　性の被害・加害　性の問題行動　性感染症　人間の一生と性　家庭における男女の性役割　（より一般的な）性役割　性と進路　結婚と家族　性と人権　性と社会

注1）日本性教育協会（1990）にもとづく。ただし，小学校高学年以降のものについて，学年別に示されているものを，学年別を取り払ってまとめ直したものである。
　2）性自認は，性同一性（ジェンダー・アイデンティティ）と同義である。ただ，ここでは，その基礎となる生理的性に関するものが中心で，いわゆる社会的性（ジェンダー）に関するものは，「家庭と社会の一員」の方に掲げられている。

たものである（日本性教育協会，1990）。

この表に見られるように性教育の内容，いい替えれば，セクシュアリティの内包するところは，ひじょうに多岐にわたっている。しかし，現在の学校教育においては，性教育という独自の教科目ないしは，指導領域があるわけではなく，保健体育（体育），理科，社会，家庭（技術・家庭）などの各教科，道徳，学級活動などの特別活動に分散されている。このような現状下で，前記協会等がめざす「性教育」は，多岐に分散しているものを統合する試みでもある。

一方，文部省（現，文部科学省）も，『生徒指導における性に関する指導』において，「性教育」ということばは用いないものの，「性に関する指導」は，身体的，生理的な事項やそれに関係する問題等に狭くとらえるべきではなく，「生徒の人間形成に対する直接的な援助である」とした上で，「各教科，道徳，特別活動など学校教育活動全体を通じて行われ」ているとの見解を示している。そして，生徒指導においては，①教科等の性に関する内容を生徒の具体的な行動や現実の生活における能力，態度，習慣として身につけさせるという指導，②教育課程上の指導では十分でないところを補完する，③性に関して特別な指導を要する行動について生徒が適切に対処，克服していくよう援助するための個別指導，があるとしている（文部省，1986）。

生徒指導は，その目的により，大きくは，開発的指導と，治療・矯正的指導の2つに分けられる。開発的指導は，児童・生徒一人ひとりの発達可能性や個性の伸長，あるいは発達課題の習得達成をめざした指導であり，上記の①と②が該当する。また，教科等の教育課程における性に関する学習自体も，開発的指導として位置づけることができる。一方，治療・矯正指導は，何らかの問題を示している児童・生徒の場合，それを自分自身で解決することが難しいことが多く，その問題の解決に向けての指導であり，③がそれにあたる。このように学校における性の指導，セクシュアリティの指導は，開発的指導と治療・矯正的指導とが含まれる。

（1） 開発的指導

セクシュアリティの学習・指導に関係するテーマは，前出の表Ⅰ-6-1に示し

たようなものが含まれる。それらをまとめると，①生理的・生殖的な性についての正しい理解や，それが自分にとって，また人間にとってどのような意味をもつかについての理解，②男女それぞれの，とりわけ青年期における心理的特性についての理解，③男女関係やその関係性（愛情，結婚等）についての理解，④ジェンダー・ロール（社会的性役割）等，社会の中における男性・女性についての理解や，それらを通しての自分なりの社会的性役割観や社会的性同一性の確立，などである。そして，現在から将来にわたって男として，あるいは女として生きていく過程で出会うさまざまな問題に主体的に立ち向かう能力を育てることが大きな目標となる。

ただ，学校におけるセクシュアリティに関する開発的指導の現状には，以下のような問題点が指摘できる。

まず，保健体育を中心に行われている「性教育」に関しては，いくつかの調査結果でも，児童・生徒が知りたがっていることは，異性との交際の仕方，男女の心理・行動の違いなどであるのに対して，教えられているのは，生理，生殖を中心としたことに限られていること，また，生理や生殖の情報についても必ずしも十分伝達されていないことが示されている。異性との交際の仕方，男女の心理・行動の違いなどは，道徳の指導内容でもあるが，「性教育」においても，生理，生殖にとどめないで，さらに生理，生殖の自己にとっての意味や社会的意味に発展させて指導していくことが大切ではないかと思われる。

道徳（ここでは「特設」道徳の授業に限定）に関しては，特に，中学校での実施率が低く，他の活動に利用されている点，また，児童・生徒は，学年が上がるほど，道徳の授業への興味・関心が低い点がいくつかの調査結果で示されている。

また，学級活動については，いくつかの教科，道徳，特別活動等にわたっているセクシュアリティの指導を統合する役割を担っていると考えられるが，調査データはみあたらないものの，そうした役割を十分果たしているとは思われない。

以上の実態的な問題点の他，今日，セクシュアリティの指導を難しくしている要因として，性意識・性行動の早熟化傾向，社会性の未成熟傾向，歪んだ性

情報の氾濫，価値観の多様化，などが挙げられる。このような状況の中でのセクシュアリティの指導には，旧来の方法では対応しきれないところがあり，それなりの工夫も必要となろう。今後，検討すべき課題，方向性のいくつかを以下に示す。

(a) グループ・エンカウンター法等の導入

セクシュアリティの発達の基本は何といっても異性との交流を通して，自分とは異なる異性の特性，考え方についての理解を深めることにある。ところが，今日の青少年の場合，幼少期からの対人関係のトレーニングの機会の減少等により，対人関係技術の未成熟や他人とかかわることにより自分が傷つくことを恐れて自己防衛的態度が強い傾向もみられる。教育現場での開発的指導にカウンセリング技法を応用した構成的グループ・エンカウンターは，自己開示にもとづく心と心の交流をめざすもので，エクササイズはゲーム感覚のものが多く，現代の児童・生徒には適合しやすいものと思われる。そのほか，他者的立場の理解を深める方法として歴史のあるロールプレイなど，「育てるカウンセリング」(國分，1997)の導入は，効果が期待できると思われる。

(b) 「価値の明確化」アプローチの導入

道徳の授業の低調の要因のひとつは，授業で用いられる資料で「ねらいとする価値」がみえみえで白けたり，「建て前だけ」とか「きれいごと」と受け取られがちで，児童・生徒が興味・関心をもてず，教師も熱意をもてない点が挙げられる。

セクシュアリティに関しての道徳の指導内容のうち，男女平等や人権尊重などについては，おおむね社会的合意があるといえようが，中学生あるいは高校生としてのふさわしい男女交際のありかた，将来，どのような家庭を築くか，家庭における男女役割観などをめぐっては価値観が多様化している。このような面に関しては，多様な考え（価値判断）があること，それらを吟味した上で，その中で，自分はどのように考えるかということ，すなわち，自己選択力・自己決定力の育成がこれからは重要となろう。その意味で，特定の価値を所与のものとしないで，内省的に吟味することを重視した「価値の明確化」のアプローチ（ラス他，1991）の導入が検討されてよいであろう。

(c) 総合的な学習の時間の活用

　平成10年の学習指導要領で新しく加えられた「総合的な学習の時間」では，教科の枠を超えた「横断的・総合的な課題」についての学習が大きな柱となっている。また，学習のねらいのひとつとして，「自己の生き方を考えることができるようにすること」が挙げられている。従って，各教科，道徳，特別活動に分散しているセクシュアリティの学習・指導を統合するにはうってつけの時間であり，積極的な活用が期待される。

（2）治療・矯正的指導

　「問題」を抱えた児童・生徒の指導という場合の「問題」は，非社会的問題行動，反社会的問題行動，神経症などに分類することが多い。

　このうち非社会的問題行動は，社会的関係からの退却，逃避を主軸とするもので，セクシュアリティの問題としては，極度に異性を避ける，などが該当する。また，神経症的な問題としては，思春期やせ症が代表的なものである。これらについては，おおむね，教師の指導よりも専門的なカウンセラー等にゆだねるべきものであろう。

　それらに対して，反社会的問題行動は，社会的規範から逸脱した行動であり，性的逸脱行動が該当する。性的逸脱行動は，どこまでを逸脱と見なすかによるが，学校で問題となるのは，「不純」異性交友（不特定多数の相手との性関係），妊娠，中絶費用のカンパ，「援助交際」（売春）などである。

　性的逸脱行動の原因類型としては，大きくは，①好奇心や冒険心から生じるものと，②家庭の機能障害や親子関係のゆがみ，あるいは学校における不適応に起因するもの，とがある。今日の性的情報の氾濫，伝統的規範からの離反傾向からすると，問題の根が深くなく，軽い好奇心等から行っている者も少なくないとは思われるが，やはりそれ以上に，家庭や学校等での心理的不適応が原因であったり，背景となって問題が現れているケースが多いと考えられる。そうした場合には，性的な問題が顕在化しているとは限らず，遅刻・欠席，学業成績の低下など，生徒指導をしていく中で偶然知ることも少なくない。

　性的逸脱行動を含む反社会的問題行動に対しては，学校では，これまでとか

く管理的・規律的指導が取られがちであった。しかし，性的逸脱に対して，管理的に対応しても，「自分のかって」と反発をまねいたり，「あなたの将来にとってよくない」などと説得を試みても，相手の心に響かないことが多い。河合は，女子の性的逸脱行動の典型例を，次のように解読している（河合, 1996）。

基本的安全感が家庭内に得られない → 身体接触欲 → 相手を選ばない性的関係 → 一時的な快感や安心感と同時に深い孤独感や悲哀感 → 自分の感情を悟られないよう，自己防衛としての正当化

このように，外面的には，逸脱行動で突っ張っていても，内面の問題を抱えていることが多く，必要なのは，援助であり，カウンセリングないしは，カウンセリング・マインドをもった指導であろう。最近では，スクール・カウンセリングの導入やカウンセリング・マインドの強調がなされ始めたが，まだ，十分浸透しているとはいえない状況である。そして何より重要なことは，治療的指導とはいえ，発達への援助であり，その点では，開発的指導と変わらないという点であろう。

〈引用文献〉

カーケンダール，L. A.　1972　「現代社会における性の役割」『現代性教育研究』1
河合隼雄　1996　『大人になることのむずかしさ』岩波書店
國分康孝　1997　『教師の使えるカウンセリング』金子書房
日本性教育協会　1990　『性教育 新・指導要項解説書』小学館
——　1997　『若者の性はいま——青少年の性行動 第4回調査』日本性教育協会
ベネッセ教育研究所　1999　「中学生活をふり返って——中学3年生の3月調査から」『モノグラフ・中学生の世界』64，ベネッセ教育研究所
北海道高等学校「倫理」「現代社会」研究会　1997　「最近20年間における高校生，父母の意識の変化に関する研究」『教育アンケート調査年鑑 1998年版上』創育社, 1998
文部省　1986　『生徒指導における性に関する指導』大蔵省印刷局
ラス，L. E. 他　1991　『道徳教育の革新——教師のための「価値の明確化」の理論と実践』遠藤昭彦監訳，ぎょうせい

第6章 セクシュアリティの発達

〈キーワード〉

セクシュアリティ
　この用語の提唱者の一人であるカーケンダールによれば,「セクシュアリティとは, 人格と人格との触れ合いのすべてを包含するような幅広い性概念で, 人間の身体の一部としての性器や性行動のほか, 他人との人間的なつながりや愛情, 友情, 融和感, 思いやり, 包容力など, およそ人間関係における社会的, 心理的側面やその背景にある生育環境などもすべて含まれる」とされる。

ジェンダー（社会的「性」）
　生理学的に規定された男女の別に対して, 社会的・文化的に規定された性を明確に示すことばとして用いられるようになってきた。すなわち, それぞれの社会には, 男性・女性に対して, それぞれ行動・性格・態度などの上で一定の特徴を望ましいものとする価値, 期待があり, そのような社会的価値や期待により規定された性区分をジェンダーといい, それぞれの性に対する社会から価値づけられ, 期待される役割をジェンダー・ロールという。

ジェンダー・ロール（社会的性役割）に関する意識・行動
　社会的性役割に関する意識, 行動に関して, 心理学では, ①社会が期待している性役割をどの程度身につけているかの「社会的性役割行動」, ②社会からの性役割期待をどのように認知・評価しているかの「社会的性役割観」, ③社会からの性役割期待や自己の性役割観に照らして, 自分が「男らしい」あるいは「女らしい」と感じているかの「社会的性同一性」, について, それらの発達や適応との関係が研究されてきた。

構成的グループ・エンカウンター
　エンカウンターとは, 心と心の交流を意味する。エンカウンターの技法のひとつである構成的グループ・エンカウンターでは, リーダー（進行役）が指示する課題（エクササイズ）を参加者が遂行することにより, メンバー相互の心と心の触れ合いを深め, また自己発見を図ろうとするグループ・アプローチである。異性間の交流の課題の例としては, 男女のペアを作り, お互いのライフプランにもとづいて仮想見合いをするというものがある。

「価値の明確化」のアプローチ
　生徒の生活上の問題や社会的問題についての自分の行為や判断の選択にどのような価値づけが働いているかを内省的に思考する態度・方法を身につけることをめざすもので, L. E. ラスらによって提唱されたアプローチである。今日のアメリカの道徳教育においては, 父母や教師が望ましいと考える価値を教え込む, 伝統的な「価値の教え込み」の道徳教育, コールバーグの認知的道徳発達理論にもとづくアプローチとならんで, 三大潮流とされる。

思春期やせ症
　主に思春期の女子にみられる摂食障害のひとつである神経性食欲不振症をいう。極めて小食となり栄養不良のため死亡する場合もある。また不食の反動として極端な過食に移行したり, 両者を繰り返す場合もある。その精神病理については, まだ十分明らかにされているとはいえないが, 自己の性（女性であること）の拒否によるとの説も有力視されている。

（鈴木眞悟）

第II部

学びの環境

　学校教育では，青少年の知的能力をいかに育てるかが，一番大きなテーマになっている。具体的にいえば，さまざまな教科の学習や「総合的な学習」を通して，学校で身につける学力とはいったい何か，また学力をつけるための効果的な指導をどのように考えたらよいか，という基本的問いに答えなければならない。第1章「学力を伸ばす」，第3章「学習指導をどう組み立てるか」，第4章「教科指導と総合的な学習」の3章では，基本的問いから導かれる主要な問題を詳しく扱う。たとえば，基礎・基本の学習，教育目標についての考え方，「総合的な学習」の意味などを学習することはもちろん，知的能力である学力は，情意ともひじょうに深いつながりがあるし，また指導は同時にその効果をどのようにとらえるか，という教師による評価活動とも密接に関連していることを理解できよう。
　いうまでもなく，人間の内面にあって学力を支える最大の条件は学習意欲である。第2章「やる気はどこから生まれるか」では，やる気とは何かについて，学校教育に則して具体的に考えている。やる気を理論的に分析し人間の発達や社会とのかかわりで，やる気の多面的な特徴を浮かび上がらせる。第5章「インターネット環境の意味」では，近年，ひじょうに発達したインターネット環境を上手に活用して，学習や指導を支援する見方・考え方やその方法を検討する。学校を改革したり，指導を改善するためには，その現状を正確にとらえることが不可欠である。第6章「学習と指導をチェックする」では，教育評価とは何かについて学ぶとともに，評価の具体的方法について理解する。特に学業成績の評価活動の実際や評価の問題点について，学校教育の実際に則して詳しく学ぶことにする。

第1章

学力を伸ばす

1　学力の幅と奥行き

（1）基礎・基本

　学力ということばから，どんなことがらを連想するだろうか。表II-1-1 にあげた問題に正しく答えられる人は学力がある，と多くの人は考えることだろう。これらの問題は，数学や英語など学校で学ぶいろいろな教科の基本事項に対応しており，こうした問題に正解できる人は基礎学力がある，といってよいだろう。

　また，学力と聞いて，このところ話題となっている子どもたちの学力低下の問題を思い起こす人もいることだろう。小学校で学ぶ分母の数字の異なる分数の足し算を中学生ができない，高校の英語の授業をアルファベットの学習から始める，という話もよく耳にするし，大学生についても，以前より学力が下

表II-1-1　さまざまな教科の問題

英単語 "rock" と "lock" を区別して正しく発音する。 「本社と頻繁に連絡をとった」の下線部の熟語を正しく読む。 日本の首都の名前を正しくいう。 1247÷29 を筆算で正しく計算する。 平行四辺形はどのような性質をもっているかを正しくいう。 冬，南の夜空に一列に並ぶ3つ星を含む星座の名前を正しくいう。

がっていると心配されている。

　基本事項は学校で学んでおり，ある学年で習った後にまったく使う機会がなければ忘れてもしかたがないが，そんなことは決してなくて，各教科の学習のなかで繰り返し復習する機会があるはずである。しかし，学年が上がるとかえってできなくなることを示したデータは以前から多く，そのたびに，学校では基本事項をきちんと身に付け，基礎学力を養成するよう指導してほしい，といった要望が寄せられるのである。

（2）　基礎・基本を育成する指導

　では，どのように指導すればよいのだろうか。正しく読む，書く，話す，計算する，知識を正しく答える，といったことができるまで，児童・生徒に課題をやってみるよう促し，答えを求め，それらが適切か否かを知らせ，さらに促し，答えを求める，といったサイクルを繰り返すことが指導の基本になる。スキナーが提唱したプログラム学習は，こうした考え方をベースにした「個別学習方式」である。

　また，ブルームの提案する「完全習得学習」も，ひとまとまりの学習が終了した時点で中間評価を行い，あらかじめ定めた基準に達していない児童・生徒には，治療的指導と呼ばれる個別指導を行う。

　このように，一人ひとりの児童・生徒の学習の様子に目を配り，適切でなければそれを知らせて，正しくできる，または正しく答えられるようになるまで指導するわけである。

（3）　筆記テストの成績といろいろな学力

　学力ということばからテストの成績を連想する人もいよう。印刷された問題が配られ，「始め！」の合図で解答に取りかかり，提出した答案を先生が採点し，つけられた点数が子どもの学力を表している，というわけである。

　テストの点数をもとにして学力偏差値を計算することもできる。学力偏差値はその児童・生徒の学力が他の児童・生徒たちと比べて高いか低いか，どのあたりの位置にいるかを表示できる。しかし，ここでいう筆記テストは，児童・

生徒の学力をすべてとらえることができるだろうか。

　たとえば，体育の時間に鉄棒の逆上がりを習い，お昼の休み時間も練習して，上手に「くるっ」とできるようになった。こうした逆上がりができることは，学力だろうか。

　また，画家が大きな壁面の中央付近に釘を1本打って，そこから周囲に放射状にひもを引っぱり，このひもを目安にして遠近法で風景を描写した，という説明を美術の時間に先生から聞いて，遠近法について「なるほど」と納得できた。こうした理解も学力の一部なのだろうか。

　あるいは，国語の授業で学習した志賀直哉の短編から感銘を受け，他の作品も読もうとして図書室に行ったことがきっかけになって，今では現代日本の作家の作品をよく読むようになった。こうした読書の習慣は学力だろうか。

　結論をいうと，これらはみな学力である。学校でのさまざまな教科の学習を通じて学力が育成されるのである。

（4）学校で学ぶのはなぜか

　別の視点から学力を考えてみよう。児童・生徒が学校でいろいろなことを学ぶのは，そもそも何のためだろうか。ひとつには，世の中に出たときに困らないように，あるいはより高度な学習を進めていけるように，基礎となる知識や技能を身に付けておくことである。ことばの知識や計算のしかたなどは，たしかに身に付けておくと役に立つし，これが基礎にあってはじめてさまざまな教科の学習が可能になる。

　もうひとつは，学ぶ経験を重ねるなかで，自分の興味・関心のあることがらを見いだしたり，後の人生でずっと学び続けていく態度や姿勢を作ることである。学んだことがらのひとつひとつが何の役に立つか，はっきり答えられないものの，学んだ経験，学ぶ姿勢は貴重な財産として児童・生徒の中に形作られている。

　学校で学んで学力を伸ばすのは，つまりはこれら2つのねらいを達成するためなのである。

（5） 学力の側面と層

　学力の幅と奥行きをまとめて表そうとして，広岡（1978）は図Ⅱ-1-1のような学力のモデルを提案した。必ずしもこのモデルが定説ではなく，提案者自身も考えを変えているが，児童・生徒の内に備わった学力には幅と奥行きがある，ということを示す例としてここにあげておきたい。

　知識・理解は，おもに「知る」「わかる」ということばで，技能や習熟はおもに「できる」ということばで，それぞれ表現される学力の側面である。また，特定の事物や現象に関心をもち，これを探求していくことは，気持ちがそちらに向いているわけで，情意的側面を表している。

　この情意的側面が学力に含まれる意味合いについて，付け加えておこう。興味・関心をもったことがらを探求しようと資料を調べる児童・生徒，あるいは技能を上達させようと練習に励む児童・生徒からは，自分を高めようとする真剣な気持ち，前向きに生きようとするひたむきさをも感じることができるのではないだろうか。チャレンジする気持ちを保ち，たどるべき段取りをきちんとたどるよう自分を励まし，怠けそうになる気持ちを克服して学習課題に取り組む活動から，児童・生徒の人がらが磨かれる。こうした学習活動を促す指導は児童・生徒の気持ちをもととのえるのであり，したがって授業は，学力を伸ばすとともに人を作る働きをも果たすのである。

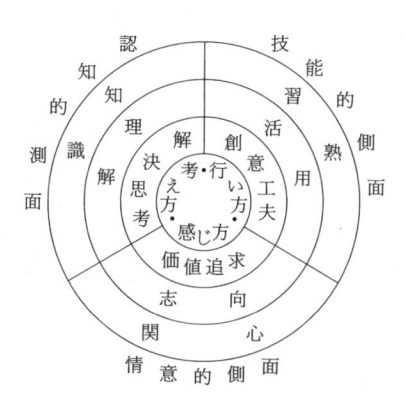

図Ⅱ-1-1　学力の三階層三側面モデル
出典）広岡（1978）より作成。

2 生きる力としての学力

(1) 可能性を探る思考

わが国の学校教育は，学力のなかでも，決まった手順で問題に速く正しく答える力ばかり育てているのではないか，との指摘が以前からなされてきた。これについて考えてみよう。

永野（1997）は，アメリカの心理学者ノーマンが人間の知的な活動を研究する認知心理学の成果を踏まえて提案している2種類の認知を紹介し，論じている。ひとつは体験し一瞬のうちに判断し反応する体験的認知である。自動車の運転や計算をしているときの知的活動がこれにあたり，練習を積むとごく短い時間だけ考えて判断し，行動できる。これに対して内省的認知は，他の方法はないか，見落としはないかと考え，寄り道をしているようではあるが，新しいアイディアを生み出すこともできる。その上で，学校教育がよけいなことを考えさせず，すばやく判断し問題につぎつぎ正答していく体験的認知を重視する傾向が強まっている，と指摘している。

また，思考心理学の古典的な成果のひとつに，ギルフォードの提案する収束的思考と拡散的思考の区別がある。たとえば，知能検査はただひとつの正答を求める収束的思考の力をおもに把握するのに対して，拡散的思考はさまざまな可能性を追求し，アイディアを生みだそうとする思考であり，むしろ創造性検査でよりよくとらえられる力である。

これからのわが国の子どもたちにより強く求められる生きる力としての学力は，新しいアイディアを生み出す力である。こうした力を育てるためには，じっくりと考えたり探求したりする時間の流れのなかで学習することが大切になってくる。その点からは，教える内容を精選してスリム化する一方で，課題を探求する総合的な学習の時間が設けられることは，理にかなっている面がある。

(2) 子どもたちの素晴らしい力

学力低下の問題を別の角度から取り上げてみよう。どうして児童・生徒たち

は学校で学んだことを身に付けないのだろうか。おぼえたり理解したりする力が弱い，とは考えにくい。実際，TVアニメのストーリーや登場するキャラクターについては，驚くほど詳しく知っている。スピードの要求されるコンピュータ・ゲームでも，正確で素早い操作をして得点を重ねるし，テンポがとても速い若者向けの新曲もすぐおぼえて，カラオケで歌うことができる。

　では，どうして学校で学ぶことを身に付けないのだろうか。それは，今のわが国で生きていくためには，学校で学ぶことはそれほど重要ではない，と多くの児童・生徒たちが思いこんでいるからである。

　表Ⅱ-1-1のような問題に正解できる力，筆記テストでうまくとらえられる基礎学力が，生きていくためにそれほど必要とは思えない，という児童・生徒の受けとめ方は，豊かで，しかも学習する機会や手段がいたるところに用意されているわが国の現状を見る限り，もっともなところがある。それは少なくとも学校でなければどうしても学べないものではなくなってきている。もっと幅広い，奥深い学力が今のわが国では求められるのであり，基礎学力の低下がそれほど重大な問題かどうか，よく考えてみる必要がある。

3　新しい学力観

(1)　学力と個性

　わが国のこれからを考えると，社会や文化の変化がおそらく以前にも増して著しい，と予測されるため，子どもたちのだれもが学校でこれだけの力を身につければよりよく生きていける，といった楽観的な見通しはもちにくい。予想の立てにくい，多様化した時代に備えるには，さまざまに異なった学力を身につけた個性豊かな子どもたちを育てることの方が重要になっている。

　個性を育てるには，一人ひとり異なる学習経験を積むとよい，との発想から個別化された学習を勧める意見もある。しかし，個性は子ども同士の交流のなかから芽生え，交流のなかで自他の個性が認識され，伸ばされていく。そう考えると，児童・生徒がつどい，課題をめぐってともに学習できる学校でこそ，児童・生徒の個性は伸びるのである。

（2） 他の人とのかかわりに支えられる個人の学力

　学力は児童・生徒の内に備わる力，という受けとめ方がなされやすいが，実際には人と人とのかかわりが大きく学力に作用する。たとえば，小学校・中学校でよく採用されている小集団による「協同学習」では，他の児童・生徒たちと協力して課題に取り組み，学習を進めていく。その過程で，各自のすでに知っていることがらを紹介しあい，異なる意見やものの見方について検討することによって，個別学習よりも高いレベルの理解がえられることが多くの研究から明らかになっている。

　一斉指導と呼ばれる学級全体を指導する方式であっても，学級の雰囲気や子どもたちの動きが学習に影響するし，子どもたちが集団をなし，学習目標を集団の目標として協力して達成しようとするなかで一人ひとりの子どもが学力を伸ばしていく，それが学級集団の働きでもある。

（3） 他の人とやりとりするための知識・技能

　他の人と交流するための知識や技能を学力に含める考え方もある。さまざまな人とうまく交流する技能は対人技能と呼ばれている。人づきあいを通じて学習や仕事の成果を上げる能力を知的な能力のひとつに含める考え方が近年有力になっている。

　大田（1969）は「きき上手の学力」という考え方を提案し，他者と協同するなかで高まる学力を描き出している。子どもがもつ自分なりのものの見方や知識と，これとは異質な他者の発言を照らし合わせ，自分の考えの中に位置づける，ないしは自分の考えと異質な意見の両方を含むような考えに飛躍させる，ないしはまったく矛盾するものとして拒否する，そのいずれの場合でも結局は自分の能力を太らせていく。きき上手とはそういう力の一環である。こうしたきき上手ということは個人の問題にとどまらず，その集団の学力の問題，あるいはその社会なり集団なりの文化水準ということにもつながってこよう。

（4） 学力観の育成

　子どもたちと直接かかわる教師や保護者の学力観がどのようなものかによっ

て，子どもたちに求める学習活動は異なろう。たとえば，教師が計算技能の習熟を小学生の算数についての学力の重要な部分と考えるなら，計算ドリルを繰り返し児童に与え，速く正しく解答できるよう体験的認知を鍛えるだろう。英語の教師が学力に対人技能を含めて考えるなら，生徒同士で協力し合って英会話の練習をするよう課題を設定することだろう。

梶田（1986）は，教師や保護者，あるいは学習者である児童・生徒たちがそれぞれにいだく学習や指導についての考え方や信念を個人レベルの学習理論，指導理論と呼び，これらは実際の学習や指導が具体化するおりに重要な役割を果たすことを強調している。各自の学力についての見方や考え方，すなわち学力観も，個人レベルの指導理論のなかに重要な位置を占めている。

実際に児童・生徒を指導し，これからの学校教育をリードする教師，あるいはそうした教師をめざす学生諸君は，日々の授業の組み立てを工夫するかたわら，各自の学力観をつねに見直すことが求められよう。教師のいだく幅広く奥行きのある学力観に裏打ちされた指導を受けて，児童・生徒の学力観も，その幅と奥行きを増すと期待される。

〈引用文献〉

大田堯　1969　『学力とはなにか』国土社　（現代教育101選9，1990年，国土社）
梶田正巳　1986　『授業を支える学習指導論――PLATT』金子書房
永野重史　1997　『子どもの学力とは何か』（シリーズ子どもと教育）　岩波書店
広岡亮三　1978　『現代の学力問題』（明治図書選書6）　明治図書

〈キーワード〉

学力偏差値
　　テスト受験者の素点を x, 受験者集団の素点の平均と標準偏差をそれぞれ m, s とすると，学力偏差値 Z は $Z=\{(x-m)/s\}\times 10+50$ で求められる。受験者の素点全体を代表する平均からの差を求め，素点の散布度を示す標準偏差で除した上で，変換を加えている。Z は平均と標準偏差がそれぞれ 50, 10 となる分布に移したと仮定した場合の受験者の集団内での相対的位置を表示し，分布が正規分布をなしていれば，集団内の位置を高い精度で推測できる。

創造性

これまでにない独創的なものを生み出す働きには、型にはまった考え方にとらわれずにさまざまな可能性を想定したり、隠された関係を見通したりする思考が従来から重視され、ギルフォードのあげる拡散的思考はよく知られている。ただし、創造にはアイディアや見通しが現実に適合するか、有用かどうかを検証するタイプの思考も不可欠であり、他の人に伝えて確かに独創的と承認されるようアピールする社会的な側面も、見逃すことはできない。

知 能

知能検査の結果から児童・生徒の学習成果を予測できる、との考えから、学校で集団式知能検査を用いて測定されることが多い。フランスのビネーが作った個別式知能検査を始めとして、その後、各国で研究・開発が進んだ。最近では、従来の知能検査で測定される知能の他にも創造性や実践性をも含めた多様な知能を認めるべきであり、教育によってこれらの知能を伸ばすことができる、との主張もなされている。

個 性

個性とは、それぞれの人を特徴づけている性格であり、とくに他の人との違いに重点を置いたことばである。性格の形成には遺伝的要因と環境的要因の影響が指摘されるが、青年期以降には、自分をこういう個性を持った人間に作っていこうとする主体的要因の作用も大きく、たとえば学校で性格や学習の習得の程度が似通った生徒を集めて同じ指導をしても、お互いが個性を持とうと主体的に判断し行動するため、均質にはならない。

生きる力

わが国の学校教育のガイドラインを定めた学習指導要領が改訂され、学校教育は生きる力の育成をめざして組み立てられることとなった。生きる力は「自分で課題を見つけ、自ら学び、自ら考え、主体的に判断し、行動し、よりよく問題を解決する能力」、「自らを律しつつ、他人と協調し、他人を思いやる心や感動する心など豊かな人間性とたくましく生きるための健康と体力」と具体化されている。

学力観

教育という社会を支える重要な営みについては、専門家でない人々も関心をもち、考えや意見をもっている。一般の人々がもつ考えや意見を素朴概念と呼び、学力についての素朴概念が学力観である。素朴概念は人々の暮らす社会の仕組みや文化・習慣を土台にしており、安定していて変わりにくい。だれもが自身のいだく素朴概念を明確に意識しているわけではないが、行動のよりどころになっており、最近の心理学研究では重視されている。

(伊藤康児)

第2章

やる気はどこから生まれるか

1 教育場面におけるやる気の時代的変化

（1） 実践の場での変化

　教師や親たちが，児童・生徒の学習について語る時，「やる気」という言葉はもっとも頻繁に用いられるといってよい。いわく「君の成績が悪いのはやる気がないからだ」「やる気さえあればもっと成績はあがるはずだ」等々である。やる気は，一般的には「意欲」ということばに置き換えてもよいが，心理学的には通常「動機づけ」という用語が用いられている。

　ところで，そのやる気を教育実践の場でどのようにして起こしたらよいのかに関しては時代的変化がある。戦後まもない頃には，基本的には戦前と同じような指導が行われていたと考えられるが，賞罰を駆使して子どものやる気を制御することが多かった。たとえば，優等生や努力した児童・生徒に対しては，象徴的なバッジ，あるいは賞状やノート，鉛筆等の賞品も与えられた。一方，勉強ができない場合や宿題を忘れた場合には，罰として掃除を強要されたり，直接，体罰を受けることも稀ではなかった。そのような賞罰は少なくとも一時的効果はあると考えられてきた。また，賞罰と関連するが，競争意識を煽ることでやる気を高めることもよく用いられてきた。たとえば，九九をおぼえさせるのに進度をグラフに示して競わせたりした。

　しかし，その後，人権意識の高まりから，教育場面においても等級をつけ，

他者との競争を強いることに強い抵抗を示す人たちが多くなった。また，いうまでもなく体罰は禁止された。それにかわって，児童・生徒の知的好奇心や向上心を刺激することでやる気を高めようという動きが強くなった。具体的には児童・生徒が興味・関心をそそる教材を準備し，心理的葛藤を引き起こすような授業の展開が工夫されてきた。授業を楽しく，面白いものにすることで児童・生徒のやる気を高めようとしたのである。つまり，やる気の源は児童・生徒の興味・関心であるという見方が強まった。ところで，興味・関心には2種類ある。ひとつは個人的興味・関心とでもいえるもので，一人ひとりが遺伝的資質や成長の過程で積み上げてきた傾性的なものである。もうひとつはある状況を設定すると，その対象に対して誰もが興味・関心を高めるといったもので事態的興味関心である。教室では直接的には後者のような事態的興味・関心を高めることがめざされた。一方，個人的興味・関心に対応するためには選択課題や選択教科を設定して，本人の学びたいものを学ばせ，やる気を高める工夫が試みられてきた。

そして，最近では成績評価をする際にも特に「関心・意欲・態度」という観点を重視し，成果そのものよりも，やる気を高める教育に注目が集まっている。これはテストで測られる理解度だけから成績評価を行おうとする従来のやり方に比べて，たとえ理解度にまで反映せずとも，関心・意欲・態度がまず高まることが肝要で，学習内容がかわった場合の転移可能性も高いという意味で評価に値する観点といえる。しかし，一方で，関心・意欲・態度はいずれも内潜的なものなので，どうしても児童・生徒の外見的な行動を観察して推測することになる。そのため，十分考えてもいないのに手をあげるといった過度に顕示的な行動にでる児童・生徒もいるので，多面的，長期的に観察して推測することが必要である。つまり，やる気を成績評価に組み込むと，児童・生徒がやる気のパフォーマンスをすることが懸念されるが，さまざまな場面で，多様な機会をとらえて，何度も観察し，実際に質問をしたりすれば，児童・生徒の行動がどの程度，真のやる気を反映したものか推測が可能である。そして，児童・生徒も虚偽的な行動が成績を上げるのに意味をもたないことを徐々に悟ることになる。また，最近の教育実践の動向として，体験学習や総合的な学習などを通

じ，生活に密着した具体的なことがらを学ばせることで学習へのやる気を高めようとする動きもある。

これまでに児童・生徒のやる気についての時代的変化を述べてきたが，今日においても賞罰によってやる気を生じさせようとする試みがまったくなくなったわけではない。たとえば小学校低学年などではシールを貼ったりしてやる気を高めようとする教師は今でも少なくない。また，集団学習によってみんなで共同して考えさせる中でやる気を高めるようなことは今も昔も行われている。

（2） 心理学的知見の変化

教育実践場面で活用されるやる気の変遷の背景には，人間観や学習観の変化がある。すなわち，人間は本来受け身的で怠慢なものだという考えから，人間はもともと能動的で外界の刺激や情報を積極的に求めていくものであるという考えへの変化であり，学ぶことは忍耐を要する苦役であるという見方から，学ぶことは楽しいことであるという見方への変化である。

実証的研究としてカナダのマギル大学での感覚遮断の実験がよく知られている。これは大学生を対象に一日ベッドに寝ているだけでよいという条件で，当時としては高額な20ドルを支払い，実験への協力を求めたものである。実験室は外界からの感覚的刺激がほぼ完全に遮断されるように工夫されていた。一方，食事は十分与えられ，トイレにいく自由もあり，総じて安楽な状況であった。しかし，ほとんどの被験者が2，3日しかこの実験を続けられず，実験室から出ていった。これは一日中何の刺激もなく楽にしていることが，人間にとって実は本当の意味で安楽ではなく，苦痛であったことを意味している。つまり，人間は怠け者ではなく，能動的な存在であることが証明されたのである。

また，十分な食物が与えられたリーザスザルに知恵の輪のような組立パズルを1日5回づつ提示した実験もよく知られている。サルはパズルができたからといって何らかの報酬を与えられるわけではなかったが，常に熱心に取り組んで日を重ねるにつれて早く上手に解くようになったという。これは人間の実験ではないが，動物でも好奇心が旺盛で，強化されずとも自ら学習しようとする性質をもつことを物語っている。日常的観察から幼児においてもどんなことで

も知りたがったり、何度もやりたがったりする知的好奇心が旺盛な存在であることが知られている。

このような心理学的知見は教育実践に強い影響を及ぼすことになった。すなわち、賞罰を行動主体に与えることで外からやる気を生じさせようとする「外発的動機づけ」にかわって行動主体の内部から湧き上がるやる気である「内発的動機づけ」が教室場面では中心的なものになった。

賞を与えることがやる気を高めるのでなく、かえって阻害するという心理学的知見がこの傾向に拍車をかけた。たとえば、絵を描くことが好きな幼児を被験者として、上手に描けたら賞状をあげると予告し、実際に賞状を与える群、予告はしないが賞状を与える群、さらに絵を描かせるだけで賞の予告もしないし、実際に賞も与えない3群を作り、後に絵を描くこと以外のことも自由に選択できる状況で観察したところ、賞状を与えることを予告して実際に与えた群の幼児が一番絵を描こうとしないという結果が示された。このような外発的動機づけの内発的動機づけへの妨害効果については、外国だけでなくわが国でもいくつか検討がなされた。また、この効果の説明はいろいろあるが、たとえば、外的報酬を与えられることで行動が外部から統制されると感じ、内発的動機づけが低下するという見方がある。他に、ある活動をするための外的な誘因、強制等もっともらしい理由が与えられると、これまであった内発的興味が割り引いて考えられてしまうためだとする説明もある。

2　やる気をどうとらえ直すか

(1)　やる気の発達

教室でのやる気を考えるにあたって考慮すべきは発達的視点である。というのも学習する子どもの年齢にふさわしいやる気の高め方があると考えられるからである。小さい頃のやる気に感情の占める割合は大きく、感情的に快の状態か、不快の状態かはやる気を大きく左右する。その意味では、小さい子どもが、ほめられたり、賞を与えられたりすれば大いにやる気を高めることは理解できる。一方、おもしろい課題、楽しい課題に対しても敏感に反応し、やる気が高

まると考えられる。これは，本人の注意の焦点が現在だけにほぼ限定され，現在が感情的に快であることがやる気を高めているという見方もできる。

　しかし，成長と共に認知能力が増すことでやる気の源も幅広くなる。たとえば，記憶力も高まり，過去経験を蓄積でき，自分の行動を自ら分析できるようになると，特定の行動に対して成功が重なって，自信が形成されたり，逆に失敗が重なって自信を無くしたりする。これが「自己効力感」と呼ばれるもので，小学生の高学年あたりになればそれがやる気を規定する割合は大きくなる。現象的には得意なことと不得意なことがかなり分化してくるので，得意なこと，自己効力感が高いことがらに対してはやる気をもつことになる。その背景には個人個人のもつ達成場面に関する自伝的記憶があろう。たとえば，マラソン大会で優勝した時の記憶を想起することで，その時，形成された誇りや自信といった感情も呼び起こされ，苦手な運動に対してもやる気をもつことがある。

　また，自分の成功・失敗がどのような原因によるのかの推測がやる気を左右することも指摘されている。たとえば，あるテストに失敗してもそれを自分の努力不足と考える場合と，能力不足ととらえる場合では，次の同じ教科へのやる気が異なってこよう。この原因の受けとめ方を「原因帰属」と呼び，先の例では原因を努力不足に帰した場合には能力不足に帰した場合よりもやる気が高まることが知られている。それは，能力は変化しない性質を有するのに対して，努力は可変的な性質をもつためである。しかし，このような原因帰属は小さな子どもが適切に行っているとは考えがたく，おそらく小学校高学年頃からなされるとみなすのが妥当であろう。

　自己効力感や原因帰属は，主に過去の世界も視野にいれたやる気として考えられるが，未来も視野にいれ考慮できるようになると，さらにやる気の源は増加する。たとえば，自分は将来医者になろうとか，外交官になろうとか，かなり具体的に考えるようになると当然，医者になるためにはこのような勉強が必要だ，あるいは重要だという考えが生じてくる。直接，自分の職業を考えるということでなくても，将来どのような社会になるかということでもよく，将来のグローバル社会の到来を考えて，英語を学ぶことが重要だと予測してやる気を高めることもあろう。これは本人の価値づけの問題といえるかもしれない。

青年期になり将来のことを真剣に考えるようになると，単に自分にとって楽しいからという理由だけでなく，また，過去の体験だけを参照するのでなく，学ぶことがこれからの自分にとってどのような意義や価値をもつのかが重要な視点になる。

(2) 多様な外発的動機づけ

このようにみてくると，発達段階によってもその場の状況によってもやる気は変化するといえる。しかし，ここ2，30年の教職科目としての教育心理学の教科書内容に依拠してか，教師たちの多くは，やる気を高めること，イコールおもしろい授業をすることといった連鎖に固執している傾向がある。

最近，内発的動機づけと外発的動機づけは二律背反的なものであるという伝統的な考え方に対しては，異なる考え方が生まれつつある (Ryan & Deci, 2000)。図II-2-1に示すようにいわゆる外発的動機づけと呼ばれているものの中にもさまざまな種類があり，内発的動機づけから遠いものも近いものもあり，それらは連続性が保たれていると指摘されている。図II-2-1の左端は動機づけのない状態で，ある活動をすることにまったく価値を見いだせず，能力がないと感じている場合に生じる。次に外的調整は，外的な強制で行動し，賞罰によって行動が生じる場合である。その場合，人は統制され，疎外されたものとして行動を経験する。これはオペラント理論家によって認められた動機づけといえる。外発的動機づけの第2のタイプは取り入れ的調整といわれるものである。これは罪意識や不安をさけるために，あるいはプライドを維持するために行動する場合のやる気を意味する。外的調整と異なるのは随伴的な自尊感情によって調整することである。すなわち，他からの力を受けることなく自ら行動しようとする。外発的動機づけの中でより自律的なものは同一化による調整である。この場合，人は行動の個人的重要性を同一化し，自分自身のものとしてその調整を受け入れる。最後の外発的動機づけは統合的調整と呼ばれるもので同一化的調整が完全に矛盾なく自己に同化された時に生じる。つまり，選択された外発的に動機づけられた行動が日常活動や価値づけられた行動と適合し，選択されなかった行動に特に執着をもつことがないような場合におこる。しか

		動機づけなし	外発的動機づけ				内発的動機づけ
調整スタイル			外的調整	取り入れ的調整	同一化調整	統合的調整	
関連過程		非随伴性の認知 低いコンピテンスの認知 無関連性 非意図性	外的報酬や罰 服　従 抵　抗	自我関与 自分や他者からの承認に注目	活動の意識的価値づけ 目標の自己是認	目標の階層的統合 調　和	興　味 楽しみ 内在的満足
原因性の認知		非人間的	外　的	やや外的	やや内的	内　的	内　的

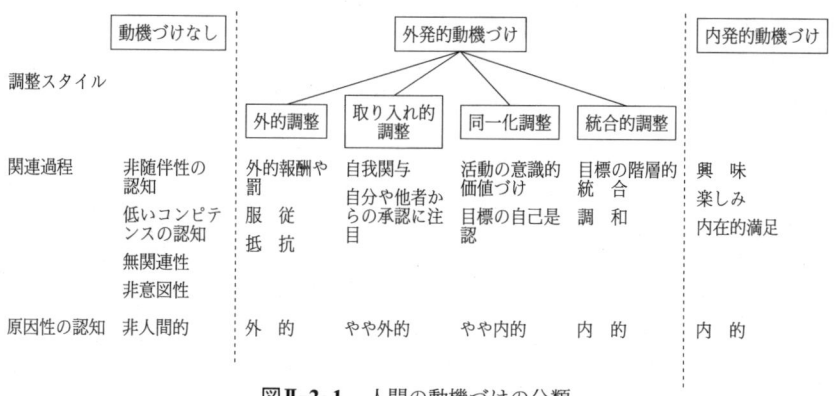

図Ⅱ-2-1　人間の動機づけの分類

出典）Ryan & Deci (2000) を一部改変。

しながら，そのやる気は，行動そのものから離れた，ある結果に関する仮定された道具的価値のためになされるという点でまだ外発的である。そして右端に示されているのが，行動すること自体が目的となった内発的動機づけである。

（3）　多面的で変動するやる気

　上にのべたように多くの種類のやる気が想定されるが，事態によっても発達段階によっても中心的なやる気は異なってくるように思われる。また，社会的価値は発達と共に内面化されていくが，それが即，先の図Ⅱ-2-1の左から右への変化を意味しない。たとえば，外資系の企業で働きたいと思い，英語の学習へのやる気が高まっても，そのような同一化的調整が常に内発的動機づけの方に移行するとは限らない。努力にもかかわらず，英語学習の進歩が遅く，いや気がさし，外的動機づけの方が高くなることもある。また，学びの内容の相違によっても当然，動機づけの種類は異なっている。教科学習へのやる気は外的動機づけのレベルだが，スポーツへのやる気は内発的動機づけのレベルであるというようなことは稀ではない。しかし，内容や領域によってまったく独立したやる気が存在するかといえば，必ずしもそうではなく，学習へのやる気の高まりが学級会活動のやる気の高まりに影響することもありうる。

理想的にはどのようなやる気も，より内発的動機づけに近いものになることであるが，内面化を促進するためには交流感やコンピテンスを抱かせ，自律的支援をしてやることが大切である。交流感に関していえば，人は本来あまり興味のないことでも，親密な人間関係があれば喜んでするし，所属感が高い集団では，そこで行われる仕事や作業がたとえおもしろくないことでも，自律的に取り組む傾向が強くなる。つまり親しい人間関係があることで内面化が促進されるのである。次に本人がコンピテンスをもてば，外から与えられた目標にも自律的に取り組みやすい。したがって最適な困難度の課題を与えたり，自己効力を感じさせるフィードバックを与えることでコンピテンスを高めてやるのがよい。しかし，交流感と有能感をもつだけでは取り入れ的調整は行われるが自己決定的な感情は生じない。そこで，自己選択をさせ自己決定を促すような自律支援的文脈が統合的な自己調整を促進する。

(4) 目標理論とやる気

何を目標にして学ぶのかという観点から学習目標，成績目標という概念がある（Dweck, 1986）。前者は学習し，理解を深める過程自体を目標とすることを意味し，後者は結果的によい成績をあげ，皆から承認をうけることを目標として学習することを意味する。両者の概念は対立的にとらえられているが，実証的研究からはそれが必ずしも支持されているわけではない。最近ではすべての学習目標が望ましく，すべての成績目標が望ましくないわけではないと考えて，いずれの目標も接近状態と回避状態の2つの場合に分けることも提唱されている（Pintrich, 2000）。すなわち，成績目標については積極的に他者より優れることやもっとも良い成績をとることに焦点づけられる場合（接近状態）と，馬鹿に見られない，最低の成績だけはとらないことに焦点づけられる（回避状態）という2つの場合がある。一方，学習目標についても接近状態だけでなく，回避状態も想定されており，後者の場合は，間違いをしないこと，学習しないことを避けることに焦点づけられる。一種の完全主義といえるであろう。これは学習目標でも適応的なものとは考えがたい。

ところで，学習に対するやる気は単に知的達成をめざしたやる気だけに規定

されているのではない。学校という社会的場面ではさまざまな欲求が生じ、それが学習に対するやる気に作用する。たとえば、他人から承認されたい、先生や仲間と密接な関係をつくりたい、級友と共同作業したいというような欲求が考えられる。また、学校側も知的な課題以外のものも目標とするように児童・生徒に要求する。たとえば向社会性や規範性などの社会的役割期待が児童・生徒に課せられる。クラスで社会的に価値のある結果を達成しようとする欲求は初期の社会化の経験から引き出された、よりグローバルな動機づけシステムの一部である。クラスを社会的に支援された環境と見なす人はこれらの目標を追求しやすい。生徒が先生との交流感をより感じるなら適切に行動する社会的目標も学習課題を達成する目標ももちやすい。社会的に価値づけられた学習課題を達成することも社会的コンピテンスのひとつの側面であると考えるためである。また、学校の規範を守ろうとする児童・生徒は先生から受容されやすく、受容されることで学習へのやる気が高まることも証明されている。つまり、社会的にみて望ましい目標を遂行しようとする社会的動機と達成動機は結びついているのである。

〈引用文献〉

Dweck, C. S. 1986 "Motivational processes affecting learning" *American Psychologist*, 41
Pintrich, P. R. 2000 "An achievement goal theory perspective on issues in motivation terminology, theory, and research" *Contemporary Educational Psychology*, 25
Ryan, R. M. & Deci, E. L. 2000 "Intrinsic and Extrinsic Motivations: Classic definitions and new directions" *Contemporary Educational Psychology*, 25

〈キーワード〉

自己効力感
　自分が行動の主体として自分の行動を認知的側面、動機づけ的側面、情動的側面にわたって十分に統制できているという感覚。また、自己効力感の起源としては、自分自身の熟達の経験、自分と似た他者の成功をみるというようなモデリング、他者からの承認や励まし、自分の生理的反応などが考えられる。

コンピテンス
　人がもっている潜在的能力と、外界に働きかけ自分の有能さを追求しようとする動機づけ

的側面をあわせた力動的な概念。ホワイトは活動を推進させるものは，自己の活動結果が外界に変化をもたらすことができたという感覚であるとしている。コンピテンスを追求して環境と相互作用するうちに知識や技能が熟達する。

内発的動機づけ・外発的動機づけ
2つの動機づけの区分についてはさまざまな見解があるが，もっとも広く使われているのは動機づけられた行動自体が目的か，手段かという見方である。学習そのものが目的であれば内発的動機づけに支えられた行動であるし，承認されるための手段というような場合は外発的動機づけに支えられた行動といえる。他に本人自身の意志で行動を開始したのか，他者の強制等によって行動を開始したのかによって2つの動機づけを分けることもある。

内面化
一般に外からの働きかけが徐々に個人の中にしみ込み，本人自身のものになっていくことをいう。ライアンらの動機づけの考え方の場合，人からいわれて外発的に行われていた行動が，自律的に行われるようになることを指す。そのような内面化が進行するためには本人を承認してやったり，本人との間に親密な人間関係を形成したり，やることの意味づけをしてやることが必要である。

原因帰属
ある結果についての原因を推測することをいう。人は特に失敗した場合や予想外の結果の場合に自発的に原因を考えやすい。手がかりとなる情報の特徴によって特定の原因が推測されやすいことも知られている。また，その原因のあり方は帰属の次元に反映され，期待と感情で構成される動機づけに繋がる。すなわち，原因の安定性（変動しやすいか否か）が期待の変化に影響し，原因の位置（本人の内部にあるか，外部にあるか）が自尊感情の大きさに影響すると考えられている。

達成動機
卓越した基準でものごとを成し遂げようとする動機。マックレランドは個人差としての達成動機をTATで測定するためのスコアリングシステムを開発した。現実場面で課題遂行のために働く達成動機づけは，この達成動機の他に期待や課題の持つ魅力である誘因価が関係する。また，他者を凌ぎ個を伸ばそうとする達成動機に対して他の人と仲良くやっていこうとする動機を親和動機という。

（速水敏彦）

第3章

学習指導をどう組み立てるか

1 学習指導を考える際の3つの要件

(1) 目標―方法―評価のサイクル

　教育におけるあらゆる活動を考える際には，「何を学ばせたいのか」「目標を達成するためにはどのような方法が有効なのか」「どのようにして目標達成の結果を知るのか」という3つの要件を踏まえた上でなされることが重要である。日本全体の教育活動を例にとれば，教育基本法にもとづいて文部省の定める『学習指導要領』『指導書』『学習指導要録』が上記3つにそれぞれ相当する。さらに，1年を通しての学習指導，各教科の単元や1時間ごとの授業の計画も，この3要件を熟慮して行われなければならない。たとえば，ある授業案を立てる場合，＜学習の目標・ねらい＞＜教師の指導・児童生徒の活動＞＜学習の確認＞といったことを，はっきりとさせる必要がある。

　また，この目標・方法・評価は，それぞれ互いのフィードバック情報となるということに留意しなければならない。評価を行うのは，単に学習状況を知るためだけではなく，学習課題や教材の難易度（目標），指導方法の適切さ（方法）についての情報を得るためでもある。この目標―方法―評価のサイクル（図II-3-1参照）が十分に機能することによって，学習指導が効果的に行われ，またその改善を図ることができるのである。

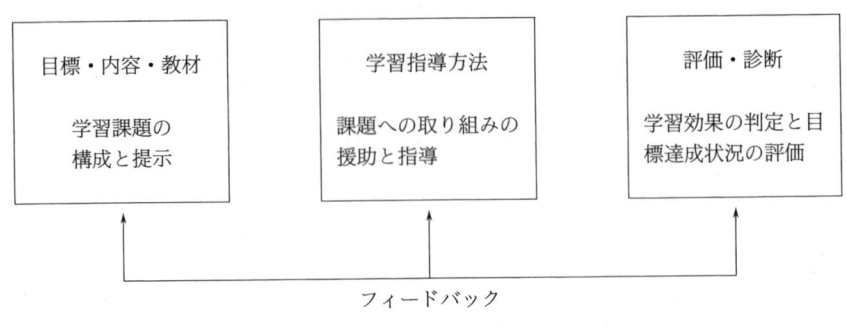

```
┌─────────────┐      ┌─────────────┐      ┌─────────────┐
│ 目標・内容・教材 │      │  学習指導方法  │      │   評価・診断   │
│             │      │             │      │             │
│  学習課題の   │      │ 課題への取り組みの│      │ 学習効果の判定と目│
│  構成と提示   │      │  援助と指導   │      │ 標達成状況の評価 │
└─────────────┘      └─────────────┘      └─────────────┘
       ▲                    ▲                    │
       │                    │                    │
       └────────────────────┴────────────────────┘
                        フィードバック
```

図Ⅱ-3-1　目標―方法―評価のサイクル

（2）認知的目標と態度的目標

　教育の目標には，各教科における基礎的・基本的な内容理解のような「認知的な目標」だけではなく，学習に対する態度，協調性などの社会的な態度，社会的なコミュニケーションのしかたといった，感情的・情緒的あるいは態度・価値的な「態度的な目標」もある。これまでの学習指導における目標や課題分析に関する研究のほとんどは，知識・理解・技能といった認知的な過程についてのものが多かった。態度的な過程の研究は，動機づけや社会性の発達などの研究においてなされることが多く，教育指導という観点から組織的に行われた研究はあまりみられない。

　教育目標として，この態度的な側面は重要視されているにもかかわらず，いわゆる生活指導の場での学習が期待されているだけで，具体的な行動レベルの目標として記述されていない場合が多かった。最近では，このような態度的な目標の学習は，あらゆる教育活動の中で達成されるべきものであり，教科学習の中での目標としてあげられるようになってきた。これは，学習指導として態度的な目標をいかに設定するか，その評価のしかたも含めて，今後の重要な課題である。

2　教育目的に応じた学習指導のあり方

　学習指導において何をもっとも重視するか，その形式的な側面（形態）をふくめて，次の3つのタイプにわけることができる。(1)教師を中心として授業が行われる一斉学習指導，(2)学習者の特性をもとにした学習者中心の個別学習指導，(3)学習者同士の人間関係を重視するグループ（小集団）学習指導，である。

　これらの分類は，学習内容とも関連しているが，教育の目的として何を重視するか，学習者間の関係をどうとらえるか，いわば学習指導の考え方・あり方にもとづくものである。現在，伝統的に一斉学習指導が行われている場合が多く，教育の目的に応じた学習指導のあり方を再検討する必要があることはいうまでもない。

(1)　教師中心の一斉学習指導のシステム

　多くの学校で行われているもので，教壇に立つ教師の説明を生徒が静かに聞き，ノートを取るという，もっとも一般的で基本となる形態で，教師の指導によりクラスの全員が，同一内容を同時に学習する。教師による説明・講義，まとめなどが全員に対して行われるため，大量の情報・知識を提供することができる。学校教育の効率性，学習機会の平等性などの観点からすれば，もっとも用いやすい形態である。とりわけ学習者の能力が均一で，主体的な学習が期待できる場合に有効性が大きい。

　しかし，授業は教師のペースで進められ，学習者は受動的にならざるをえないので，主体的な学習や自ら学ぶ意欲を十分に育成することは難しい。また，学習者とのコミュニケーションが少ない，達成度が評価の時点までわかりにくい，クラス内での理解度に差がでやすい，といった問題がある。これらの問題点をふまえて，学習指導のあり方・改善についての研究・検討がさかんに行われている。

（2） 学習者中心の個別学習指導のシステム

これは，学習者一人ひとりが，自分のペースで学習課題に取り組めるような，学習者の適性に合わせた指導を基本としている。学習者の目標は同じであるが，その達成にいたる過程は異なっていて当然であるとする考えをもとにしたものである。ただ，学習者間のコミュニケーションが少なく，人間関係の育成という観点はあまり問題にされていないことが多い。このような学習者の個人差を重視する考え方は，適性処遇交互作用（ATI）とも関連しており，学習の個別化の問題として研究がさかんに行われた。

ブルーム（1976）らによって提唱された完全習得学習は，目標を詳細に分析し，学習者のパターンに応じて教材を工夫したり，習得状況を形成的評価によって判断しながら，すべての学習者の完全な習得をめざした教育システムである。基本的に，学習者の個人差を重視し，その適性に応じて指導内容を変えることから，個別学習指導形態といえる。このような学習が成立するためには，前節で述べたような学習目標の詳細な分類による明確な課題設定，評価によるフィードバックが適切になされる必要がある。

欧米の学校でよくみられるオープン・エデュケーションは，学習者の個性や自主的な態度を重視し，自ら学習計画をたてたり，教材や資料を選択し，自分のペースで学習を行うという教育システムである。画一的な教室ではなく壁のない開かれた教室，融通性のある時間割，クラス，学年を越えた学習環境，など従来の教育のあり方を転換させるもので，それまでの伝統的な教師中心の一斉学習指導に対してインフォーマルな教育と呼ばれている。ただ，個別学習形態といっても，グループによる協同的な学習も奨励している。

この他，個別学習の典型的なものとして，プログラム学習もある。しかし，自学自習のための方法としては効率的ではあるが，社会性の発達や人間関係の育成は期待できないので，授業の中での部分的な個別指導の手段として活用されるのが望ましい。

（3） 学習者間の協同を中心とするグループ学習指導のシステム

形式的には，クラス内をいくつかの小集団にわけて学習する形態であるが，

学習者同士のコミュニケーションを重視し，話し合いによる情報交換を有効に用いることによって，学習者全員が学習目標を達成することをめざしている。授業への積極的な参加をうながし，認知的な学習と同時に態度的な学習が行われることを意図している。したがって，教材や器材，時間的な都合によってグループ形式にしている場合は，この型には含まれない。

　蜂のブンブンという音をバズと呼ぶことから名付けられたバズ学習は，「教育の基盤は人間関係にある」という考えをもとにしたグループ学習の理論である（塩田，1989）。グループでの話し合いを用いることによって，学習者たちが協力し合って課題解決を行い，認知的な学習と同時に，このような活動を通して社会的なコミュニケーションの技能や学習に対する態度，協調性などを学ぶことを目的としている。すなわち，学習指導をする中で人間関係を育成していこうとするものである。授業を組み立てる際には，単元を見通した課題構成，課題解決のストラテジー，事前・事後の明確な評価，といったことを十分に計画・検討することが重要である。また，グループ学習の前に，必ず一人で課題に取り組む個人学習を行うことが必要であり，最終的に個々人が学習課題を達成することが求められる。バズ学習は日本で生まれたものであるが，諸外国でも同様に，協同的な人間関係を重視した教育改善の試みがなされており，協同（コーポラティブ）学習とよばれている。バズ学習は協同学習のもっとも典型的なものであるといえる。

3　学習指導法のモデル

　これまでみてきたように，教育目的をどのように考えるかによって，学習指導のシステムは異なっている。しかし，基本的な考え方は別として，これらは固定的なものではなく，形態としての一斉，個別，グループ学習は，授業において柔軟に用いられるべきである。また，学習内容や課題，さらにはどのような学習の過程（プロセス）をとるのかによって，もっとも効果的な形態は異なるであろう。この学習過程についての研究・実践からいくつかの学習指導方法のモデルが提出されている。

（1） 受容学習

　実際の授業において用いられる目標はどのような学習過程によって達成されるのであろうか。オーズベル (1969) は，学習の過程は，①学習内容の受け入れ方（学習者の既存の認知構造と関連づけ統合される有意味学習か，体系づけられることなく機械的に記憶される暗記学習か），②学習内容の提示のされ方（学習内容がそのままの形で提示される受容学習か，学習の内容そのものを学習者自身が見つける発見学習か），という2つの独立した次元からなると考えた。この組み合わせによって4つの学習に分類される。

　このなかで，学習指導において中心になるのは有意味受容学習であると考えられるが，ただ，実際の授業においては，その意図にかかわらず暗記的な受容学習が行われている場合も少なくない。また，いわゆるテストにおいても，論理的な思考にもとづく体系化された知識よりも，機械的に暗記されたバラバラの知識が問われることが多いのも問題である。教師が学習内容をそのままの形で解説し，生徒は与えられたものを覚えるだけでは，確かな学習は成り立たない。講義や解説によって与えられた学習内容を，いかに学習者の認知体系の中に定着させるかが問題であり，たとえば，先行オーガナイザーの研究は，効果的な学習方略の手がかりとなるであろう。

（2） 発見的な学習

　発見学習は，ブルーナー (1961) によって提唱されたもので，先のオーズベルの分類にしたがえば有意味発見学習である。基本的には，学習すべき内容を直観的な思考をもとに，仮説を立て，それを検証していくという過程をへて学習内容を理解させようとするものである。しかし，発見学習そのものの実践的な適用については，どのような学習内容において，いかなる既有知識・先行経験をもつ学習者に効果的であるのか，といったことについて，まだ十分に検討されていない。ただ，このような探究的な思考方法，仮説検証による学習方法をめざした具体的な学習モデルも提出されている。

　科学的な認識は実践（実験）によってのみ成立し，この認識は社会の中で行われるものである，という考えをもとにした「仮説実験授業」も，そのひとつ

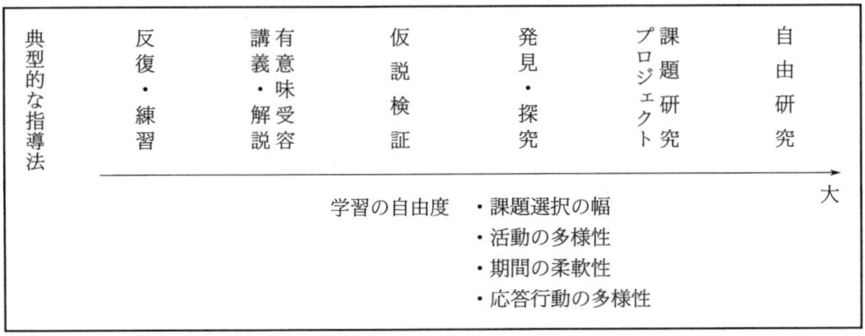

| 典型的な指導法 | 反復・練習 | 講義・解説 | 有意味受容 | 仮説検証 | 発見・探究 | 課題研究プロジェクト | 自由研究 |

学習の自由度　・課題選択の幅　　　　　　　　　　　　　　大
　　　　　　　・活動の多様性
　　　　　　　・期間の柔軟性
　　　　　　　・応答行動の多様性

図Ⅱ-3-2　学習指導法と学習の自由度の関連性

である（板倉，1983）。また，課題研究や自由研究などで使われるプロジェクト法は，期間は定められるが，学習者のペースで進められ，探究的な活動によって問題を解決していくものであり，もっとも自由度の大きい発見的な学習である。個人で行う場合もあるが，グループによる学習でも，有効である。また，体験的な学習の側面もあり，次章で述べられる「総合的な学習」などの実際の授業において用いられることが期待されている。

こういった典型的な学習指導法と学習の自由度の関連性を，梶田（1983）は図Ⅱ-3-2のようにまとめている。

4　授業を設計する

学習指導を組み立てる際には，これまで述べてきたことをもとに，学習指導目標を明確に設定し具体化するとともに，何を重視するのか，どのような形で授業を進めるか，学習者にどのような過程をふませるのか，さらには，達成状況をどのように評価するのかについて，具体的に設計しておく必要がある。

(1) 学習（指導）目標の設定と具体化

学習目標は，一般的・抽象的に述べられることが多い。実際には，各教科ごとに示される目標や内容をもとに作成された「教科書」を使用することがほとんどであろう。しかし，「何を学習するのか」，学習者自身が目標をしっかりと

把握していなければ，学習は成り立たない。教科書をそのままの形で用いた授業は，教える側には効率的でも，効果的な学習は望めない。学習目標を明確にすることによって，学習者の動機づけを高めることができる。そのためには，教える側が取り組むべき目標を具体的な学習課題として明示することが必要になる。

　学習目標を具体化するためには，学習者が取り組むべき学習課題をどのように構成するか，その目標を分析する必要がある。ガーニェやブルームらによる課題・目標分析が行われているが，塩田（1989）は，「課題のないところには学習は存在しない」という原理にもとづいて，指導の目標・内容，教材，さらに学習者のレベルを検討した上で，ひとつのまとまりのある学習目標である単元を単位とした下位課題の構成が必要であるとしている。

（2）　指導方法の選択

　基本的にどのような教育目的を重視しようと，その学習内容，学習過程に応じた指導方法が柔軟にとられなけらばならない。一斉，個別，グループ学習のどの形態が適切か，受容学習か発見学習か，といった選択をし，さらに，具体的な指導方略を決めることになる。実際の授業は，①学習課題の提示，②学習課題への取り組み，③フィードバック情報の提供という3つの位相からなっていると考えられる。これは，授業案で用いられる「導入―展開―確認」とほぼ対応している。ここで，その際の留意点をあげておく。

　①学習課題の提示のしかた　学習目標の分析と教材の選択によって構成された学習課題をいかに提示するか，どのような教示・指示や説明を与えるかが問題になる。効果的な提示方法は，課題の種類や学習者の条件，また，受容学習か発見学習か，などによって異なってくる。ただ，単元の全課題系列を学習に先立って予め学習者に提示し，各授業では1～3つの下位課題に取り組ませるような単元を見通した学習が有効であるといえる。

　②学習課題への取り組み方　どのような指導方法がとられるかによって，教師の援助のしかたは異なってくるが，どの段階で教師が指導や援助をするのか，発問やプリントなどによるヒントの与え方，さらには，学習者に十分に考えさ

せる「待ち」の時間をとることも重要である。

　③フィードバック情報の提供のしかた　これは，後章で述べられる評価の問題と関連しているが，授業の途中あるいは終わりに，学習者へのフィードバック情報（KR）を与えたり，学習者に自己評価をさせるといったことが必要である。このような情報は，学習を改善・定着させるだけでなく，動機づけを高める役割を果たすといわれている。

〈引用文献〉

板倉聖宣・上廻昭編　1983　『仮説実験授業入門』明治図書
梶田正巳　1983　『ボストンの小学校』有斐閣選書
塩田芳久　1989　『授業活性化の「バズ学習」入門』明治図書
Ausubell, D. P. & Robinson, F. G.　1969　*School learning : An Introduction to Educational Psychology*, Holt
Bloom, B. S.　1976　*Human characteristics and human learning*, McGrow-hill
Bruner, J. S.　1961　"The act of discovery" *Harverd Educational Review*, 31

〈キーワード〉

適性処遇交互作用（ATI：Aptitude Treatment Interaction）
　クロンバックは，学習者の能力，学力，パーソナリティ，興味・関心などの特性によって，効果的な指導法が異なると考え，学習者の適性と教育の処遇との間には相互に関連性があるとし，これをATIと呼んだ。これをもとに，スノウをはじめとして多くの研究がなされ，対人的な積極性，責任性，不安傾向などの学習者の適性によって効果に相違があることが指摘され，学習の個別化の考え方が押し進められた。

完全習得学習
　アメリカのブルームは，多くの児童・生徒に同じ指導をすると習得にばらつきが出るため，これを小さくして，ほとんどの児童・生徒が習得できるよう導く完全習得学習と呼ばれる学習指導方式を提案した。この方式では，一連の学習が終了した時点で，学習内容を習得したか否かを把握する中間評価，すなわち形成的評価を行い，習得が十分でない児童・生徒には，つまずきの原因に応じた治療的指導と呼ぶ個別指導を行う。

プログラム学習
　学習者の能力に合わせて学習が開始されるが，ある目標にいたる過程は下位目標として提示されるので，学習者は自分のペースでそれを解決し，最終目標に到達できるようにプログラムされた学習システムである。CAI（Computer Assisted Instruction）やコンピュータの学習ソフトを使ったものも，この研究の流れにある。プログラムの内容（ソフト）の適

切さが大きな問題となる。

協同学習
「協同とは，集団のメンバーが全員同時に達成することができるような目標が設定されている事態である」ととらえ，授業の目標として教科内容の理解と同時に態度的な側面も具体的に掲げ，意図的に学習することをめざしたものである。学習者が互いの成長を喜び合い，援助し合うことのできる仲間関係を築くことが重要で，グループ活動を中心にした学習指導が行われる。

先行オーガナイザー
有意味受容学習を効果的に行うための方略として，学習者の認知体系に新たな学習内容を受け入れやすくするために，前もって与えられる理解の「足掛かり」となる，既有知識との差異性や類似性を明確にするような包括的な概念・情報をいう。比較オーガナイザー，説明オーガナイザー，図式オーガナイザーなども工夫されている。

仮説実験授業
板倉他によって考案された授業方法で，学習者は教師から与えられた問題に対する仮説をたて，それをグループで検討し，実験によって検証するという過程をとる。発見学習の特徴である仮説─検証を重視しながら，指導書による課題構成の明確化，学習者の活動の明示，グループ討論，といった方法も取り入れている。現在は，理科だけではなく，数学や社会科などにおいても，その適用研究が進められている。

フィードバック情報（KR）
学習者の遂行に関する情報のことで，結果についての知識（Knowledge of Results；KR）と呼ばれている。学習者は外部から KR が与えられることによって，目標に正しく向かっているかを確認できるだけでなく，動機づけを高める機能をもつといわれている。プログラム学習でも即時フィードバックの原理として重視されている。また，学習者が自分自身にフィードバックを与える場合は，自己強化あるいは自己評価となる。

〔石田勢津子〕

第4章

教科指導と総合的な学習

1 指導要領改訂と学習指導

　小・中学校では 2002 年度，高等学校では 2003 年度から新しい学習指導要領が施行されることになった。この指導要領改訂の最大のポイントは「総合的な学習の時間」の新設であるが，その影響はたんに科目がひとつ増えるというだけにとどまらない。総合的な学習は，たとえば中学校では各学年 70 時間から 130 時間を配当するように指示されており，これは従来の主要教科の授業時数に匹敵する分量となっている（表 II-4-1，表 II-4-2 参照）。ところで，教員免許状取得のためには所定の単位数の教職専門科目を履修しなければならないが，その際，いずれの教科の免許を受けるにしろ「各教科の指導法」に関する単位の習得が必修として課されている。しかしながら，総合的な学習については，指導法を教職課程で教えられることのないまま，個々の教師の"創意工夫"によって実践することが求められているのである。

　また，2002 年度からの学校週 5 日制の本格的導入は，年間約 70 時間の授業の削減をもたらすことになる。一年間の授業回数は 35 回とされているので，総合的な学習の新設と学校週 5 日制による授業時数削減をあわせ考えると，週あたり 4 時間から 5 時間を既存の科目から削らなければならないということになる。減少する時数は学年や教科によって異なっているけれども，これが巷間「授業内容 3 割削減」と伝えられていることの内実である。

表 II-4-1　小学校の年間授業時数

	1年	2年	3年	4年	5年	6年
国語	272 (306)	280 (315)	235 (280)	235 (280)	180 (210)	175 (210)
社会			70 (105)	85 (105)	90 (105)	100 (105)
算数	114 (136)	155 (175)	150 (175)	150 (175)	150 (175)	150 (175)
理科			70 (105)	90 (105)	95 (105)	95 (105)
生活	102 (102)	105 (105)				
音楽	68 (68)	70 (70)	60 (70)	60 (70)	50 (70)	50 (70)
図画工作	68 (68)	70 (70)	60 (70)	60 (70)	50 (70)	50 (70)
家庭					60 (70)	55 (70)
体育	90 (102)	90 (105)	90 (105)	90 (105)	90 (105)	90 (105)
道徳	34 (34)	35 (35)	35 (35)	35 (35)	35 (35)	35 (35)
特別活動	34 (34)	35 (35)	35 (35)	35 (70)	35 (70)	35 (70)
総合的な学習			105	105	110	110
計	782 (850)	840 (910)	910 (980)	945 (1015)	945 (1015)	945 (1015)

注）（ ）内は旧指導要領による。

表 II-4-2　中学校の年間授業時数

	1年	2年	3年
国語	140 (175)	105 (140)	105 (140)
社会	105 (140)	105 (140)	85 (70-105)
数学	105 (105)	105 (140)	105 (140)
理科	105 (105)	105 (105)	80 (105-140)
音楽	45 (70)	35 (35-70)	35 (35)
美術	45 (70)	35 (35-70)	35 (35)
保健体育	90 (105)	90 (105)	90 (105-140)
技術・家庭	70 (70)	70 (70)	35 (70-105)
外国語	105	105	105
道徳	35 (35)	35 (35)	35 (35)
特別活動	35 (35-70)	35 (35-70)	35 (35-70)
選択科目	0-30 (105-140)	50-85 (105-210)	105-165 (140-280)
総合的な学習	70-100	70-105	70-130
総時数	980 (1050)	980 (1050)	980 (1050)

注）（ ）内は旧指導要領による。

　こうしたなかでの総合的な学習の導入が，教師一人ひとりにどのような影響をもたらすのか，授業はどう変わっていくのか，これからの学習指導に求められるものは何かについて，以下で考えていくことにしたい。

2　教科を指導する

（1）「教科」とは

　カリキュラムを組み立てる際に，どのような教育内容をいかに編成するのかによって，異なる課程ができあがる。「教科カリキュラム」というのは，おのおのの教育内容の背後に，それぞれ個別の学問的・論理的な知識の体系をもっている課程を指している。つまり，学問の体系がそのまま指導内容の体系になっていて，教科や科目に分けることで知識や技術を系統的，効率的に教えることが可能になると考えられる。わが国の学校教育カリキュラムも，1872年の学制発布以来，こうした考え方にもとづいて組み立てられてきた。

　ところで，教科・科目の内容というのは学問の発達につれて変化していく。とりわけ，近年の科学技術の著しい進展にともなって，従来の教科内容では扱うことができないような課題が現れてきたり，教科そのものの数が増加したりすることになる。高等学校で「情報」の授業が行われることになったのもそうした一例だし，「国際理解」や「環境」といったこれまでの教科の枠では扱うことのできないような幅広い問題が出現してきていることも周知のとおりである。

（2）教科指導の問題点

　教科による指導は，体系立てられた知識やスキルを効果的に伝達するための有効な方法として機能してきた。とりわけ学校制度の導入から現在に至るまで，地域を問わず一定レベルの教育を提供するという意味では，重要な役割を果たしていたといえよう。ただ，教科指導というのは，知識や技能を"伝達する"という側面に力点が置かれ，しかも単一の学びの筋道しか用意されてない場合が多い。したがって，受容的・受け身の学習にならざるを得ないという傾向をもつが，子どもたちは皆が同じプロセスをたどって課題内容の理解に至るわけではないことに配慮する必要がある。

　また，それぞれの教科で教えられる知識や技術は整理され，体系立てられているために，どうしても一般的，抽象的になりがちである。そこで，より納得

のいく理解を得るためには，子どもたち自身の経験と関連づけながら指導することが必要となる。自分たちの生活のなかでのさまざまな体験と学習内容にかかわりをもたせることによって，そこでの知識や技術が学習者にとって身近で構造化されたものとなり，記憶保持もされやすくなる。

さらに，教科別の学習では「態度」にかかわる側面の指導が，教科ごとに一貫性をもった形で行われにくいという点にも留意しなければならない。授業では，それぞれの教科内容の理解とともに，探究心や価値観，積極性や協調性などの社会的態度，仲間との信頼にもとづく関係の構築とその維持にかかわる対人関係能力を育むことが期待されている。こうした態度的側面の目標は，特定の教科のみで育成が図られるのでなく，あらゆる教科においてその成長・発達を促す必要があり，教科間で相互に調整しつつその伸長を図っていかなければならない。このことは，教科別担任制が採られている中学校，高校においてはとりわけ肝要である。

ここでは教科指導がはらむ問題について述べてきたが，これらの点について留意しつつ授業を組み立て，それに適した課題内容を精選し，指導することは，体系的な知識を効率的に教える有効な方法だろう。それでは，総合的な学習の導入が必要とされるに至った理由とは何なのだろうか。

3　なぜ総合的な学習が求められるのか

(1)　総合学習"登場"の経緯

1996年，第15期中央教育審議会は，21世紀はよりいっそう変化の激しい先行き不透明な時代になるとして，新しい世紀に求められる教育のあり方について次のような答申を発表した。つまり，今後の教育の基本的方向としては，「課題を見つけ，自ら学び，行動し，問題を解決」できるような「生きる力」を学校・家庭・地域を通して育むことが大切であり，そのためには「子どもたちをはじめ，社会全体に『ゆとり』を持たせることが必要」だ，というのである。この「生きる力」と「ゆとり」という2つのキーワードから導かれたのが，先にも述べた「総合的な学習の時間」と「学校週5日制」の提言である。

この答申を受けて，1998年，教育課程審議会は，「自ら学び，自ら考えるなどの『生きる力』は全人的な力であることを踏まえ，国際化や情報化をはじめ社会の変化に主体的に対応できる資質や能力を育成するために，教科等の枠を越えた横断的・総合的な学習をより円滑に実施するための時間を確保」するよう求めた。そして，各学校が地域や学校の実態などに応じて創意工夫し，特色ある教育活動を展開できるような総合的な学習の時間を設けるよう期待している。

　こうして，小学校，中学校および高等学校の学習要領改訂がなされ，「総合的な学習の時間」が定められることになったのである。

（2）　時代の要請と社会的背景

　総合的な学習が要請される背景には，これまでの教科の枠組みでは扱うことのできない，現代社会のさまざまな問題が立ち現れてきたことがあげられる。前述した「情報」もそのひとつであるが，「国際理解」，「環境問題」，「社会福祉」などもそうした事例である。

　さらに重要な点として，情報化社会の著しい進展による「能力」概念の変化が指摘できる。情報化社会の特徴のひとつは，社会生活を送る上で必要とされる知識や情報が加速度的に増加する一方，それらが陳腐化する速度も速くなるというところにある。つまり情報化社会は，新しい情報が次々に出現する一方でそれらがどんどん古びていくという，知識・情報の大量消費・大量廃棄社会であるといってもよい。こうした時代にあっては，どれだけたくさんの情報を蓄え記憶しているかということより，必要なときに必要に応じた情報を生み出す能力こそが求められることになる。

　さらに，画一的な価値観によって社会が導かれる時代から，多様な価値観が許容される，あるいは尊重される社会になってきていることもあげられるだろう。このような考え方が支配的になってくると，旧来のように「誰もが共通した内容を，与えられたとおりの筋道で学ばねばならない」式の指導は成り立たなくなってくる。この問題について，学校教育の多様化という点からながめてみよう。

日本の学校教育は，文部科学省―都道府県教育委員会―市町村教育委員会―公立学校という縦割り組織によって運営されてきた。しかも文部科学省の検定を受けた教科書が無償で配布され，指導の内容についても具体的に規定されている，中央集権的，斉一的なシステムなのである。これまでは一定の効果を発揮してきたこうした方法が，先に示したような時代背景のなかで制度疲労を起こし，さまざまな教育問題を引き起こしているのだといえるかもしれない。

　こうしたなかで，現行の義務教育のように入学する学校を行政が決めてしまうのではなく，学校選択を弾力化し，各校が画一的でない「特色ある学校作り」をするよう促す試みも始まった。たとえば東京都品川区で導入された学校選択制（教育改革プラン21）では，小学校では区内を4ブロックに分け，そのなかで自由に選択することができ，中学校は区内18校のどこでも志望できるようになっている。現在，こうした選べる学校制度を検討している自治体が数多くあるという。

　また，アメリカでは，従来の公立学校に代わって，税金を使って民間が運営する新しいかたちの学校（チャーター・スクール）が急激に増えている。税金で運営する以上きちんとした説明責任が求められはするが，州や地区の教育委員会から許可＝チャーターを得れば，誰もが規則に縛られない学校を設置することができるのである。ミネソタ州で90年代初めに導入されたこの種の学校は，すでに全米で数千校に拡大している。さらに，情報先進国のアメリカでは，ウェブサイト（ホームページ）を教材として，教室ではなく電子空間で教育を行うインターネット・スクールも正式な学校として認可され始めている。

　このような学校多様化の波は，早晩，日本にも押し寄せてくることになるだろう。新しい時代の学校に求められるのは，学習者のニーズを踏まえてつねにより良い指導方法を工夫する努力であり，「何にもしなくてもお客が来ることに決まっている」既存の制度の見直しが，課題として突きつけられているのである。

4 総合的な学習をどのようにとらえるか

　学校がその教育内容によって評価され,「公立学校といえども選ばれない学校は存続できない時代」が訪れようとしている。そこでは, これまでのような標準タイプの授業だけではなく, 学級や学校に応じた独創的なカリキュラムを実践していく必要がある。総合的な学習を構想するにも, 今後はよりいっそう教師個々人の力量, 教育力が問われることになるが, まず必要とされるのは教師自身の"発想の転換"であろう。

　従来の教科指導と総合的な学習指導の間には, 課題設定の際の基本的な視点ないし考え方の相違が横たわっていて, それが総合的な学習の実践を難しいものにしている。これはカリキュラム作成上のテクニックの問題ではなく, いわば教師としての構えにかかわることがらかもしれない。つまり, 学習指導を担う教師の意識の問題である。

　私たちは授業計画について,「学習内容は教師が組み立てた方が効率的だし, 体系的な知識が与えられる」と隠然と, かつ根強く信じてはいないだろうか？すなわち,「勉強の内容は教師が与えるものだ」という信念である。もちろん, 日頃の授業の進行のなかでは, 子どもの意見をすくい上げて課題化することも多いが, 基本的なテーマの選定に生徒が参画することは少ない。

　あらかじめ構造化された科目の内容を, 順序よく効率的に教える際にはそのほうがベターだが, 総合的な学習のように体験のなかから試行錯誤を通して知を紡ぎ出させるような仕組みの授業では, 発想を変える必要がある。「子どもの興味・関心にもとづいて, 彼らの生活や経験のなかから課題を見いだす」というのは, いうは易いが実行するのは難しい。ただ, 難しいのは発想を変えるという点であって, 課題を見いだすことではない。なぜなら, 教師は教授内容だけでなく, 指導の対象たる子どもについてのプロフェッショナルでもあるはずだからである。

　第2点として忘れてはならないのが, 私たちが社会生活のなかで必要とする知識は, もともと理科や社会などのような教科目として整理・分類されたものではない, ということである。国語・理科・社会などの科目分類は, いわば知

識を一度に効率よく多数の生徒に教えるよう構造化された，人工的な枠組みなのである。したがって，その分，実際の社会のなかで要請される知識よりも抽象度の高いものになっている。

　これを，人の「病」とそれを治療する「診療科」とのアナロジーで見てみよう。私たちは病気になったときに，内科医院に通ったり，外科の病院で治療を受けたりするが，病気そのものが「内科の病」だったり「外科の疾患」だったりするわけではない。つまり，病気というのは各診療科の守備範囲に則して起こっているわけではなく，しだいに専門化していった医療を治療上や研究上の観点からカテゴライズしたものが，外科だとか内科などの診療科なのである。したがって，あまり専門にとらわれると病気の大切な側面を見過ごすことにもなりかねない。

　知識についても同様で，国語・数学・理科・社会といった分類は，いってみれば指導上の便宜のために，あるいは学習上の効率のために工夫された区分に過ぎない。それらは知の仕組みを体系立てて教える際には有効だが，実際の生活のなかで要請される知識とは異なり，きわめて抽象度が高く，現実感の乏しいものとなりやすい。とりわけ，具体的な事物にもとづいた思考に頼ることの多い小学校段階の子どもについては，このことを心に留めておく必要があるだろう。

　繰り返しになるが，総合学習"登場"の背景には「画一的価値観にもとづく社会から多様な価値観の必要とされる社会へ」「情報化の進展とともに知識の量よりも情報を生み出す能力が重視される社会へ」という時代の変化が横たわっている。こうした変化にともなって，これまでの教科書に依拠した斉一的な教授パラダイムに修正が求められているというのが，今回の総合的な学習登場の理由なのだろう。

5　総合的な学習にどう取り組むか

(1)　テーマで学習内容を結ぶ

　「何を学ぼうとしているのか」がはっきりしていて，さらに個々の学習内容

が有機的に関連づけられ,「実践知」としてまとまりを持つような総合学習のカリキュラムを構成するためには,さまざまな学習内容を貫いてそれらを統合するような「テーマ」を用いることが有効である。このテーマは子どもたちの生活経験に密着したもので,学習の教材はすべてこのテーマにかかわって選択されることになる。

　学習内容をひとつのテーマのもとに統合することによって,知識を断片的でなく,子ども自身がすでに持っている認知的なスキーマ（ものの見方・考え方の枠組み）のなかに組み入れて教えていくことが可能となる。そうすることによって,個々の知識を有意味な生きた知識として定着させることができる。たとえば「マーケットの流通のしくみ」を教える社会科の授業のなかに,お店の人へのインタビューはどのように行うか,その要点をまとめたり（国語）,お釣りや利益の計算はどのように行われるか（算数）など,それぞれの教科内容を組み入れていく。こうしたテーマ学習は,諸外国にも数多くの実践例がみられる（石田・石田,1999）。

（2） プロジェクト法を用いる

　テーマ学習と同じように,教科を統合し子どもたちに幅広い自由な学習を保証するという点において,プロジェクト法と呼ばれる課題研究は優れた方法のひとつである。一般にプロジェクトは,教師が課題を提示して,それを子どもが個人やグループで資料の収集・調査活動を行い,レポートとしてまとめる,というプロセスで進められる。この場合,ほとんどの取り組みが子どもたちのペースで行われるという,きわめて自由度の高い学習状況のなかで,直接的な経験を通して抽象的な概念や原理を理解させようとする指導方法である。シャラン他（2001）は,協同的な学習の方略として,教室での探究活動の過程に相互作用とコミュニケーションを組み込んだ,グループを用いたプロジェクト法による実践の手続きを詳しく紹介している。そこでは,ひとつのトピックについて探究計画を立て,目標を定めて活動し,発見したことがらをまとめ,クラスで発表するという一連の過程を通して,社会的・学問的なスキルを子どもたちに身につけさせることがめざされている。

学習内容をテーマで結ぶにしろ，グループによる課題研究の形式を取るにしろ，大切なのは子どもの学習に彼らの経験と密接に関連した文脈を与えるということである。そうしたなかではじめて，子どもたちは実際の生活に役立つことが実感できる知識を学ぶのである。

（3） 総合的な学習における評価

学習活動が効果的に行われたかどうかその適否を判断して，続く学習指導の改善や授業の計画に生かす評価は，総合的な学習においても不可欠である。ただ，従来型の学習と異なり，自由な学習環境のなかで課題を探求する総合学習では，学習活動の成果＝結果だけに着目した評価ではなく，取り組みのプロセス自体についてチェックすることが必要となってくる。したがって，総合的な学習では，学習活動を通して得られた所産としての知識や技能の評価とともに，探求活動の過程での診断的なはたらきを持つ評価が求められる。これは，学習への取り組みのなかで起きる不都合な点に教師が気づき，課題の達成に支障のないよう指導を方向づける役割をもっている。

プロセスの評価では，ペーパーテストなどにより客観的に把握できる学習成果の評価とは異なって，子どもの活動を観察したり，記録したりすることを通して，形成的な評価を行うことになる。したがって，子どもたちが学習にどう取り組み，どのような問題点を持っているのかを見つけだすチェック・リスト等をあらかじめ用意しておくことが重要である。また，近年，子どもの学習の経過を把握する評価の方法として，ポートフォリオと呼ばれる評価法なども用いられている。

〈引用文献〉

石田裕久・石田勢津子　1999　『オーストラリアの小学校――総合学習・学校生活・地域社会』揺籃社

シャラン，Y.／シャラン，S.　2001　『「協同」による総合学習の設計――グループ・プロジェクト入門』石田裕久他訳，北大路書房

第4章　教科指導と総合的な学習　115

〈キーワード〉

総合的な学習，総合学習
　学習指導要領での正式な呼び名は「総合的な学習の時間」で，各学校が行う地域や児童・生徒の実態に応じた横断的・総合的な学習や，子どもたちの興味・関心にもとづく学習など，創意工夫を生かした教育活動を指す。学習指導要領には具体的な例として，国際理解，情報，環境，福祉・健康など教科を越えた課題，子どもの興味・関心，生き方や進路などについての学習活動があげられている。また，総合的な学習の実践にあたっては，自然体験や社会経験など体験的な学習や調査や観察，実験等を通しての問題解決的な学習を積極的に採り入れること，個人やグループによる多様な学習形態，地域の情報・教育資源を活用することが求められている。

プロジェクト法
　プロジェクトを教育用語として著名にしたのは，アメリカ進歩主義教育の立役者，W. H. キルパトリックで，彼はプロジェクトを「生徒が計画し，実際の場のなかで達成する目的をもった活動である」と定義した。そして，それまでは実業科目でしか扱われなかったこの方法を，授業の中心に据えることを提唱したのである。プロジェクトの課題は特定の教科に限定されず，総合的な「合科」の課題であるために，そこではさまざまな領域に関連した指導が可能となる。また，プロジェクトでは能動的な活動が求められることから，生徒には学習過程に積極的にかかわる態度の形成が期待できる。

チャーター・スクールとバウチャー制度
　情報化とグローバル化の時代の人材育成はいかにあるべきか，地盤沈下する公立学校をどう立て直すか，などの問題に対して，アメリカで試みられている教育改革の方策。チャーター・スクールとは，学校区や州が特別に「チャーター（許可）」を与えて設立された，地域を越えて誰もが入学できる公立校のこと。アメリカの公立学校はそれぞれの学校区の教育委員会によって運営されるため，豊かな校区と貧しい校区での学校格差が生じやすい。そのため，近隣の学校が教育内容を互いに切磋琢磨するよう促すためのアイデアとして生み出された。
　「バウチャー（授業料に充当できる教育券）制度」は，公立学校の教育水準が一定レベルに達せず，その学校の子どもが私立校に転校した場合に，費用を州や学校区が補助するというもの。つまり，公教育のレベルが低い場合には，その費用を生徒の選択によって私立学校に振り充てられるとする制度で，導入の是非についてアメリカでも賛否両論があるといわれる。

所産的評価とプロセス評価
　どちらも学習目標の達成がもっとも効果的に行われるよう，学習を調整するための活動であるが，学習成果としての知識や能力の達成度についてみる所産的評価と，学習の途中でその活動の適否を指導目標に照らして吟味するプロセス評価は，その方法が大きく異なったものとなる。後者は，学習活動自体の評価とともに，子どもの取り組みに対する積極性，意欲や関心といった態度的な側面について即時的に評価することが求められる。

ポートフォリオ評価

ポートフォリオ（portfolio）とは，元来，紙ばさみとか書類入れという意味であるが，ここでは子どもの学習活動の成果を示す資料を集めたファイルを指している。いわゆる数量的な評価になじまない学習活動において，子どもが学習に用いた資料，メモ，レポートなどを収録することによって，課題への取り組みを評価しようとする方法である。

（石田裕久）

第5章

インターネット環境の意味

　今日，コンピュータやインターネットは，青少年の教育にひじょうに大きな影響を与えている。この章では学びの環境としてのコンピュータ利用，インターネット利用の意味について考える。

1　学習と学び

　教室での実践の主要な部分が，「教える」「学ぶ」という行動であることに異論をはさむ者はいないであろう。それだけ「あたりまえ」のものと考えられている。
　しかし，もう少し詳細に眺めていくと，「教え」たり「学ん」だりすることはそれほど単純な構造をしているわけではないことに気づく。たとえば「教える」という場合にも，単に既存の文化的遺産としての「知識」を伝達するのか，「考え方」といったメタ認知を教えるのかでずいぶん様相が異なる。同時に，教える主体（多くは教師）が，「知識」と生徒との間の媒介者としての役割のみを果たすのか，教えるという行為にともなって自分自身も変化していくと考えるのか，によっても「教え」のとらえかたは異なる。
　生徒の側に立ったときも，「学ぶ」行為は，大きく2つに分類される。ひとつは旧来の学習心理学で定義された「学習」のスタイルである。そこでは，「経験による比較的永続的な行動変容」をもって学習したと定義された。この

定義によれば、学ぶ主体である生徒の側の学びたい意思や意欲はともあれ、ある種の経験をへて結果的に行動が変われば「学習した」と定義される。従って、学びの内容や質は問われないことになる。機械的記憶も、それが必要に応じて「早く」「正確」に再生されれば高度の学習をしたことになる。

　最近ではこうした、「学習」で定義されるような学び方に疑問の声があがり、そうした無意図的な学習ではなく、「なぜ」「なにを求めて」学ぶのかということを優先するスタイルが重視されている。ここではそれを「学び」ととらえて、「学習」とは区別することとしよう。

2　学びの要請の背景

　「学習」が教室の風景である時代は、学校の外の社会が比較的安定的であり、若い、新参者としての生徒は、やがて自分たちが入っていくことになる社会の中心的メンバーである「大人」の、あるいは先人の蓄積した知識のかたまりを無批判に受容することが要請される。それによって、やがて入っていくことになる社会での中心的な活躍が保障される構造となっている。

　しかしながら、社会環境の急激な変化によって、若い人たちに対して「これこれの知識をもっていれば今後の社会生活を安定的に保障する」とはいえなくなってきた。社会の先行きは不透明・不確実であり、汎用性のある固定的「知識」は、その存在意義が減少してきた。

　代わりに、自分に有用な知識を自ら作り出していく、いわば知識の獲得・保持・加工・発信といったスキルの重要性が指摘されるようになっている。情報の収集・取捨選択・加工・創造・発信といった、広義の「問題解決能力」の育成である。これは、自分が正統性を認めた社会・文化に対して、自らの責任で是非そこに参加したい、という気持ちから、その周辺的な領域で自主的・自発的に問題解決的な行動をとって、その繰り返しからやがて中心的な文化的活動を行うような「学び」のスタイルであろう。

3 アイデンティティ形成と学び

　こうした学びのもっとも本質的な特徴は，それがアイデンティティ形成の過程としての学びである，という点である。
　学びには徹頭徹尾「自己」との対話が要求される。何に関心があるのか，なぜそれが面白いのか，自分はいったいどこから来てどこに行こうとしているのか，その情報は自分にとってどういう意味があるのか，この発言は自分をどう表現しようとしているのか，等々，その学びの過程でのあらゆる行動は自己や自我と常に対峙することが要求される。
　そこで獲得される知識は，「いずれ必要になるかもしれない」という「　」つきの知識ではなく，今もこれからも自分にとってはきわめて大切な，譲れない知識となる。すなわち，学びの行為そのものが自らのアイデンティティと密接にむすびついているのである。
　第Ⅲ部第2章でアイデンティティの概念そのものについては詳しく触れられるので，ここではそれを前提に，どういう質の学びが真にアイデンティティ形成と結びつくのかを考えてみよう。
　アイデンティティの形成にとっては，自己責任において意思決定が要求されるクライシスの経験と，個人的な関心で何かに打ち込むコミットメント（積極的関与）の経験が重要である。これらを経験している・していない，によって現在のアイデンティティ・ステイタスが査定される。
　「学習」においては，実はクライシスもコミットメントも経験する機会を与えられない。すなわち，学習課題は教師が「これが大事である」と決定する。生徒は与えられた課題に取り組むが，もともと「与えられた」課題であるから，積極的な関与が少ない。せいぜい，「機能的自律性」にもとづいて，もともと関心のなかったものにのめりこんで，あたかも自分の関心であったかのように課題をとらえなおすことができるくらいである。例えば「調べ学習」におけるインターネット利用はこうした形に陥りやすいことに留意しなければならない。
　「学び」では，学習のテーマの決定も，その教材・教具も，学習の道筋もすべて生徒が決定し，教師はその助言者の役割に徹する。つまり，生徒個人や集

団の,その段階での興味・関心事を最大限に認め,それを育てていく姿勢をとるのである。こうした形での有効な学びの環境として,インターネットを利用することができるであろう。

4 学校のインターネット環境の整備

(1) 100校プロジェクト

　通産省(現経済産業省)では1994年に「高度情報化プログラム」を策定し,それを受けて情報処理振興事業協会(IPA)が「特定プログラム高度利用事業」を開始した。その特定プログラムのプロジェクトのひとつに「教育ソフト開発・使用促進プロジェクト」があり,学校教育でネットワーク環境をいかに実現し利用するかをテーマに「100校プロジェクト」が開始された。

　この100校プロジェクトは,文部省(現文部科学省),通産省の指導のもとに,実際には情報処理振興事業協会とコンピュータ教育開発センター(CEC)の共同で実施され,応募のあった1543校から111校が選定を受けて,翌95年2月からハード面の整備が開始された。実際の運用は同年7月より始まり,1999年3月で終了となった。

　ここでは,「能動的な学習の実現」と,「教室での授業の持つ制約を超えた教育,学習の実現」をスローガンに,さまざまな実践が行われた(http://www.edu.ipa.go.jp/kyouiku/100/100.html 参照)。

(2) 情報格差の問題

　上記100校プロジェクトにおいても,当初から地域や学校間で,コンピュータの設置台数や指導できる教員の数に違いが存在することは前提とされていた。実際,公募にあたっては,「特に先進的で教員の技術力・実績のある学校＋ネットワーク利用・企画に積極的に立案・参加できる学校」という基準のAグループ(20～30校)と,「ネットワーク利用・企画に積極的に立案・参加できる学校」という基準のBグループ(70～80校)があらかじめ想定されていた。

　このプロジェクトに参加することを想定した学校はいずれも,学校の情報化

第 5 章　インターネット環境の意味　121

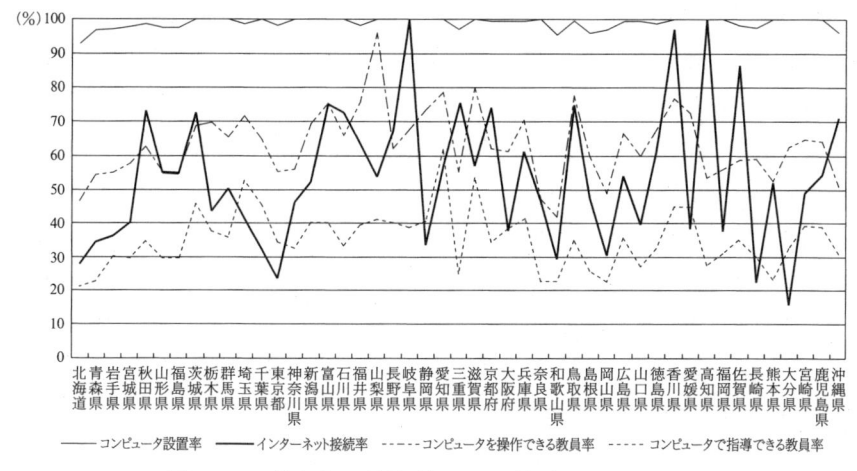

図Ⅱ-5-1　情報化の地域間格差（1999 年度データをもとに）

には比較的容易に対応できる人的・物的資源を持った学校であり，そうではない学校や，管理者がそれほど大きな関心を持たない学校との間の格差はどんどん広がっていくこととなった。

図Ⅱ-5-1 に示したように，「コンピュータの設置」といった，行政的に一律に対応できる部分についてはほとんど地域間格差がみられないが，コンピュータの操作・指導の可否等，教師の資質・力量に関する部分については今後も行政的な指導のみでは格差の解消は難しい。

（3）　情報倫理の問題

インターネット利用が始まると，子どもたちは居ながらにして世界中のあらゆる情報に接することができるようになる。その中には，情報の取捨選択能力が十分に発達していない子どもたちにとってはある種有害な情報も含まれている。そうした情報へのフリーアクセスは，「インターネットの教育利用」という当初の観点から逸脱することとなろう。

こうした考えをもとに，文部省・郵政省（現総務省）の協力のもとで，NTT 各社始め多くの企業・団体・個人からなる「こねっと・プラン推進協議会」が

1996年にスタートした。ここでは，推進協議会から，財政的支援（パソコン，通信機器等），運用上の支援（インターネット活用の教師向けコンサルティング），活用上の支援（こねっと・プラン参加校に限定しない，マルチメディア活用のホームページ「こねっと・ワールド」の運営 http://www.wnn.or.jp/konet/index.html）を得ることができた。

　たとえば「goo」という一般によく用いられる全文検索のエンジンを子ども向けに改変した「こねっと goo」という検索エンジンを用い，有害情報や倫理的な問題を克服し，教育的に配慮された情報にのみアクセスできるようになっている。これは 2002 年 4 月以降「キッズ goo」という形で運営が引き継がれている（http://kids.goo.ne.jp）。

　こうした「配慮」が教育的であるのかどうかは議論の分かれるところである。

（4）すべての学校のすべての普通教室に

　こうした動きのなかで，文部省（現文部科学省）の「教育の情報化プロジェクト」では，1999 年 7 月に以下のような方針を打ち出した。

　第 1 にハード面の取り組みとして以下の施策を実施する。
・全国の学校のすべての教室にコンピュータを整備し，すべての教室からインターネットにアクセスできるような環境づくりを推進する。
・すべての学校においてインターネット接続の高速化を図る。

　第 2 にソフト面の取り組みとして次の施策を実行する。
・すべての教員がコンピュータを活用して指導できる体制をつくる。
・地域や民間企業の協力を得て，学校に多数の人材を活用し学校の情報化をサポートする。
・関係省庁・民間が連携して，質の高い教育用コンテンツの開発やそれらの提供を推進する事業を実施する。
・産・官・学連携によるバーチャルな研究体制をつくる。
・「教育情報ナショナルセンター」を整備する。

　以上を，2005 年をめどに実施する計画を明らかにしたのである。

　ここで重要な点は，すべての普通教室にインターネット接続をしたコン

ピュータを設置し，しかもその回線は十分に日常的な使用に耐えるだけの高速なものにする，ということである。また，すべての教員がコンピュータを自在に操れるような体制，メンテナンス等に余計な時間を割かなくていいような施策をとる，ということも含めて，情報格差の是正を視野に入れながら，国として本気で取り組む姿勢をアピールしている。

(5) インターネット利用の影の部分

「情報格差」「情報倫理」の問題に加え，学校の情報化において考慮されねばならない影の部分も存在する。それは，新たな学びのツールを導入する際に常に問題になる，そのツールの透明性確保の問題である。

ツールを使っていることをほとんど意識しなくなった場合に「透明性」が得られたとみなされる。通常，学びのコンテンツを獲得することが大きな目標であり，コンピュータやインターネット利用はそのツールである。いつまでもコンピュータの操作方法に拘束されていては，本来の目的を十分に満たすことはできない。

各種のメディアを自分自身の身体の延長として使えるようになること，つまりメディア・リテラシーは，情報教育を行う際にもっとも心がけねばならないことがらである。これがうまくいかないと，コンピュータに触ることそのものが強いストレスとなり，学校不適応症状を表す可能性もある。学校病理現象を解消することをひとつの目的としたインターネット利用の教育が，逆に，強いストレス症状を生じさせては本末転倒であり，この点教師の指導の力量が強く問われる。

5　インターネット環境の教室でできること

マルチメディアのパソコンに加え，高速回線でインターネット接続されている教室の風景を考えてみよう。当初はやむなく小さなモニターしか使えないかもしれないが，いずれどの普通教室も大型のプロジェクタ画面表示が可能となるであろう。

（1） 学びのリアリティの実感

　教師がインターネットを使う場合は，子どもたちに今学ばせていることがらがいかに自分たちにとって「大切」で「真正」なものであるかを確認させるツールとして利用する。これまでも新聞や雑誌の記事を示したり，録画したビデオをみせたりして，学びのリアリティを感じさせる方策はあったが，インターネットを利用するといっそう効果的なものとなるだろう。学んでいることが本当に大切なことがらである，という実感は文化・社会参加としての学び，という点からはきわめて重要な必要条件である。

（2） アクセシビリティの実感

　インターネットでは学ぼうとする情報に比較的容易にアクセスできる。知りたいこと分かりたいことを探求する端緒として，インターネットの各種サーチエンジンの検索機能を用いることができる。その検索はあくまでも探求の入り口であり，そこから幅を広げたり，深く入り込んでいったりする。分かりたいことの端緒を得ることは，従来の「学習」スタイルでは大変な苦労を強いられた。インターネット利用では，検索結果から学びを深めていけることによって，「現在ある自分（〜を知らない自分）」から「ありたい自分（〜を知っている自分）」に自ら変化させることができる。

（3） 表象のレベルの自在な移動

　「〜を知る・分かる」という現象は学びの中心的特徴である。そのためには，目の前のテーマについてさまざまな側面からアプローチし，さまざまに検討し，どのような見方をしても「それはそれだ」という実感をもつことが重要である。
　ピアジェは「不変性」を対象認識の基盤に考えたが，まさにみかけは異なるが本質的なところでは一定であるという認識の経験を，インターネットの各サイトを利用して動画や写真，文字やアニメなど異なった表象のレベル（田中，1996）で確認することが大切である。

（4） こだわりの公開

　自分が大切だと思っていること，他の情報を加えて新たに発信したいこと，自分たちで探求を進めて最終的に得た結論を他に実際に公開する。そして，賛同や批判を受けることによって，個人的あるいは小集団のこだわりが，みんなが認めるものに発展し，やがて共通の「文化」に発展していくのである。インターネットでは，従来なら「受容」から入るしかなかった文化的財産について，自ら作っていく体験をすることができる。クラスや学校のホームページ作りはその典型である。

　このことは極めて重要な経験である。これまでの「文化遺産学習の場としての教室」では，「文化」とは自分とは関係のない先人の作り上げたものであり，その文化を受容することが強いられてきた。インターネットを利用した文化創造の営みの経験を通して，「参加としての学び」が自然体で行えるようになるのである。

6　教室のインターネット環境の持つ意味

　このように見てくると，すべての普通教室にインターネットが入るということは，ハード面で教室に新たな「異物」を迎えるということではなく，教室の学びの本質的な変化を生み出すものであることがわかる。

（1） コミットメントを支えるインターネット

　当面は普通教室には1台のパソコンがインターネット接続される計画である。しかし少子化で30人学級が実現されれば，すぐに複数台のパソコンがハブでつながれるようになるであろう。

　すると，グループで「総合的な学習」をするときなど，自分たちの本当の興味・関心をインターネットで深くつきつめていく環境ができてくる。これは事象への積極的関与を促進することであり，ほんとうの意味での学びの第一歩となる。

(2) クライシスを経験させるインターネット

インターネットで流れる情報はまさに玉石混淆である。サーチエンジンで検索した項目でも，本当に役立つサイトもあれば，まったく関係のない，たまたまキーワードが一致したに過ぎないものもある。

図書館のいわゆる「調べ学習」では，こうした一見関連のありそうで実はまったく意味をなさない情報は入ってこない。インターネット検索では玉石混淆の情報が一気になだれこんでくる。

ここに学び手の，どの情報を使いどれを捨てるかという意思決定が要求される。さらにそれを手がかりに次の学びをどう進めるかも，自分たちの決定にかかってくる。インターネットのアクセシビリティの高さは，実は連続する意思決定を学び手に要求しているのである。

以上のことから，インターネットが教室に入るということは，アイデンティティ形成をめざした具体的な学びの実践を教室で行うことができる，これまで以上にそうした実践ができるという大きな可能性を指し示している。

教室への「異物」を排除しようとするか，それを積極的に利用しようとするか，一人ひとりの教師の「教えること」「学ぶこと」についての基本的哲学に問いが投げかけられているのである。

〈引用文献〉

田中俊也編　1996　『コンピュータがひらく豊かな教育——情報化時代の教育環境と教師』北大路書房

〈キーワード〉

擬似正統的中心参加
「学習」の本質的特徴。学習は，自分が正統だと認めた文化・社会への参加の手段として行われる。しかしここでの「正統性」は，自発的に認めた正統性ではなく，親や兄弟や教師等まわりの人たちに教え込まれた「正統性」であり，その意味で，その参加は擬似正統的参加である。また，「参加」のための壁すなわち「試験」等の障壁を乗り越えさえすればいきなり擬似正統性を認めた文化・社会に中心的な形で参加できる。こうした，「学習」に本質的に備わった特徴を擬似正統的中心参加という。

正統的周辺参加

Legitimate Peripheral Participation (LPP)。レイヴ&ヴェンガーの用語。「学び」の本質的特徴。学びは，自分が正統だと認めた文化・社会への参加と自分自身のアイデンティティ形成の過程で行われる。ここでの正統性は，自分は何者であるかを十分に見きわめた上で，参加しようとする文化・社会の正統性を心から認める。参加の方法としては，現在の自分と参加したい真正の文化・社会と折り合いのつく，周辺的な領域での参加から始め，やがて古参者のいる中心的な領域に自然に入っていく。このように，正統性を認めた方向の周辺的な領域から徐々に中心領域に参加していくことを正統的周辺参加という。

アクセシビリティ

アクセスのしやすさ。ある対象への近づき易さ・利用のし易さのこと。コミュニケーションにおける携帯電話のeメールは，心理的負担の少なさ，装置の小ささ，経済的負担の少なさ等からしても高いアクセシビリティを持っているといえる。何かを調べるという際には，旧来の辞典・辞書に較べ，インターネットでの検索エンジン利用は高いアクセシビリティを持っているといえよう。

表象のレベル

目の前のものに対して，その物理的特性以外のなにものかを頭に描くことを表象という。表象のレベルは，現物そのもの（レベル0），現物そのものではないが現物の一部を含むもの（レベル1），現物との対応性がなく表象されたものにある種の恣意的なラベルや略図が付与されたもの（レベル2），現物との対応性がなく表象されたものに特定の枠組みの中でのラベルや図が付与されたもの（レベル3）と階層をなす。マルチメディアのパソコンではこうしたさまざまなレベルの表象を表現できる。

情報格差

情報を有する者とそうでない者との格差。とりわけインターネット等の電子情報へのアクセスの可能性からくる情報における格差をいう。ハード面では，その情報が流れるメディアを有しているかどうか，頻繁にアクセスできる余裕（経済的・時間的）を持っているか，等が関係し，ソフト面では，メディア・リテラシーがあるかどうか，すでに蓄積された知識がどのくらいあるか，知識獲得を促すような社会的接触がどのくらいあるか，など，さまざまな要因から生じる。知識ギャップ。

メディア・リテラシー

リテラシーそのものは「母語の読み書き能力」と定義されるが，文字情報に限らない，さまざまなメディアでの情報をあたかも母語の文字情報をさらりと処理するかのごとく処理できる力をメディア・リテラシーという。図形・画像，音声・映像等の情報を含むマルチメディア機器の利用にあたっては，その情報を分析的・批判的に評価でき，その内容（コンテンツ）を理解・鑑賞できる力が必要となる。それらを総括してメディア・リテラシーと呼ぶ。

（田中俊也）

第6章

学習と指導をチェックする

1　学校改善

（1）　評価の大きな見方

　学校は公共性をもった教育機関である。そこでは，教科，道徳，特別活動ならびに「総合的な学習の時間」という教育課程を通じて，知育，体育，徳育等がなされている。その教育活動には，教育の計画，教育の実践，教育の評価といった一連の活動のサイクルがみられ，そのなかで児童・生徒の学習が進められる。したがって，たとえば，以下のようなことが重要とみなされる。
・時間と予算にみあうような教育と学習の量は確保されているか？
・時間と予算にみあうような教育と学習の質は確保されているか？
・学校での身体的な安全性は確保されているか？
・学校での心理的な不快感は回避されているか？
・教育と学習は長期的な見通しのもとで継続的に進められているか？
・学校や教室は地域から孤立せずに運営されているか？
・目の前の児童・生徒は順調に学んでいるか？

　これらは，学習環境，教育環境の整備のポイントであり，これらの条件を整備することを学校改善（school improvement）という。学校改善をおこなう根拠が「教育評価」である。したがって，教育評価，教育アセスメントは，教師の指導方法や指導技術，カリキュラム，児童・生徒の学習状況，学校環境の整備，

地域の人々とのネットワーキングなどを含んだ大きな視野に立っている。学校改善は，教師だけでなく，校長，保護者，教育行政等の多様な支えによってはじめて可能となる。

(2) 目の前の児童・生徒に対する評価と指導

上記の学校改善は，かなり大きな視点に立ったものである。

学校の中の一人の教師の仕事をみると，むしろ，これとは別の面がみられることが多い。教師の仕事は，実際には，目の前の児童・生徒の学習指導と生徒指導に忙殺される。日常では打開しにくい問題が現れた時，はじめて，それが上記のような学校改善の問題としてとらえられることが多い。

したがって，教師の指導と評価には，相反する二面性がある。ひとつは毎日の短期的な指導や評価を最善にすることが，長期的にみても最善の指導，評価になることである。積み重ねを必要とする学習指導のほとんどはそうである。

もうひとつは短期的にみて最善を尽くすことが逆にトラブルの先送りになり，長期的にみるとかならずしも最善ではないことである。たとえば，児童・生徒間の対人的トラブルを小手先の対症療法的な介入やカウンセリングで解消させると，結果として事態をさらにこじらせてしまうこともある。この解決には，教師のチームワーク，地域の人たちの支援などが重要である。また教師自身も，日常の指導だけでなく，学校改善という広い視点を意識することが重要である。そのための方向が，情報公開，学校開示，地域に開かれた学校といった語としてあらわれている。

(3) 学習と指導の手順

改善を目的とした学習と指導のチェックは，どんな行程でおこなわれるのだろうか。そのあらましは表II-6-1のようになる。

第1に，学習状況の実態把握をする。これには，表II-6-2のようないろいろな技法が開発されている。もっとも代表的なアセスメントの手段は，①直接に児童・生徒本人に対して情報提供を求める方法であり，その代表はペーパーテストである。このほか，②間接的に他者から情報を得る方法がある。

表 II-6-1　改善の手順

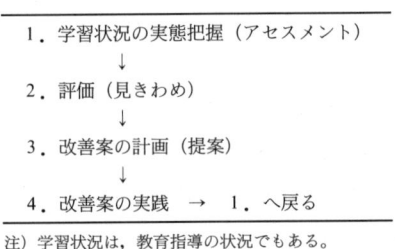

1．学習状況の実態把握（アセスメント）
　　　↓
2．評価（見きわめ）
　　　↓
3．改善案の計画（提案）
　　　↓
4．改善案の実践　→　1．へ戻る

注）学習状況は，教育指導の状況でもある。

表 II-6-2　アセスメントの諸方法

①本人から情報を得る方法
　・ペーパーテスト：中間テスト，期末テストのような定期テストなど。教科学習におけるごく一般的な技法である。
　・行動観察：児童・生徒のつぶやき，目立った行動などのエピソードを観察する。
　・実技テスト（パフォーマンス・テスト）：体育，理科，英語（英会話）などで使われる。
　・ポートフォリオ：美術の作品制作，総合的な学習の時間，生活科などで好んで援用される。資料の収集，整理による。
　・アンケート，面接：「教師と児童・生徒の対話」といい換えてもよい柔らかい聞き取り。

②間接的に情報を得る方法
　・他の教師から意見を求める。学習指導では，研究授業などの研修の場が多い。
　・他の児童・生徒から意見を求める。
　・保護者や地域の人々から意見を求める。

　第2段階は評価の段階である。表II-6-3にあるように，開かれた評価の目的としては，自己点検，改善，地域への開放といった側面がある。
　これは一般的な指針である。一時限の授業でも，一単元の授業でも，一学期でも，一学年にでも共通する原則である。学校教育では，各学年ごと，各学校段階ごとに教育目標があり，授業のねらいがあるので，その目標やねらいが，どのように達成されているかを見きわめるのが評価の目的となる。もちろん，その方向は短期的あるいは長期的にみた改善へと向いていなければならない。
　評価はまた，あらゆる時期，段階を通じてなされる。事前評価だけではなく，指導中の評価である形成的評価，指導が一区切りした段階での総括的評価を通しておこなう。

表 II-6-3 開かれた評価の目的

①自己点検する：
　これまでの計画，これまでの実践を振り返って肯定的な確認をし，以後も，この実践を反復したり継続していくという判断をする。
②改善する：
　問題点を発見し，改善策を新たに計画し，実践するための判断をする。
③地域に開く：
　時間や金銭的な費用（コスト）に見合う効果があるかどうかを公開して，むしろ当事者以外（他の教師，地域の人たちなど）から広く評価を受ける。

　第3段階は，評価，アセスメントの結果にもとづいて，新たな改善策を採ったり，場合によっては目標やねらいを変更する段階である。第4段階は，その実践である。
　その実践が適切であるかどうかの判断は，最初の「1. 学習状況の実態把握（アセスメント）」と同じである。指導と評価は，このようなサイクルになっている。

2　多面的な視点の確保

(1)　教師と児童・生徒の立場のちがい

　学習指導や生徒指導の効果をあげるには，情報を集めて，改善策を立て，それを実行に移す。教師の仕事のひとつはこの繰り返しである。
　これを評価の視点から見ると，典型的な教師―生徒間の評価関係は，次に示す表 II-6-4 のようになる。教育指導をする人は教師であり，教師が教育情報を集めて評価をする。他方，児童・生徒は学習者であるから，評価をされる人になる。このような関係には長所と短所がある。
　長所は，経験豊かな教師が適切な評価をする点にある。もちろん，児童・生徒も自己評価をおこなうが，知識や技術をもった教師が行う方が，その後の指導，助言に有効なことが多い。すぐれた教師は，教師自身の抱く「思い」や「願い」を実現するために，責任をもってあたることができる。
　短所のひとつは評価目的のあいまいさである。教師の仕事は人間のすること

表 II-6-4　評価をはさむ教師と児童・生徒

教　師　　（＝評価をする人）
↓　　　　↓
児童・生徒（＝評価をされる人）

であるから，評価にはバイアスをともなう。また，テスト技術を洗練すればするほど得られた結論は信頼できるけれども，逆にその結論は客観的な決めつけとなって「できない子」「落ちこぼれ」などのステレオタイプの評価を生むという面ももつ。

　それでは，表 II-6-4 のような両者の評価関係を薄める方途はどうだろうか。その具体的方法は，教師が評価者から降りてしまうことである。ポートフォリオ評価，パフォーマンス・テスト，児童・生徒の自己評価などは，他者との比較を弱めた柔らかい評価である。評価をする人，される人というよりも，学習者自身が自己点検，自己評価をおこなう部分が多いので，教師─児童・生徒関係が対人的に直接衝突しにくくなる。

（2）　中・高校生への動機づけとしての評価

　中学生や高校生にとって，もっとも気になることのひとつは，学業成績と進学指導との関係である。ひところのマスコミ等で論じられたのは，高校入試選抜では内申書を重視するために，生徒のパーソナリティに悪影響を及ぼすという点である。保護者や生徒が，必要以上に，教師からの評価を気にすることが危惧されたのである。たとえば，授業中の関心や意欲も内申点に影響するから，授業中には積極的に振る舞わなければ不利になると信じることが一例である。しかし，多くの教師は，「えこひいきをする教師」と批判されることを過度に嫌うので，主観的なバイアスを避けようと心がける。児童・生徒に対して客観的であろうとする態度は，「客観性信仰」（大野木，1994）といわれるほどである。このことを裏付けるひとつの例として，前田（1996）の調査がある（表 II-6-5）。これは 1,000 名以上の生徒について，指導要録から評価の 4 つの観点と 5 段階評定値とを抽出して，その間の相関関係を統計的に分析したものである。明らかに，ペーパーテストの成績をもとにした「知識・理解」という観点が，

表 II-6-5　4観点と評定値との相関係数

	②	③	④	⑤
①関心・意欲・態度	.41	.47	.43	.58
②科学的思考		.44	.64	.69
③技能・表現			.49	.59
④知識・理解				.80
⑤評定				

出典）前田（1996）。

評定値との間に，もっとも高い相関値を示している。教師の心理として，なるべく評価の手順が明示されやすいものを選ぶ傾向があるのだろう。合否についても，高校や大学の教員ならわかることであるが，調査書（内申書）という書類が主な判断材料となって合否が決まることは，附属中・高校からの進学を除いてはまれといえよう。

そもそも，調査書とは何か。内申書とは何か。内申点と当日の入試筆記試験とはどのような配分で合否に影響するのか。かなり多くの保護者や生徒は，このことを知らない。説明も受けていない。指導要録と調査書の関係すら知らない人も多い。進学用調査書は指導要録を基礎として作成されることが通例であるから，ここで簡単に指導要録をみておこう。

（3）　指導要録

評価の実際を概括するために，それを指導要録の様式（中学校）にしたがってみていこう。

指導要録は，様式1と様式2からなっている。様式1には，児童・生徒個人の氏名，生年月日，性別，現住所，転・退学等の「学籍に関する記録」をする。様式2には，「指導に関する記録」をする。図II-6-1には，中学校指導要録の様式2の例（一部分）を示す。

（4）　指導要録の記載

各教科の学習の記録は，「国語」「社会」のような教科ごとに，観点別学習状

134　第II部　学びの環境

様式2（指導に関する記録）

生徒氏名		学校名		区分	学年	1
				学級		
				整理番号		

各教科の学習の記録

必修教科						選択教科				
I 観点別学習状況						I 観点別学習状況				
教科	観点	学年	1	2	3	教科	観点	学年		
国語	国語への関心・意欲・態度									
	話す・聞く能力									
	書く能力									
	読む能力									
	言語についての知識・理解・技能									
社会	社会的事象への関心・意欲・態度									
	社会的な思考・判断									
	資料活用の技能・表現									
	社会的事象についての知識・理解									
数学	数学への関心・意欲・態度									
	数学的な見方や考え方									
	数学的な表現・処理									
	数量，図形などについての知識・理解									
理科	自然事象への関心・意欲・態度									
	科学的な思考									
	観察・実験の技能・表現									
	自然事象についての知識・理解									
音楽	音楽への関心・意欲・態度									
	音楽的な感受や表現の工夫									
	表現の技能									
	鑑賞の能力									
美術	美術への関心・意欲・態度									
	発想や構想の能力									
	創造的な技能									
	鑑賞の能力									
保健体育	運動や健康・安全への関心・意欲・態度									
	運動や健康・安全についての思考・判断									
	運動の技能									
	運動や健康・安全についての知識・理解									
技術・家庭	生活や技術への関心・意欲・態度									
	生活を工夫し創造する能力									
	生活の技能									
	生活や技術についての知識・理解									
外国語	コミュニケーションへの関心・意欲・態度									
	表現の能力									
	理解の能力									
	言語や文化についての知識・理解									

II 評定									II 評定			
教科＼学年	国語	社会	数学	理科	音楽	美術	保健体育	技術・家庭	外国語	教科＼学年			
1										1			
2										2			
3										3			

総合的な学習の時間の記録

学年	学習活動	観点	評価

図II-6-1　中学校指導要録様式2

況を記録する。さらに評定を記載する。

　観点別学習状況は，教科の指導と学習の過程を評価するものである。「国語」では，「国語への関心・意欲・態度」「話す・聞く能力」「書く能力」「読む能力」「言語についての知識・理解・技能」が観点である。もちろん，学校独自の観点をさらに追加することはできる。この評価方法は目標準拠評価，すなわち絶対評価で付ける。学習指導要領に示す目標に照らして，その実現状況をみる。したがって，目標が実現していない面については再度，指導し学習させるという，いわゆる指導と評価の一体化を要する評価法である。

　評定もまた目標準拠評価によって記載する。集団準拠評価，いわゆる相対評価法は用いない。相対評価は必要があれば，「総合所見及び指導上参考となる諸事項」に記入する。

　「総合的な学習の時間」の記録については，どのような力が身に付いたかを文章で表現する。したがって，学校の実情に応じた評価技法の研究をすすめなければならない。

　「行動の記録」は，基本的な生活習慣，健康・体力の向上，自主・自立，責任感，創意工夫，思いやり・協力，生命尊重・自然愛護，勤労・奉仕，公正・公平，公共心・公徳心の10項目である。これらについても目標準拠評価であり，「十分満足できる状況にある」と評価する時に○印を記入する。

　「総合所見及び指導上参考となる諸事項」では，
①各教科や総合的な学習の時間の学習に関する所見
②特別活動に関する事実及び所見
③行動に関する所見
④進路指導の記録
⑤生徒の特徴・特技，学校内外における奉仕活動，表彰を受けた行為や活動，
　知能，学力等について標準化された検査の結果など指導上参考となる諸事項
⑥生徒の成長の状況に関する総合的所見
を記録する。これらについては個人内評価法を重視する。これは，児童・生徒一人ひとりのよい点や可能性，進歩の状況などを評価するためである。

(5) 評価を指導に生かす難しさ

　上に見てきたように，生徒一人ひとりの勉学や学校生活のようすについて，このように綿密に指導要録にとどめるのは，現実にはなかなか困難である。現実の指導や評価は場面場面における動的な営みの中にあるので，これを静的な結果として要約しても，それは多くの教育情報の一部にしかすぎない。むしろ，現実の教育は，授業の中にこそあるとみるのが，多くの教師の実感であろう。

　教師が教えることと生徒が学ぶことの間には，いつもギャップがつきまとう。過去のある時期には，テスト成績という評価の一部をもって指導に生かすという点が強調された。しかし，これはテスト勉強という臨時的な学習の影響が大きくて，テスト成績がよいからといって必ずしも授業で学んでいるといえない。次は，生徒の日常の関心，意欲，態度も見るという点が強調された。しかし，これには調査書・内申書への影響があるという誤解を一部の生徒に与えることになり，教師―生徒の人間関係に弊害をもたらした。その次は教師が授業中の指導者・評価者から下りて支援者となり，生徒自身が自ら学ぶという点が強調された。しかし，これには，「誰も学んでいないのに教えたというなら，誰も買ってもいないのに売ったというのと同じだ」という教育学者デューイのことばにあるような批判もなされている。結局，これら3つは，教えることと学ぶことのギャップを埋めるための手段としては，ある部分では適切でも，他方で欠点を含んでいるのである。

　評価という「手段」を指導という「目的」に十全に生かすことは至難の技である。ともすれば，それは手段と目的が混同されてしまい，評価という目的のために指導をするのである，成績をつけるためであると誤解されてしまう。やはり，常に自戒を込めて，学校改善を念頭に置いて指導にあたりたい。

〈引用文献〉

大野木裕明　1994　『テストの心理学』ナカニシヤ出版
前田洋一　1996　「中学校理科における評定および観点別評価の相関的研究」『日本教科教育学会誌』18(4)

〈キーワード〉

アセスメント
　査定あるいは評価と訳される。評価は，evaluation, appraisal, assessment などの広い意味をもつ。評価とアセスメントの語を区別する時には，評価はものごとの終了後が多いのに対し，アセスメントは事前の場合が多い。ただし，事前的評価，診断的評価のような使用例にみられるように，実施に先だってなされる時にも評価という語は使われるので，この点がわかりにくい。教育でアセスメントを用いる時には，学習者個人，指導法，学校環境など，広い視点から総合的にとらえる時によく使われる。

目標準拠評価
　教育目標に照らして，それが達成されたかどうかを評価すること。教育目標は学問体系の水準や領域に拠るが，アセスメントの方法によってあいまいさが残らざるを得ない。指導要録の記載方法は，目標準拠評価による。日本では，絶対評価という語を用いることがあるが，これとほぼ同じである。

集団準拠評価
　日本では相対評価とよばれている評価法である。5段階評定，偏差値（Tスコア）は，この相対評価の指標である。集団のなかの位置関係がわかるので，大きな集団を想定した場合にはかなり有効であるが，小集団には不向きである。学習内容にかかわらずマニュアル的に評定作業ができる性質をもっている。

観点別評価
　指導要録において，各教科の学習の過程をみるためになされる評定。絶対評価（目標準拠評価）でなされる。たとえば，関心・意欲・態度，思考・判断，技能・表現，知識・理解といった学習の過程ごとに，教科の学習状況の見きわめをする。学習者自身の伸びを認めることができる評定法といわれる。

形成的評価
　学習目標の達成のために，学習過程のなかでおこなわれる評価のこと。刻々と変化する学習過程の途中でなされる評価であり，評価と指導の相互のストロークは短時間のうちに素早くなされる。この点で，指導に先立つ診断的評価や，指導が一段落した後の総括的評価とは区別される。

（大野木裕明）

第III部

進路設計を支援する

　成長した大人は，社会の中でさまざまな役割，使命，責任を担いながら生きていく。青少年を成熟した大人として育てるために，学校は将来必要とされる多様な能力や資質を組織的，計画的に集中して養っているのである。青少年が将来に備えるとは，まさしく進路を設計することである。進路設計，すなわち進路がわかるためには，自分とはいかなるものであり，過去から現在，そして現在から未来へと向かう時間の流れの中で，どのように生きようとするのか，というテーマに具体的に応えなければならない。第1章「いろいろな自分がある」，第2章「アイデンティティとは何か」では，人間にとって自分とは何か，青少年がアイデンティティを形成しようとするとき，どのような問題に直面するかを明らかにする。第3章「家族という問題」，第4章「社会の中での進路選択」では，家族や学校，仲間とのかかわりなどの社会的関係が，進路選択においてはひじょうに大きな役割を果たしているので，この主題を詳しく取り上げる。

　自分の進路設計が円滑に進むためには，成長・発達するにつれて，人間のさまざまな役割や機能が，社会の中でどのように移り変わっていくかについて知っていることが前提になる。第5章「生涯にわたるキャリア発達」は，それをキャリアという言葉でとらえ，学校教育においてキャリアを理解する意味とキャリアを開発する方途について解説した。最後の第6章「進路は指導できるのか」では，学校において，一人ひとりの児童・生徒の進路設計をどのように援助したらよいかを具体的に扱っている。進路指導を円滑に進めるためには，特に社会体験の重要性や種々の相談活動やカウンセリングによるサポートが大切なことを詳しく説明している。

第1章

いろいろな自分がある

　将来，社会の中で生きていくために大事なことのひとつは，「自分」についてよく考えることである。とくに社会に出る前の青年期は自己を確立することが課題であるから，「自分とは何か」という問いと常に対峙しながら，今後自分が進むべき方向を考えていくべきである。今の自分と将来の自分，自己と他者との関係，社会的な自己の役割等，自己に関する諸々の展望を的確に見いだせるようになることが当面の課題である。本章では自己に関する心理学の知見を紹介していく。

1　多様な「わたし」

　私たちは，自分の姿を鏡に映して見ることがあるが，その際，どんな大きさの鏡を使っているだろうか。たとえば顔の部分だけが映る小さな鏡と身体全体が映る大きな鏡と，どちらのタイプの鏡をよく見るだろうか。この2つのタイプの鏡に映したそれぞれの自分には，実はちょっとした違いがある。
　小さい鏡を見ているときの自分は，たとえば「今日の自分の体調はどうか」「今の気分や感情はどうか」「顔色や表情はどうか」「髪型やお化粧ののりはどうか」といったことを考えたりしているであろう。つまり鏡をのぞきこみながら，自分の内面を掘り下げて感情や思考を内省的に確認しようとしている。実は小さい鏡には自己の内面を投影する役割がある。だから鏡をのぞき込んでい

るときの自分の姿は見られたくないし，その時の感情は気づかれたくないものだ。そういえば女性が持つ携帯用の鏡は文字通り「コンパクト」で，他者からのぞき込まれることを拒んでいる。

　一方，大きい鏡は，頭から足の先まで映っており，たとえば「今日の服装はこれでよいか」「格好よく見えるかどうか」などを確かめながら見ているだろう。鏡を見る視点は実は他者の目であり，他者から自分はどう見えるのかを大きな鏡によって知るのである。洋服屋のフィッティングルームなどの鏡は大きく，店員や他人が一緒に鏡を見ることを許容する。自他ともにオープンな鏡なのである。

　この2つの鏡の役割は，古くからジェームズ（1890）によって次のように説明されている。つまり前者は主体的な自己であり，英語で言う"I"にあたる。知る自己（self as knower）としてこれを「主我」といい，主体的に自分を認識することである。一人で日記をつけるときなどに，内なる自分と対峙しながら自分を内面から考える状態，あるいはその時の自己のことである。後者は英語で言う"me"，つまり知られる自己（self as known）としてこれを「客我」といい，客体的に自分を認識することである。いわば自分を外から見たときの状態，あるいはその時の自己である。

　後者の「客我」には，さらに3つの側面が指摘される。その第1は「物質的自己（the material me）」といい，自分が所有するものも自己の延長として認識される。小さな子どもが遊んでいたおもちゃを取られそうになると"It's mine（それは自分のもの）"といって怒るし，大人も他人の所有物を勝手に奪取しないのは物質的自己の存在があるからである。身につける衣服や持ち物から車や家にいたるまで，物質的に所有しているものは客体的な自己と密接にかかわる。むしろ物によって自己を表現することもある。たとえば，特定のブランドのアクセサリーを身につけたり，強いイメージを放つ車に乗ったりすることは，きわめて他者の目を意識した自己表現といえよう。

　第2は「社会的自己（the social me）」である。つまり社会集団のなかで自分のポジションを認識し，それに合致した行動をとろうとする自己である。この場合，通常，他者から認知されている自己を想起し，それから逸脱しないよう

に振る舞ったりする。これもまた他者の目を意識した自己であるが，自分のことを他者がどのように見ているかは相手によって少しずつ異なる。だとすれば他者の人数分だけの社会的自己が成立すると考えてもよい。

　第3は「精神的自己 (the spiritual me)」である。ある意味で自己の内面的なものであるが，自己の性格特性や心理的能力，考え方や態度などを，他者との相対的な比較を通じて認識する自己である。

　このように，自己は主体的に考える自己の側面と客体的に考える自己の側面とに大きく分けることができるのである。

　ところで，ウィックランド (1975) は，自分自身に注意が向いているときの心理状態について客体的自覚理論 (theory of objective self-awareness) を提唱している。それによれば，自己を客体視させる刺激（例として鏡に映す，カメラで撮られる，声を録音されるなど）に接して不快感を経験すればそれを払拭する，あるいは低減させるように動機づけられ，客体的自覚状態を回避する行動をとろうとする。つまり，人は内部に自己の行動の適切さの基準を暗にもっており，鏡などで映された自己がこの基準を下回れば，基準に合致するように何らかの行動をするというのである。この基準は，自己の理想や，個人的な態度や信念，社会的な規範などによって構成されている。

　この考えにもとづいてカーバー (1975) は，他者に対して自己を強く意識せざるをえない状況をつくり，自己の意識と行動がどのように一致するのかを確かめている。具体的には，事前のアンケートで体罰に強く賛成する態度を持つ人と反対する態度を持つ人が選ばれ，ある学習課題に取り組む生徒に対する教師役として実験に参加した。生徒が学習課題に失敗したときに，教師役として電気ショックの体罰を実行するかどうか実験が行われた。条件によって電気ショック（通電なし。生徒役はサクラ）のスイッチの横にさりげなく置かれた小さな鏡は，自己を意識させる役割があり，結果は，鏡があるなしによって生徒役の人間に対する体罰の与え方が変わったのである（図Ⅲ-1-1参照）。鏡を置かれた条件の被験者は，客体的自覚状態にあったことが推測され，実験前に表明した自分の体罰に関する態度と合致する行動をとろうとしたと考えられる。

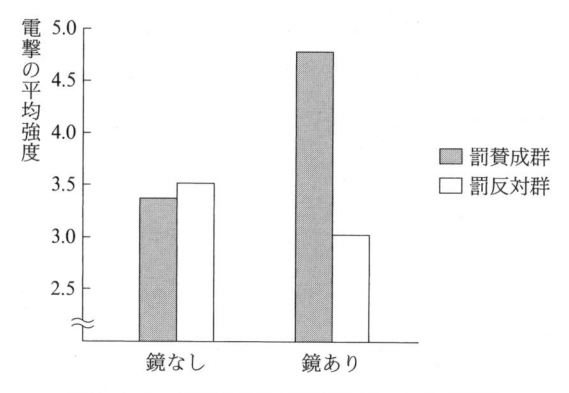

図Ⅲ-1-1　容姿的自覚が攻撃行動に与える影響
出典) Carver (1975).

2　文化の中の「わたし」

　前節で，自己を主体的に意識する際の「主我」のことを述べたが，主格としての「わたし」，つまり文法でいう一人称主格は，英語では"I"でしか表現できないが，日本語ではきわめて多くのいい方が存在する。思いつくまま列挙すると，「わたし」「僕」「おれ」「わたくし」「わし」「わて」「あたし」「あたい」「自分」「我」「てまえ」「小生」「当方」「不肖」「みども」「拙者」「我が輩」「おのれ」「朕」「予」「小職」「本官」「おいら」「おいどん」「(自分の名前で)○○ちゃん」……まだありそうであるが，普段，自分をいい表すときどういう表現を使うであろうか。大学生であれば時と場合によって的確に使い分けていることであろう。

　当然，対応する二人称のことばもたくさん存在して，「あなた」「君」「おまえ」「あんた」「おぬし」「おたく」「てめえ」「貴様」「おのれ」「貴殿」「汝」「閣下」「(身分や職業的な地位の敬称として)○○様，○○先輩，○○先生，○○課長」「(二人称として相手に対して)自分」……などがある。なかには一人称でも使うことばもあり，それぞれの語はどちらの意味で使っているのか，日本人は文脈から判断して識別している。

　日本語におけるこうした表現は，それ自体がその背景にある文脈を自ずと示

すものである。ことばを使う場合も、そうした文脈を読みとりながらそれに適した表現を選んでいるのである。そしてまた日本語の場合、文がつねに主語─述語という形式をとらずに一人称の主語が省略されることがよくある。普通「○○を食べたい」といえば、それは「わたし」がそれを食べたいということを意味していることはみんなわかっているのである。

さて、日本では「わたし」の概念は発達とともに分化してくるわけであるが、こうしてみると呼称はそのまま社会的な場面や関係性によって規定されていることがわかる。

幼児期から順に見ていくと、最初は一人称と二人称の区別がつかない時期がある。すなわち、母子関係のなかで、赤ちゃんがまだ他者との区別を持ち得ていない頃、まわりから「(名前で)○○ちゃん」と呼ばれることでだんだんと自分が「○○」だと認識するようになる。その後しばらくは自分のことを「○○ちゃん」といい、家族や友達どうしの会話のなかでも自分の名前で自分を表現するのがこの時期の特徴である。

児童期になると、「ぼく」や「わたし」が使えるようになり、確実に他者と区別をして自己を明確に表現するようになる。これらの代名詞で会話をするためには二者関係が明確に認知されている必要がある。つまり、個体としての自分が自分のことを述べるときは「わたし」を使い、相手が自分のことを述べるときには「あなた」が使われることを臨機応変に判別しているのである。同じ個体が相対的な位置関係によって別の言葉で表現されることを理解し習得して、その上、同じ人称のことばでも性別や年齢の上下によって違うということも徐々に学んでいくのである。

さらに、成長して身を置く社会が広がると同時に、その社会集団のなかで表現すべきもっとも適切なことばを選ぶことができるようになる。小学生の高学年ともなれば、それはたとえば日本語特有の敬語の表現という形で自己と他者の関係性を文脈の中で表すことができるようになる。自分をへりくだって表現する謙譲語、相手を尊敬する気持ちを含んだ尊敬語、かしこまったフォーマルな場面で使う丁寧語、それぞれに自己と他者を指し示すことばがあり、それらを間違いなく使えるようになると一人前の大人になったといわれるわけである。

とくに一人称で使う「わたし」のことばには謙譲語がたくさんあり，過度に自己卑下的なニュアンスをもつことばさえある（「不肖」などはその典型である。そういうへりくだる表現は，必ずしも卑下せねばならないほど惨めな自分を表現しているのではない。通常はその逆，つまり地位の高い人があからさまに高いところからものをいっていると思われたくないときに謙譲語が使われる。謙譲の表現はかなり婉曲的に用いられることが多い）。そういうことばを使う場面では，まずは相手を上に，自分を下に置いて上下の関係性を明確にするわけであるが，それだけでなく相手との親密性や，その場面が公式的・儀礼的かどうかといったことも示している。古来より日本ではタテ社会の中でことばの使い方もきわめて厳格になされてきたために，大きくへりくだる自己とそれを表現することばができあがってきたものと考えられる。社会的な場面でこの使い分けを誤ることは日本では「恥」とされてきた。

　日本人にとって，自己概念と「恥」との関係性はとくに重要で，対人関係や社会的行動に大きな影響を与えてきた。ルース・ベネディクトは，その著『菊と刀』（1946，日本語版は長谷川松治訳で1948年初版）のなかで欧米の「罪の文化」と日本の「恥の文化」を対比させ，欧米では罪の内面的な自覚にもとづいて善行がなされるのに対して，日本では恥という外面的な強制力によって善行がなされると説いている。ことはそれほど単純でないにせよ，文化との関連でとくに日本人の自己を語ろうとすると，この見解は的を得ているところがある。しかしながら昨今の若年層の社会的場面での立ち居振る舞いや多くの大人に見られる社会的迷惑行為に対しては，恥の文化のなかで育った層からは批判的な声があがってきそうである。「恥を知る」ということの意味を解さない日本人がどんどん増えているのも確かに事実である。

3　「わたしはだれか？」の研究

　自己を表現することばがいろいろとあるということは，その分だけ自分というものを説明する方法があるということである。

　ここに「あなたはどんな人ですか」という問いがある。この問い対して「わ

表Ⅲ-1-1　文章完成法の回答内容の分類

分　類	年　齢				
	10	12	14	16	18
性　別	45	73	38	48	72***
年　齢	18	35	30	25	41
名　前	50	10	8	11	31***
先　祖	5	4	2	13	15
宗　教	7	0	4	5	10
親族関係	37	28	18	25	57***
職　業	4	12	29	28	44***
学生だという役割	67	59	37	54	72**
政治的信条・感情	0	0	4	3	5
社会的地位	4	0	0	2	3
国籍, 市民権	48	16	21	13	11***
個としての存在感	0	34	19	26	54***
思想や信念	4	14	24	24	39***
好　み	69	65	80	45	31***
知的関心	36	28	40	24	23
芸術活動	23	36	30	28	18
その他の活動	63	62	82	75	60
もちもの	53	22	24	14	8***
身体的特徴	87	57	46	49	16***
道徳的価値観	4	23	17	28	26*
自己決定の意識	5	8	26	45	49***
個としてのまとまりの感覚	0	0	15	17	21***
能力の意識	36	37	44	48	36
対人関係のもち方	42	76	91	86	93***
気分のタイプ	27	42	65	81	72***
他人の判断に帰する	23	23	24	28	57**
その他	19	15	10	6	8
平　均	53	50	55	65	39

*p<0.05　**p<0.01　***p<0.001
出典）Montemayor & Eisen (1977).

たしは……」で始まる答えを20個考えてみよう。20個すべては，案外出てこないかもしれないが，その答えからいろいろな「わたし」が見えてくるはずである。

　これは20答法といい，自己概念の発達的研究のなかで用いられたものである（Montemayor & Eisen, 1977）。表Ⅲ-1-1に示されるように，自己概念を形成

する要素は年齢と共に広がり，多岐にわたる。この結果を見ると，年齢に関係なく自己概念のなかで中心的な要素になっているものがある一方で，年齢による差が見られる要素もある（自己を表現するのに「もちもの」などは加齢とともに記述が減る。「対人関係の持ち方」などは加齢と共に記述が増える）。加齢による自己概念の広がりや多様化と同時に，年齢によって強く意識される領域や特徴があることがわかる。傾向としては，相対的に年少時において顕著な要素は「名前」「もちもの」「住んでいる場所（国籍，市民権）」「身体的特徴」などであり，自分に関わる外見的特徴，つまり外から見てわかるものといえる。それに対して，成人に近づいてくるにつれ「個としての存在感」「思想や信念」「自己決定の意識」「対人関係のもち方」などが増えてくる。これらはいわば自己の内面的な特徴を記したものであり，他者からは簡単には見えない部分である。

　この方法で記述された「わたし」を自分自身で考察してみることもできるだろう。たとえばそこに書かれてあることは，自分だけがそのように認めているきわめて主観的なことなのか，自他共に認められる客観的な記述なのか，他者にあまり知られたくないことか，知られてもよいことか，そんな見方や分け方もできるかもしれない。これは，実は「私的自己」と「公的自己」という分類である。ここで私的自己とは，他者が直接観察できない，その人のみが体験しうる自己の次元であり，感覚的なもののほか，感情，動機，思考などで構成される。一方，公的自己とは，他者から観察可能なすべての自己の属性で，容姿，行動など自分の外側に露見するもので構成される。これらの自己を他者にどのように見せたり，開示したりするか，またそれにより他者との関係はどうなるのかといった研究もたくさんある。

　ところで，幼少期の自己概念の発達的変化については，それを「私的自己」から「公的自己」への展開と見ることができる。幼児期に直接的な経験にもとづいて作られてきた主観的な私的自己に対して，他者の登場により相対的に自他を比較して他者からどのように見えるのか考えるようになることで，客観的な公的自己が形成されるようになるのである。さらに公的自己は，他者を意識しているがために，他者の影響を受けやすく（例として同調行動などがある），他者の判断を重視するといった傾向もある。

表Ⅲ-1-2　私的自己意識尺度と公的自己意識尺度

私的自己意識尺度
1　自分について考えることが多い
2　いつも自分の感情に注意を向けている
3　いつも自分を理解しようと努めている
4　いつも自分の行動の理由を考えている
5　自分の気持ちの変化に敏感である
6　自分を細かく調べる傾向がある
7　いつも自分を意識している
8　何かに熱中している時も，自分の心の動きを意識している
9　自分を主人公にした空想をよくする
10　ときどき，自分を外からながめていることがある

公的自己意識尺度
1　他人が自分をどう思っているかいつも気になる
2　いつも，人によい印象を与えられるかどうか気がかりである
3　人前で自分を表現する時は，とても気をつかう
4　自分が人にどう見られているかを意識している
5　いつも自分の外見を気にしている
6　家を出るときには，必ず最後に鏡を見ることにしている
7　自分のしぐさが気になる

出典）Fenigstein, Scheier & Buss (1975).

　この2つの自己の側面は，自己注目の際の傾向の違いであり，私的自己を強く意識するタイプと公的自己を強く意識するタイプという性格特性として記述される。これについては尺度化されて現在までに多くの研究に用いられている（表Ⅲ-1-2）。さらに公的自己意識はどのような対人的行動や対人的スキルを身につけていくかという点において極めて重要であり，対人的場面での自己の立ち居振る舞いについて適合的であるかどうかをチェックするような意識を高めることにつながっていく。自己の行動をモニタする傾向の高低を計る自己モニタリング尺度も開発されている。

　児童期，青年期と徐々に公的自己が形成されると，今度は再び私的自己についての深い洞察が始まる。私的自己もまた多様な側面をもったものに再構成され，自己概念を構成する要素が増えるのである。

4 将来の「わたし」

　先に述べたように自己を強く意識するようになるのは青年期である。自我の芽生えといわれる思春期で始まる青年期は，最近は後ろの方へどんどん延長していく傾向にあるが，その理由のひとつとして，将来のわたしを見つけるための期間が長くなっていることが考えられる。私たちは将来のわたしをどのように考えているのだろうか。

　たとえば「現在所属する，あるいは過去に所属してきた集団はどのようなものがありますか」と問われればどう答えるであろうか。ゆっくり考えれば，実にさまざまな，そして相当数の集団に所属してきたことがわかるであろう。

　ちなみに，生まれてすぐに所属する集団は家族である。その家族の中で自分はどんな役割を与えられ，家族からどんな影響を受け，また家族に対してどんな影響を与えてきたであろうか。ふりかえると，相互の関係の中で自己の存在がまわりにいろいろな影響力を及ぼしてきたことを改めて認識するであろう。

　年代順に考えると，幼稚園のクラス集団，小学校や中学校でのクラブ活動，学外でのボランティア活動のグループ，○○大学の学生，アルバイト先のお店の店員としてのわたし……成長とともにいくつもの集団に所属して，いくつもの顔をもつ「わたし」がいることに気づくであろう。このようないくつもの「わたし」は，すべてが自分一人の諸側面であって，それぞれの集団のなかで見せる自己の一面である。それぞれの集団で与えられた役割を果たすために，それに適応した自己を形成してきたのである。この過程を社会化といい，ある集団のなかで適応して一人前の人間としてまわりから認められるようになることでもある。最初に出てきた家族集団では，育ったその家の流儀や慣習，価値観や考え方，パーソナリティの発達から行動的な傾向まで，実に多くのことを習得して成長してきたのである。

　ところで，このような諸々の社会化を経験して成長した自己はやがて統合されて，ひとまとまりの自己概念として将来の自己成長の足がかりとなる。そして社会で生きていくために，私たちは自己アイデンティティを確立していく必要がある。このとき鍵となる概念として「時間的展望（time perspective）」とい

うものがある。

　時間的展望とは，広い意味で，個人の現在の事態や行動を過去や未来の事象と関係づけたり，意味づけたりする意識的な働きであり，一般的に人生にかかわるような長期的な時間的広がりのことである（白井，1997）。とくに時間的展望における人格的機能においては，現在の視点から過去の自分を問い直し，未来の自分を構想することがパーソナリティの発達につながり，自己の再構成や統合の過程は時間的展望においてとらえられるとしている。したがって，青年期を過ごすのに時間的展望を持っているか否かでは充実度が違うであろう。具体的には，たとえば学生であれば卒業してからの進路をどうするかといった自己の将来をよく考えること，これがすなわち時間的展望をもつということである。ただし，それだけで将来が開けるわけではない。どのくらい先の自分をイメージするかという観点からいうと，将来展望は明確になるとともに短くもなる。逆にいえば将来展望が長いということは，まだ自分の将来がはっきりとは見えていないということでもある。人生の移行期や節目では，展望が長くなったり短くなったりするであろうが，とくに青年期は人生設計の原点ともなるべき時期であり，進路を考えることと時間的展望はほぼ同じ意味をなすと考えてよい。

　時間的展望を持ち，そのなかで具体的目標を立てて達成されると，一まわり自己成長したと考えてよかろう。ただそれで終わりではない。つねに次の進むべき方向を模索しながら，いつ何時も将来のわたしを考え続けること，つまり新しい時間的展望をもつことが大事である。「わたし」自身は，過去から現在までの時間の上に成り立っているのであり，それはそのまま将来のわたしを形づくる素地になる。時間的展望において自己は連続した存在なのである。

〈引用文献〉

白井利明　1997　「時間的展望の意義と発達」加藤隆勝・高木秀明編『青年心理学概論』所収，誠信書房

ベネディクト，ルース　1972　『菊と刀──日本文化の型』長谷川松治訳，定訳版，社会思想社

Carver, C. S. 1975 "Physical aggression as a function of objective self awareness and attitude toward punishment" *Journal of Experimental Social Psychology*, 11

Fenigstein, A., Scheier, M. F. & Buss, A. H. 1975 "Private and Public self-consciousness: Assessment and theory" *Journal of Consulting and Clinical Psychology*, 43

James, W. 1890 *Principles of psychology*, Henry Holt

Montemayor, R. & Eisen, M. 1977 "The development of self-conceptions from childfood to adolescence" *Developmental Psychology*, 13

Snyder, M. 1974 "The self-monitoring of expressive behavior" *Journal of Personality and Social Psychology*, 30

Wicklund, R. A. 1975 "Objective self-awareness" in L. Berkowitz ed., *Advances of Experimental Social Psychology*, vol. 8, Academic Press.

〈キーワード〉

自我と自己（ego と self）

英語の ego には「自我」ということばをあて，self は「自己」をあてるのが通例であるが，それぞれが本文中に示した「主我」と「客我」に対応すると考えてよい。とくに self は「自分自身」という意味が核になっており，対人的な状況における相対的な自分について示している。「あなた自身」とか「彼自身」ということばも同様で，そこには「あなたという自己」はあなた以外の人からみてあなたはどうなのか，という意味が含まれている。一方の ego には，意識や行動の主体としての自分が示され，自分は何者かという答えとして自分という人間そのものを示す概念である。

自己概念

心理学においては，この言葉自体が何らかの特定の事項を指していることはなく，「自己」に関するさまざまな見方，考え方，イメージ，意識，感情などを統合した総合的な概念である。認知的に構造化されたものとして考えることもあれば，概念的に抽象的にとらえることもある。本章で述べてきた事項は，すべて自己概念を構成する要素たりえるものであるが，もちろん，ごく一部でしかない。自己概念に関する研究は心理学においては発達心理学，社会心理学，臨床心理学，認知心理学などの領域で様々な検討がなされている。もちろん心理学以外の分野（例えば文学，哲学，社会学，倫理学など）においても「自己」を問題にした研究は極めて多く存在する。

自己提示

たとえば就職活動の際の会社面接で，普段の自分をそのまま露呈するのではなく，スーツに身を包みできる限り良い印象を相手に与えるように意識して見せたい自己の印象を操作することをいう。印象操作ともいう。与えたい印象は必ずしも望ましい側面だけではなく，時には相手を威嚇するような強く怖い自己を表出しようともくろむこともあるし，援護や擁護を獲得するために相手に取り入ることや，弱々しい自己を演出することもある。良好な対人関係を維持するため，あるいは自分の望む関係性を構築するための一種の自己演技的な方略でもある。

自己開示

　自分のことを何でも誰にでも話してしまう人はいない。とくに他者にあまり知られたくないことはわざわざ口に出すことはない。しかし，特定の他者に対して，自分のことをわかってほしいときなどに，ある程度秘匿しておきたいことを思いきって話すことがある。これが自己開示である。人は自分のことを認めてほしいという承認欲求を持っているし，他者と親しくなりたいという親和欲求もある。だから親密な関係を築きたいときには，私的な情報を相手に話すことによって親密化の過程を一歩進めることができる。その場合でも，関係の深さによってどのくらい私的な情報を開示するかは考える必要がある。それから，開示する方にとっては，開示することで気分が楽になったり，自分の内面的なことが改めてよくわかったりする。開示した後に相手からフィードバックをもらうと，相手との考え方の違いが明らかになるし，修正点を見つけることもできる。

自己モニタリング

　対人的な場面で，自分の行動が適切かどうか，あるいは周囲によく適合しているかどうかをモニタしてチェックすること。さまざまな対人的な場面で多くの人はその場で周囲から期待されている行動をとろうと動機づけられる。なかにはそんなことは気にせずいつもと同じ行動スタイルで臨む人もいるが，こういう人は自分の行動がどのように見られているかあまり意識をしていないか，わざと周囲の期待とは異なる場違いな行動をすることで自己を強く主張している場合もある。シュナイダー（1974）の作成した自己モニタリング尺度には，「外向性」「他者志向性」「演技性」の3つの側面が指摘されており，社会的スキルとして，他者の前で自己をいかに見せるかという能力的なものも示唆される。

時間的展望

　この概念は次の下位概念により構成される。狭義の時間的展望（time perspective）は，過去・現在・未来が事象によって分節化されるものととらえたときの，その事象の広がりや数相互の関係をいう。時間的態度（time attitude）は，過去・現在・未来に対する感情的評価，あるいは将来または過去の事象に対する肯定的，否定的評価の総体のことである。時間的指向性（time orientation）は，過去・現在・未来の重要性の順序である。狭義の時間知覚（time perception）は，時間の流れる速さやその方向性，連続性などに関する評価や判断のことである。

（松浦　均）

第2章

アイデンティティとは何か

1 アイデンティティの内容

　私たちは，自分が自分であることをどのようにして証明できるだろうか。
　身分証明書は，自分を証明する有効な手だてである。学生証，免許証，パスポートなどには，名前，生年月日，住所，国籍，学校あるいは会社名といった自分についての公的な情報が含まれている。また，特技，趣味，好みのファッションなどは，自分の特徴をアピールする際に役に立つ。自分の両親がどのような人物であるかや，どのような友だちと付き合っているかという人間関係にも，自分らしさが表れているだろう。内面に目を向けると，自分が生きていくときのよりどころとなる考え方，価値観，宗教などがある。
　このように，アイデンティティを構成する要素は実にさまざまである。大きく分けると，個人的側面（趣味，価値観など），対人的側面（家族，友だちなど），社会的側面（国籍，学校など）の3つになるだろう。どの要素が重要であるかは人によって異なるし，同じ人であっても年齢や置かれた状況によって異なってくる。
　アイデンティティは，エリクソンの心理・社会的発達論のなかで提唱された概念であり，アイデンティティを形成することは青年期の課題とされている。では，学校教育の観点から見ると，子どもたちのアイデンティティはどのように理解され，そこにはどのような問題点があるのだろうか。

2　学校教育とアイデンティティ

（1）日本の特徴

　日本では子どものことを説明するときに，どこの学校に通っているのか，何年生なのかという，生徒としての肩書きを用いることが多い。アイデンティティの内容はさまざまであるにもかかわらず，生徒という社会的役割の占める割合が大きいのである。しかも，高校や大学では，学校はいわゆる偏差値によってランクが決まっているので，どこの学校の生徒であるかということは，どの程度の学力の持ち主であるかを意味する。こうして子どものアイデンティティは，生徒としての学業成績を中心に形成されることになる。

　日本の子どものアイデンティティが勉強や学力を中心にしていることは，人間形成の場である学校教育と密接にかかわる。このことは，アメリカと日本の学校教育を比較するとわかりやすい（図Ⅲ-2-1）。

　さまざまな人種が共に暮らすアメリカでは，人種どうしの差別や摩擦が日常的に起きている。そこで，学校教育の1階は，お互いの文化を理解しあう異文化教育のフロアとなる。2階は言語教育のフロアで，英語を母語としない子どもが多く入学してくる現実に対応している。そして，3階が英語，算数，理科，社会などの学力を授けるフロアである。

　この3階建の土台をなすのがアイデンティティの形成である。アイデンティティは，いずれのフロアの教育活動ともしっかり結びついている。1階と2階

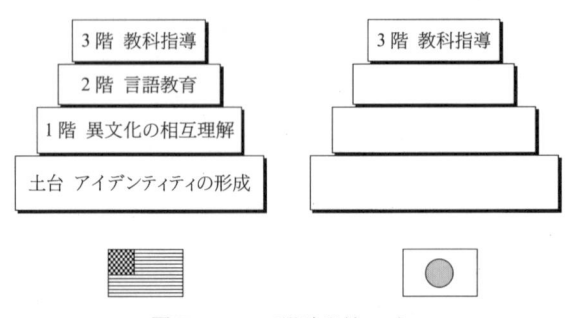

図Ⅲ-2-1　三階建学校モデル
出典）梶田（1997）を改変。

の教育活動の中で，子どもは自分の民族，文化，宗教，習慣，言語などについて常に問われるし，自分自身でもこれらを意識せざるを得ないだろう。否応なく強固なアイデンティティが形成されるのである。

これに対して日本の学校教育では，1階や2階の教育活動はあまり活発ではない。このため，自分の文化や言語といったアイデンティティの内容が意識されることはほとんどない。3階の教科指導が教育活動に大きな位置を占めることとなり，子どものアイデンティティ形成は，このフロアと強く結びつくことになる。しかも，この教科指導が進学競争の中で偏重されることにより，自分の成績はどのくらいで，どの高校を受験できるのかといったことが，アイデンティティの重要な内容となると考えられるのである。

(2) 進路設計の基礎

アイデンティティは，子どもが将来の生き方を決定する重要な基礎となる。自分にふさわしい進路は，自分がどのような人間で，何をしたいのか，何ができるのかを把握することによって見えてくるからである。

ただし，中学や高校の段階で自分というものを十分に理解したり，職業について詳しく知ることはまだ難しいので，アイデンティティと進路設計とを完ぺきに結びつけることはできない。社会の仕組みや職業の意義について学んだり，さまざまな体験や活動を通して自己を探求しながら，進路を考えることが大切である。

しかし，アイデンティティの形成が勉強や学力に偏っている現状では，子どもがこれ以外のアイデンティティの内容について考えることは難しい。そのことは，進路設計においてさまざまな問題を引き起こしているのではないだろうか。

まず，子どもたちが進路を考える際の手がかりが，学業成績のほかにあまりないという問題である。例えば，ある公立普通科高校の生徒を対象にした調査を見てみよう（下山，1984）。この調査は，生徒たちを高2から高卒後半年まで追跡し，彼らの進路決定を規定する要因を調べたものである。

その結果，進路決定の過程では，対人関係・自己概念・情緒性などから見た

生徒個人の人格発達や，生徒自身が主体的に探求して進路を選択しているかということはほとんど影響力を持っていなかった。代わりに，成績が重要な意味を持つことがわかったのである。しかも，成績の影響力は高卒後も続いており，卒後半年に行った調査では，実際に選択した進路に対する満足感や希望も成績と関連していた。

　このような進路決定は，自分自身をトータルにとらえながら，私には何ができるのか，何が向いているのか，何がしたいのかを考えることからはほど遠い。自分自身に対する本質的な問いかけのないまま，成績に応じた進路に自分を当てはめているだけではないだろうか。

　また，進路設計とは，単に進学先や就職先を決めることではなく，自分らしい生き方を決めることである。その手がかりが学力しかなかった場合，学業成績の振るわない子どもは自分の誇り，自信，自尊心をどこに求めるのだろうか（梶田，1997）。自分自身の心のよりどころがなければ，進路を考える以前に，アイデンティティそのものがしっかりと形成されないおそれがある。

　さらに，すでに述べたように学校の生徒という社会的役割がアイデンティティに占める割合が大きいため，その役割から外れたときに挫折感や喪失感，居場所のない不安定感が生じるという問題もある。実際，高校を中途退学した青年に対する調査では，彼らが中退によってアイデンティティの重要な構成要素を喪失することが報告されている（髙田，1999）。

（3）　さまざまなアイデンティティ

　進路設計の基礎となるアイデンティティの内容は，幅広いことが望ましい。さまざまな内容を考慮して進路を判断すれば，他の人とは違う自分らしい選択ができるであろう。また，ある方向の進路がうまくいかなくても，柔軟に別の方向を探求することもできる。

　アイデンティティの内容は，学力だけではなく生活空間全般にわたる。学業を優先しなければならない現状にあっても，子どもたちはそれ以外の課題についても悩み，考えている。例えば，ある高校1年生が報告したアイデンティティの課題の変遷を見てみる（表Ⅲ-2-1）。この調査では，青年のアイデン

表Ⅲ-2-1　ある高校1年生男子の直面している課題と対処行動

第1回	直面している課題	将来について
	対処行動	自分一人でよく考えて解決しようとする
第2回	直面している課題	勉強・成績，同性の友人，異性，自分自身，将来
	対処行動	自分一人でよく考えて解決しようとする 本を読んだり，いろいろ調べてみて，解決しようとする 何もできないでいる
第3回	直面している課題	いろいろな悩みが頭の中に出てきた
	対処行動	自分一人でよく考えて解決しようとする
	各課題に対する悩みの程度	両親（4），きょうだい（4），勉強・成績（5），同性の友人（5），自分自身（5），将来（5）

注）第3回の「各課題に対する悩みの程度」の得点は，「まったくない」（1点）から「ひじょうにある」（5点）までの範囲。
出典）平石（1994）を改変。

ティティ探求の様相をとらえるために，4月から約1カ月ごとに3回にわたって，直面している課題は何か，それに対してどのように対処しているのかを回答するように求めている。

　この生徒においては，一貫して将来の進路のことが課題になっている。しかし，第2回と第3回の調査では課題が複雑に増加してきている。第3回で彼自身が「いろいろな悩みが頭の中に出てきた」と述べているように，直面するアイデンティティの内容は，時間の経過と共に単一のものから多様化した状態へと変化していることがわかる。

　学校教育はこれまで，生徒が直面するこうした多様な課題をしっかりとサポートしてきたであろうか。子どもと直接かかわる教師は，彼らの学業場面以外の姿にも目を向け，その個性を把握することに努めていると思われる。しかし，「三階建モデル」に示されたように，日本の学校教育が教科教育を中心とする構造であるため，教師がそれ以外の側面に十分なエネルギーを注ぐことは難しいのが現状であろう。進学競争を勝ち抜くためには，子どもに学業以外の課題に取り組ませたり，失敗してもよいから十分に課題を探求するよう指導する余地はあまりない。

　進路設計だけではなく，教育現場で増加する中退，不登校，いじめ，学級崩

壊などの問題は、子どもに勉強や学力以外のいろいろなアイデンティティがあることを認め、それらをサポートしていかなければ解決できない。「三階建モデル」の1階と2階のフロアにどのような教育の営みがありうるのか。また、教師が子どものアイデンティティの探求にじっくり寄り添ったり、ひとりひとり異なるアイデンティティを認め合うような子どもどうしの関係を育てる教育のシステムをどのように作っていくのか。こうした問題について、真剣に議論していく必要があるだろう。

3　アイデンティティ形成のプロセス

(1) 同一視から自分らしさへ

アイデンティティには、達成、モラトリアム、早期完了、拡散という4つの状態があり、これをアイデンティティ・ステイタスという。

アイデンティティの形成は一般に、拡散の状態から出発し、早期完了、モラトリアムの状態をへて、達成に向かう。もちろん個人差があり、必ずしもこの順序で進むとは限らないが、ここではおおまかな発達の方向をそのようにとらえておく。

アイデンティティ形成の基盤は、両親をはじめとする重要な他者への「同一視」にある。自分らしさを作り上げるには、児童期までにお手本となる他者の生き方や考え方を取り入れていることが必要なのである。そして、青年期に自分の内面に取り入れた他者から少しずつ分離することによって、自分の独自性に気づくようになる。

そのように考えると、拡散はお手本も何もない状態、早期完了はお手本通りに生きている状態、モラトリアムはそこからの分離に苦闘する最中、達成はお手本から離れて自分らしさを作り上げた状態といえるだろう。

親への同一視は、アイデンティティ形成の基盤として特に重要である。親への同一視があれば、たとえ親がその場にいなくても見守られ支えられているという安心感や安定感が持て、積極的に社会的世界に飛び込むことができる。また、親と同じ考え方を持つことで、自分は間違っていないという自信や自尊心

が持てる。

　しかし，中学から高校にかけて，身体的に親と同等ないし親をしのぐまでに成長するとともに，心理的離乳のプロセスが展開する。親の生き方や考え方に疑問や反発を感じ，反抗的な態度をとることもしばしばある。自分の中に取り入れた親から分離し，自分らしさを探求するようになるのである。

　このプロセスでは，学校で出会う仲間との関係が重要な役割を果たす。親からの分離に伴い，今度は仲間への同一視が優位となる。親とは違って同世代の若者だけに通じる考え方，趣味，ファッションなどを共有し，仲間から受容されているという感覚や自分の居場所を実感することができる。また，仲間は自分を映す鏡としてはたらく。仲間からの自分に対する反応は，自分がどのような人間であるのかを知る手がかりとなる。そして，自分の中に彼らと同じ考え方や価値観があることを確認する一方で，彼らと異なる自分独自のものがあることにも気づくのである。

　親との関係をアイデンティティ形成の根とするならば，仲間との関係はそのうえにしっかりとした幹を作り上げるものといえる。学校場面でごく普通に経験する仲間との相互作用が，アイデンティティ形成において重要な役割を果たすのである。それだけに仲間関係の不調，例えばいじめ，孤立，学級集団での居場所のなさなどは，アイデンティティの形成を困難にする可能性がある。

（2）　自己と他者のバランス

　アイデンティティを探求するプロセスにおいては，自分らしさを求めるだけではなく，その自分らしさが他者や社会にも認められ受け入れられることも大切である。社会生活を営むためには，自分がこうでありたいと思う生き方と周囲が自分に期待するものとが，ある程度一致する必要があろう。自分らしさばかりを前面に出すと周囲から浮き上がったり孤立しかねないし，逆に周囲の期待に沿ってばかりでは自分の存在が埋没してしまう。

　このバランスをとるために子どもは，自分の欲求や関心に敏感であると同時に，他者の期待，考え方，欲求，意見などにも気づかなければならない。また，ときには自分と他者の思いがぶつかることもある。そのような場合には，お互

表Ⅲ-2-2　進路選択における親子間相互交渉のタイプ

タイプ	探求のあり方	具体例
自己探求型	独自性を発揮し，主体的な探求と選択を行おうとする	「両親は……基本的には自分の好きな道を行ってくれという」 「自分から［両親に進路の］相談をもちかけるようなことはなく，報告的な伝え方をしている」
結合型	独自性を持つが，親との関係の中で結合性を求める行動が伴う	「親の考えは……実家に帰ってこいということ。自分もできればそうしたい」 「教員採用試験を受験するつもり……両親に勧められた」
再同一視型	親同一視，理想化が強く示される	「将来は数学とか理科の方を勉強したい……両親とも理科の化学の教師をしているので両親の影響が大きいと思う」

注）「探求のあり方」における「独自性」は，親の影響を受けずに主体的な探求を行っている状態，「結合性」は，親の期待や要求を取り入れることにより親との意見の一致が高められている状態。また，「具体例」の「……」は中略，［　］内は筆者による補足。
出典）平石（1997）を改変。

いの間の食い違いをさまざまな方法によって解決する必要がある。

　バランスの取り方には，さまざまなスタイルがある。例えば，進路選択において子どもは，自分の進みたい方向と親の期待や要求の間にどのように折り合いを付けているのだろうか。大学生を対象にした調査では，3つのスタイルが見いだされている（表Ⅲ-2-2）。ここからわかるように，どのくらい自分の独自性を発揮し，どのくらい親の期待に応えるのかということには，人による大きな違いがある。

　また，自分と親の意見が食い違ったときの解決にも，人それぞれのやり方がある。同じく大学生を対象とした調査では，次のような解決策が報告された。食い違いが起きたときに，親を説得する，円満に話し合うなど，お互いの思いを調整しあって解決する場合，けんかをして強引に自分の思いを押し通す場合，どうせ親はわかってくれないからと，はじめから親と話し合うことを放棄していうなりにする場合などである（杉村，1999）。

　興味深い解決策として，親との意見の食い違いが表面化しないように気を遣いながら進路選択を進める場合もあった（Sugimura, 2000）。表向きは親の意向にしたがいながら，親にはいわずに自分の関心を追求するのである。これは，本音と建前を使い分ける日本の文化的特徴が，子どものアイデンティティ形成

にも反映されているのかもしれない。

（3） アイデンティティ形成の場としての学校

　他者との調和を図りながら自分らしさを大切にすることは，それほど簡単なことではない。子どもたちは，どのようにしてその力を身につけるのであろうか。

　家庭における親子のコミュニケーションが重要であることはいうまでもない。日常生活の中では，ささいなことで親と意見が食い違ったり，衝突することが少なくない。こうした経験は，子どもにとって，自分とは異なるものの見方や考え方があることを知る重要な機会である。そして，どの程度自分を主張したり抑えたりするのかを学ぶのである。

　学校は，家庭より多様な他者との間でバランスの取り方をトレーニングする場である。子どもは，友だちや先生とのかかわり方はもちろんのこと，学級集団やクラブ活動などの集団生活を通して社会とのかかわり方の一端を知る。複雑なタテとヨコの人間関係に加えて，先輩やクラブのコーチなど，親でも友だちでもない他者とのナナメの人間関係の中で，自分らしさの発揮と他者との調和について学ぶことができる。

　学校でのこうした対人関係の経験に加えて，授業もアイデンティティ形成に大きな役割を果たす。授業は，教師が生徒に知識を授けるだけでなく，教師と生徒あるいは生徒どうしの意見のやりとりの場でもある。このやりとりは，自己を表現し他者の意見に耳を傾ける作業であるという意味で，自己の独自性と他者との調和のバランスをとるアイデンティティ形成の作業と一致する点が多い。また，授業では特定の「教科についての理論づくり」を，アイデンティティ形成では「自分についての統合的な理論づくり」を行うという意味でも共通するのではないだろうか。

　実際，注意深く準備された授業で，生徒がお互いの意見に耳を傾ける機会を繰り返し提供したところ，彼らの自己・他者観に変化が見られることが報告されている（守屋，2000）。この授業では，さまざまな意見には，それぞれ，それなりの形成過程があること，意見の違いよりはその形成過程の違いから学ぶこ

とが多いことを体験するよう配慮されている。すると生徒たちは，自分とは異なる他者の意見，さらには他者の存在そのものに独自性と存在価値を認めるようになり，同時に自分の意見と存在に対する自尊心も高まっていったのである。

　授業が，子どもたちが多様な他者に出会える場，異なる意見がぶつかりあいながら新しい見解を生み出すことを体験できる場として機能するとき，知識習得のみならずアイデンティティ形成の場という役割をも担うといえる。

4　ひとつずつ取り組む──焦点理論

　はじめに述べたように，アイデンティティにはさまざまな構成要素がある。これまでの研究から，これらのアイデンティティがいっせいに形成されるわけではないことがわかっている。子どもは，一度にすべてのアイデンティティの形成に取り組むのではなく，ひとつずつ焦点をあてて取り組むのである。こうした課題への取り組み方を，青年期発達の「焦点理論 (focal theory)」と呼ぶ (Coleman, 1974)。

　勉強や進路は青年期を通して重要な内容であるが，子どもはいつもそればかりに取り組んでいるわけではない。両親や友だちとの関係がどうあるべきかについて悩み，自分なりの考えを探求している時期もあれば，ロックミュージックなどの趣味やファッションに熱中して，自分の個性を磨いている時期もある。

　教育場面で子どものアイデンティティ形成をサポートする際には，その子どもの学業への取り組みだけではなく，他のアイデンティティの要素はどういう状態にあるのかを理解することが重要である。また，子どもがそれらの要素のうち今何に取り組んでいるのか，あるいは今何に取り組む必要があるのかをみきわめることも求められる。そうしたサポートにより，幅広く柔軟で，しかも強固なアイデンティティが形成されると考えられる。

〈引用文献〉

梶田正巳　1997　『異文化に育つ日本の子ども──アメリカの学校文化のなかで』中公新書

下山晴彦　1984　「ある高校の進路決定過程の縦断的研究」『教育心理学研究』32
杉村和美　1999　「現代女性の青年期から中年期までのアイデンティティ発達」岡本祐子編『女性の生涯発達とアイデンティティ――個としての発達・かかわりの中での成熟』所収，北大路書房
高田晃治　1999　「高等学校中途退学者のアイデンティティ発達に関する一考察――定時制高校で学ぶ生徒について」『心理臨床学研究』16
平石賢二　1994　「青年期におけるアイデンティティ形成」久世敏雄編『現代青年の心理と病理』所収，福村出版
――　1997　「大学生の職業的アイデンティティの探求と親子間相互交渉」『三重大学教育学部紀要』（教育科学）48
守屋慶子　2000　『知識から理解へ――新しい「学び」と授業のために』新曜社
Coleman, J. C.　1974　*Relationships in adolescence*, Routledge & Kegan Paul
Sugimura, K.　2000　"Identity exploration and relatedness among Japanese female late adolescents" in J. S. Phinney (Chair), Identity formation in non-Western cultural contexts. Paper presented at the Symposium conducted at the Eighth Biennial Meeting of the Society for Research on Adolescence, Chicago

〈キーワード〉

アイデンティティ
　幼児期以来形成されてきたさまざまな同一視や自己像が，青年期に取捨選択され再構成されることによって成立する統合された自我の状態。この統合には，変化する状況や過去・現在・未来にわたる一貫性・連続性の自覚と，自己認識と社会からの期待との一致の自覚という形態がある。具体的には，自分というものについての意識とその内容をさし，「私は何者か」という問いの答えにあたる。

心理・社会的発達理論
　エリクソンによる人格発達理論。フロイトの心理・性的発達理論は性的な欲動を重視したが，エリクソンの理論は，これに社会とのかかわりの観点を統合した包括的なものである。人生を8つの発達段階に分け，各段階に成熟と退行の岐路を意味する心理・社会的危機を設定して，それらを「対」の概念で結んだ。青年期にあたる第5段階の危機が「アイデンティティ」対「アイデンティティ拡散」である。

アイデンティティ・ステイタス
　マーシャは，アイデンティティが形成されるプロセスに着目して，表のような4つのアイデンティティ・ステイタスを設定した。これらは，職業，政治，宗教などの領域について，自分にとって意義のある選択肢をいろいろ試して意志決定を行う探求（危機）の時期があったか，選択した職業や考え方に積極的に関与しているかという観点から分類される。

表Ⅲ-2-3　アイデンティティ・ステイタスの分類

ステイタス	探求	積極的関与
達成	すでに経験した	している
モラトリアム	現在経験している	あいまいである
早期完了	経験していない	している
拡散	経験していない	していない
	すでに経験した	していない

同一視（同一化）
　発達において，自分にとって重要な他者の特徴を自分の中に取り入れるプロセスをさす。同一視は発達に重要な役割を果たす。例えば，子どもは親の賞罰や禁止を取り入れて社会に適応する行動を身につけたり，同性の親との同一視を通して性役割を獲得する。また，親をはじめとする複数の他者との同一視を基盤としてアイデンティティが形成される。

心理的離乳
　青年期に生じる親からの心理的自立をさす。乳児期の離乳が身体的・生理的なプロセスであるのに対して，青年期の心理的離乳は親との間に適切な心理的な距離を取り，情緒的な自律性を獲得するプロセスである。その途上では，しばしば親への反抗や親との葛藤が見られる。

（杉村和美）

第3章

家族という問題

1 ライフコースからみた青年期の親子関係

(1) 青年の発達課題と親の発達課題

　私たちは，生まれ，成長し，そして死を迎える一連の人生周期の中で生きている。そして私たちの家族もまた，同じような周期を生きている。これらの絡み合いの中で，家族はそれ自体が常に変貌し続け，成長しているといえる。その中の一員としてひとは発達し，また新たな家族を産み育てていく。

　「ライフコース」の視点は，一生涯を通じてのいくつかの出来事についてのタイミング，持続時間，配置等を重視し，社会文化的，生物的，および心理的力が経時的に相互作用する協力的プロセスとして人間発達を見なしていくといわれる（本田，2001）。本章では，このようなライフコースの視点から家族全体をとらえていく立場をとって，進路設計を支援するために必要な，青年とその家族の問題を考えてみる。

　エリクソンの心理・社会的発達理論によれば，人は生まれてから，老いて死を迎えるまで，それぞれの発達段階があり，それに対応して課題（心理・社会的危機）が示されている。このような考えにもとづけば，同じ家族の中で青年と親の両者がそれぞれのライフコースの中で，それぞれの世代特有の発達課題を抱えて相対していることになる。青年が「アイデンティティ」の確立の課題に直面している時に，親の方は中年期の generativity という課題に直面する。

これは,「生殖性」「世代性」などと訳され,はぐくみ育てるという意味を持っている。しかしその課題の遂行は,常に前向きの姿勢ばかりではいられない,停滞感との葛藤を伴うことになる。子どもの自立のプロセスが,親の寂しさや生きがいの喪失につながったり,職業人としての生き方にも,一途に前進してきた時代とは異なり,立ち止まって動けなくなることもありうる。学校教育の中での教師と生徒の関係においても,同じことがいえる。思春期・青年期を生きる生徒たちが,「自分の進路」を考え,どのように進んでいったらよいかわからずにいる状況を抱えている時,教師たちもまた,そういった彼らを育んでいこうとする意欲と同時に,「自分はなぜ教師になったのだろうか」「これでよいのだろうか」といった疑問や,これ以上努力することができないような無力感と葛藤しながら歩んでいる。

　さらに,先のライフコースの視点に立つと,親や教師の世代が青年期に体験したこととは異なる現代青年特有の悩みや問題も抱えており,一概に大人が自らの体験のみで,理解しようとすることは困難を伴う。また親や教師たちの世代も,特有の発達課題を抱えているのである。私たちは,青年の親子関係を理解する上で,まず,それぞれの世代の課題を理解する双方向的な視点を持って臨まなくてはならない。このような視点から,青年が確固たるアイデンティティを確立していくプロセスを支えていく上で,望ましい親や教師たちのかかわり方について検討する。

(2) 青年期の親子のコミュニケーション

　青年が自立していく兆しとして,親に発せられる最初のメッセージは,思春期の反抗的な態度であろう。かつては親から何かをいわれても「うるさい」と答え,必要最低限の「めし」,「金」,「風呂」というような言葉しか発しないといわれた青年たちであるが,そうした態度のままで親からの自立を果たし,そして自らを統合していくことが可能なのであろうか。

　1999年の総務庁(現内閣府)による「低年齢少年の価値観等に関する調査」の結果から,家庭生活における親との会話について,表III-3-1～III-3-3のような結果が示されている。これによると,父親との会話に関しては,「よくあ

表Ⅲ-3-1　お父さんと話をする

	よくある	時々ある	あまりない	めったにない	わからない
総数	52.0	32.0	9.4	3.5	3.5
小学生	55.7	29.4	9.4	2.5	3.0
中学生	48.6	34.3	9.3	3.8	3.9

出典）総務庁（現内閣府）「低年齢少年の価値観等に関する調査」（平成11年）
『青少年白書 平成13年度版』による。

表Ⅲ-3-2　お母さんと話をする

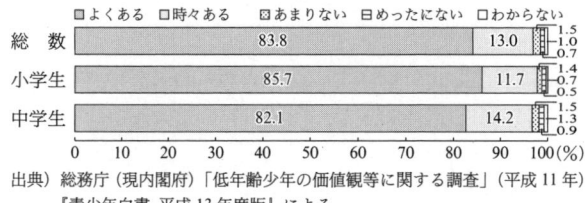

	よくある	時々ある	あまりない	めったにない	わからない
総数	83.8	13.0	1.5	1.0	0.7
小学生	85.7	11.7	1.4	0.7	0.5
中学生	82.1	14.2	1.5	1.3	0.9

出典）総務庁（現内閣府）「低年齢少年の価値観等に関する調査」（平成11年）
『青少年白書 平成13年度版』による。

表Ⅲ-3-3　親を尊敬している

	あてはまる	まああてはまる	あまりあてはまらない	あてはまらない	わからない
総数	39.9	37.9	13.6	4.8	3.7
小学生	44.7	34.0	11.3	4.4	5.7
中学生	34.4	41.6	15.8	5.2	2.0

出典）総務庁（現内閣府）「低年齢少年の価値観等に関する調査」（平成11年）
『青少年白書 平成13年度版』による。

る」「ときどきある」を合わせた回答は全体の84.0％，母親との会話は96.8％となり，小学生，中学生共に親とよく話すと自覚していることがわかる。また，親を尊敬しているかという項目に対しても，「あてはまる」「まああてはまる」を合わせた回答は77.8％となっており，親の存在を規範としていこうとする構えも見られる。この様相は，年齢が上がっても維持される傾向がある。次に少し異なる視点からの調査結果として，1998年総務庁青少年対策本部によって実施された「第6回世界青年意識調査」を表Ⅲ-3-4に掲げた。これは悩みや心配事を誰にうち明けるかについての調査で，日本の青年は第1位が友だちであり，わずかな差で，2位は母親，3位は父親と続いている。先に挙げた反

表III-3-4　悩み・心配事の相談相手（各国比較）

国名＼順位	1	2	3	4	5
日本	近所や学校の友だち 52.4	母 45.9	父 21.9	恋人 20.9	きょうだい 19.3
アメリカ	母 56.2	父 32.9	恋人 32.6	きょうだい 30.2	近所や学校の友だち 27.3
イギリス	母 64.3	父 39.4	恋人 37.4	きょうだい 33.8	近所や学校の友だち 25.4
ドイツ	母 59.3	父 38.9	近所や学校の友だち 31.4	恋人 25.1	きょうだい 21.4
フランス	母 53.0	近所や学校の友だち 39.9	恋人 37.0	きょうだい 28.0	父 21.1
スウェーデン	母 60.3	近所や学校の友だち 50.3	父 34.8	きょうだい 34.3	恋人 31.7
韓国	近所や学校の友だち 68.2	母 38.4	きょうだい 29.5	父 16.8	恋人 14.3
フィリピン	母 75.7	父 47.9	きょうだい 39.6	近所や学校の友だち 36.6	祖父母・親類 20.1
タイ	母 66.3	父 48.5	きょうだい 24.6	近所や学校の友だち 20.2	妻または夫 19.9
ブラジル	母 60.3	父 33.0	きょうだい 20.8	妻または夫 16.1	近所や学校の友だち 15.2
ロシア	母 55.6	近所や学校の友だち 23.7	団体・グループなどの仲間 22.3	恋人 21.9	父 21.8

注）1998年2〜6月に日本，アメリカ，イギリス，ドイツ，フランス，スウェーデン，韓国，フィリピン，タイ，ブラジル，ロシアの18〜24歳の各国1,000人の青年を対象に行われたもの。
出典）総務庁青少年対策本部「第6回世界青年意識調査」『青少年白書　平成11年度版』による。

抗期には，青年は大人によって作り上げられた規範に対して反抗的な態度をとるため，何かいわれると「うるさい」と，まず否定したくなる。これは，大人のいうとおりにならない，自分は自分であるという主張の表れである。しかし，その代わりとなる自分の考えは，まだうまくまとめられていない。その様相はやがて青年の発達が進むにつれて変化し，親に対して自分が思うことや考えていることを表現し，そして対人関係上の悩みもうち明けていく様が見て取れる。このようなプロセスは，自己主張だけではなく他者への思いやりをより促進させることとつながっていく。

　青年期の親子関係に関する研究のひとつに，父親，母親，もっとも親しい友人という対象に対して，相手から提供される道具的機能，情緒的機能，および相手に提供する同じ2つの機能と，相手との関係の満足感を調査したものがある（飛田，1991）。この研究からは，青年が親からの情緒的な働きかけを受ける

ことが，親との関係に対する満足感を高めるだけではなく，親への情緒的機能を提供できることも満足度を高めることが示されている。青年自身が親に対して提供できる機能を持つことに，自らの成長を自覚できるのであろう。親はすべてにおいて「完全さ」が求められ，青年の模範とならなければならないというものではない。親自身，悩みや失敗を経験しながらもたくましく歩んでいく様を青年に伝え，青年の不器用な歩みを自らの体験に照らして受け入れていくことが必要なのである。

筆者が心理臨床の現場においてかかわっている青年期のクライエントは，親が過去の失敗などを苦笑しながら話してくれることで，青年自身の戸惑いや失敗も許される気がして，自分が親に心を開くきっかけになったと語る。また大学生に対して，自分自身の自立を親が認めてくれると実感できるエピソードを尋ねると，「親の悩みを自分に語ってくれた時」という答えが数多く返ってくる。

これらのことを総合すると，近年の青年心理学の研究から，青年は親への反抗を重ねて，親からの自立を果たしていくのではなく，むしろ親子相互に本音を話せるような，コミュニケーションの良好さが，青年の自立を促進するのではないかということになる。

青年期にある子どもたちは，親子の絆を断つことなく親からの自立を果たさなければならない。親も子も互いの喪失感に耐えることが必要なのである。親の方の生きがいがすべて子育てにかかってしまっている場合は，子どもの自立に伴って，自己の役割の喪失感に襲われ，いわゆる「空の巣症候群」といわれる現象が浮かび上がってくる。この克服のためには，親自身のさらなる自己実現や，新たな夫婦関係の構築がめざされる必要がある。親世代が，子育ての時代以降の「生きがい」を見いだし，それに向けての歩みを始めていくことが，子どもの自立を見守る態勢づくりとなる。このような両者の努力の積み重ねによって，家族はしだいに青年の自立を可能にする。

2 親子関係の青年に対する影響

(1) 青年におけるモデルとしての親のあり方

　現代では比較的良好な親子関係によって，子どもの自立が促進されていくことが理解されたが，親はどのようなモデルとして青年に映っているのであろうか。松井（1996）は，現代青年の心理的離乳の様相について，現代青年における親密で良好な親子関係は，その密着性が，旧来いわれてきた心理的不適応や問題に結びつくものではなく，むしろ青年において幸福感を生み，自我の発達を促し，自分らしい生き方を確立する助けになるという。さらに現代青年の親子関係について，「情緒的つながりの維持」と「規範的影響力の分化」という2つの点から説明している。情緒的つながりについては，良好な親子関係と青年が認識していることが青年の成長につながるというものである。そして規範的影響力は，親の意見を参考にしたり悩みをうち明けて相談し，親の指示に従おうとする心理的な関係を指すが，成長によって親から分離をしていくようになるといわれている。この役割は，しだいに親から友人に取って代わられる。ところが，親をモデルとしようとする構えは，失われていくのではない。自己の内部で，悩みの質や種類に応じてモデルとなる，あるいは相談相手となる対象を分化していくのである。つまり，日常的な人間関係や生活上のことがらに対しての親の干渉は望まないが，将来や経済の問題などにおいては，人生の先輩として親に対する信頼感を持ち続けているといえる。

(2) 世代間伝達と世代間境界

　青年が親から自立して生きていこうとする時に，その規範となる親の生き方は，青年に自ずと伝達されていくようである。青年の結婚観や育児に関する考え方，さらにその子どもとの愛着に関しても，世代間の伝達が示唆されてきている。しかしこのことは，そのまま親の生き方と同じ生き方をするというものではない。親の生き方を青年なりに評価し，取り入れを行っている。

　例えば，母親の就労と女子青年の就労意識について考えてみる。女子青年にとって，その母親が生きがいを持って就労していることが，日常のコミュニ

ケーションから青年に理解されている場合には，自分も結婚，子育てと仕事を両立していきたいと考えるであろう。その反面，自分の母親が仕事に対して満足感を持っていないようにうかがえた場合は，子どもとして，母親の就労によって自分が常に寂しい思いをしていたことが重視され，自分は必ず専業主婦になり，子育てに専念しようと心に決めたりする。つまり，親の生き方は，親自身のとらえ方をも含んで青年に伝達されるのである。

　さて，青年期の子どもと親には，良好なコミュニケーションを持った関係の維持が必要でありながらも，いわゆる「友だち親子」の関係が，青年にとってもっとも望ましいものとはいい難い。青年が道を外れそうになった時，あるいは問題行動が露呈した時には，親の社会的な規範を示す役割が重要である。世代間の境界の喪失は，一見関係が良好に見えるものの，親が青年を頼ることで青年にとっては過剰負担となったり，親に頼ることができない不安を抱くことにもなりうる。ここでいう親子の「対等感」は，むしろこのような世代間の境界が，柔軟でありながらも喪失することなくしっかりと保たれることで生かされていくのである。

3　青年における家族の問題と学校教育

（1）進路設計をめぐる親子関係

　これまで述べてきた親子関係のあり方が，学校教育の中でどのような形で現れ，また教師の理解を必要とするのかについて検討してみよう。中学卒業後や高校卒業後の進路を決定していくための個別指導面接の時間は，教師にとって，普段の生活では見えない生徒の親子関係が理解される場面といえる。現代では，民主的な養育態度といわれる親が増えてきており，子どもの生きたいようにさせてやりたいという方向性を持った親は，子どもの希望する進路について促進的な立場をとっているといえよう。しかしながら，やはり子どもが希望する将来の夢に対して，「そのような甘いことではいけない」とか，「夢を叶える上でもまず有名進学校への入学が第一」といった，子どもとの対立場面に出会うことも少なくない。このような場合，親は子どもの進路に対して制約を課す立場

をとっている。さらに，子どもも親も同一の進路希望を持っているが，それが子どもの能力や資質に見合うものではなく，親の期待に沿うように子どもが必死で努力している様子が理解できることもあろう。このようなさまざまな状況が想定できるいわゆる「三者面談」の折りに，教師はどのような立場に立って発言していくことが生徒にとって望ましいのであろうか。

　まず教師にとってそうした場面で必要なのは，生徒の側の主張と，その能力が相応しているかどうか，そしてそのことを生徒自身が適切に自己認知できているかということの理解であろう。子どもの側の主張が，子どもの能力をあまりに超えているような場合は，ただ親側の圧力への反発とも考えられる。そうではなくて，子どもの主張が，子どもの実力を伴っている場合，あるいは，日々教師と相談の上で，熟考の末に出してきた結論であると理解されるような場合は，親子間の話し合いを繰り返し，親の側の理解を促進させるような機会を持ってもらうようアドヴァイスすることも必要である。生徒と親との関係性の理解に努めることによってこれまでずっと親の希望通りに歩んできた子どもが，青年期になって初めての自己主張を始めていることに気づくという場合もある。

　教師は，これらのさまざまな事態を客観的に理解しようとする姿勢を示しながら，親子との話し合いをすすめていくことになる。そのような姿勢は，子どもが冷静に自分の将来を決めていく際に，重要なことであると共に，子どもに理解を示す教師のあり方が，子どもにとっての新たなモデルとなっていく場合もある。家庭では，親子の勢力関係がそのまま反映されてしまうため，子どもの主張が通りにくい場合でも，学校での三者面談の場では，より客観的な判断が可能となり，教師が仲介することで，普段の親子間のコミュニケーションでは突破口が見いだせないような悪循環を断ち切ることも可能となろう。なおこの際にも，本章で述べてきたような親の側の主張や課題も理解しながら，子どもの将来をより適切に判断していく方法を探っていくことが重要である。このようにして教師は，子どもの進路の相談に乗るばかりではなく，子どもの生き方をよく理解し，それを親に伝えていく機能も十分に果たすことが可能になる。

（2） 新しい家族の誕生と学校教育の役割

　子どもの進路は進学やどのような職業に就くかという問題ばかりではない。将来家庭を持ち，新たな家庭を育んでいくプロセスもまた，進路のひとつであろう。

　青年の異性関係の研究として，対人コミュニケーション全般にかかわる能力を示す基本スキルである，記号化，解読，統制の3つのサブ・スキルを取り上げ，その内容の検討，恋愛関係の発展・崩壊とスキルとの関連の検討を行った研究がある（堀毛，1994）。記号化は自分の意図や感情を相手に正確に伝えるスキル，解読は相手の意図や感情を正確に読みとるスキル，統制は感情をコントロールするスキルである。その結果，基本的スキルとして男女共に記号化と解読に有意な相関が見られ，相互に関連し合いながら発展するスキルであることが指摘されている。つまり，自分の意図や感情を相手にうまく伝えようとすることと，相手の思いを理解しようとするスキルは関連が深いといえる。また女子の場合には，異性関係においてひとつのスキルを磨くことによって，他のスキルも向上していく可能性があるが，男子は，それぞれのスキルを個別に高めていく必要があるという。このような対人関係のスキルは，基本的信頼感のもとで共感性を発達させ，自己主張のあり方と共に他者理解の方法も獲得されていく。そして他者への信頼感と共に，自己に対する信頼感も確かなものになっていく。親子の関係が基礎となって対人関係スキルが発展し，青年期になると，親子の間でのコミュニケーションは，友人関係のコミュニケーションや，異性関係のコミュニケーションへと変化していくことが読み取れる。

　さらに，現代青年の恋愛から結婚についての発展を検討してみよう。2000年の厚生省（現厚生労働省）による調査では，平均初婚年齢が男子で28.8歳，女子で27.0歳となり，晩婚化が進んでいる。また詳細な調査や結婚仲介産業の資料も含めると，結婚をしたくないという青年はわずかで，結婚に踏み切るのが遅くなっているだけともいわれている。かつて日本ではっきりしていた性役割の分業も，女性の社会進出によって大きく変化してきている。現代の高学歴化は，男女ともに社会的なキャリアアップを生み，社会での役割を明確にしてからでないと家庭での役割との両立は難しいと思う青年も少なくない。同時

にモラトリアム状態が一般化し、いつまでも自分を捜し求める旅の途中であるとの感覚にとどまり、新たな家庭を築いていく決断に踏み切れないこともあろう。なぜ結婚しないのかという問いに対して、「もっと自由な時間がほしいから」「結婚すると束縛されてしまうから」と答え、結婚が青年自身の内的イメージとして時機が熟すのに、長い時間を要することが理解できる。

　これらの「家庭を築くということ」と現代の学校教育との関連においては、まず中学の技術家庭において、男子も家庭科を学ぶようになり家庭の機能と家族の役割を学習していることが挙げられる。高校においても、「生活一般」として、教科書に「自分らしく生きること」「家族を作ること」そして「保育」について学ぶように取り上げられている。実際には学校で学ぶ機会は時間数に限りもあり、まだまだ不十分であることは否めないが、男女の別を越えて、学校教育の中で広く「家庭・家族」が取り上げられるようになってきた確かな歩みはある。同時に青年が、実際に家庭生活の親子のコミュニケーションを通して、父親、母親の役割を感じ取っていくプロセスも重要である。また少子化が進み、高齢化社会となった現代では、祖父母との同居生活の問題をも含んだ家族に関するコミュニケーションについて、青年が学校教育の中で「どのようにあるべきか」討論する機会を得ることも必要となろう。そのような場において教師は、さまざまな家庭設計のあり方を尊重する姿勢を維持しながら、現代青年の世代性に対する理解も求められる。そして、生徒個人がそれぞれ家庭設計についてどのような理解や展望を持っているのか自らの考えを深めるよう促進させる機能を果たすことになる。

　このような学校教育の中での経験は、青年が、親の世代になることの準備性を高め、家族内のみならず社会の中でのさらに幅広い対人関係において、質的にも量的にも良好な関係を築いていくことにつながっていくのである。

〈引用文献〉

総務庁青少年対策本部編　1999　『青少年白書　平成11年度版』大蔵省印刷局
飛田操　1991　「道具的ならびに情緒的対人機能の提供と獲得が関係への満足度に及ぼす効

果——女子青年を対象として」『教育心理学研究』39
内閣府編　2001　『青少年白書　平成13年度版』財務省印刷局
堀毛一也　1994　「恋愛関係の発展・崩壊と社会的スキル」『実験社会心理学研究』34
本田時雄　2001　「人間発達とライフコース・アプローチ」斎藤耕二・本田時雄『ライフコースの心理学』所収，金子書房
松井豊　1996　「親離れから異性との親密な関係の成立まで」齋藤誠一編『青年期の人間関係』所収，培風館

〈キーワード〉

ライフコース
　従来多用されてきた「ライフサイクル」は，ひとの出生から死までの生涯における一連の人生の出来事を記述するものであり，それは，世代内，世代間で共通してみられる標準的なものとしている。それに対し，例えば家族のライフサイクルといった場合にも，結婚をしない，子どもを産まないなどの人がいるように，近年，そのような「標準的な生き方」が大きく変化をしてきていることから，変動する社会により適応する用語として個人を単位とした「ライフコース」理論が取り上げられている。

世代性と自己停滞感
　エリクソンの心理社会的発達理論の中の，成人期の基本的な心理・社会的危機。世代性，生殖性の意味として，育てるものは自分の子どもとは限らない。他人の子どもや同胞，他者を育てること，芸術的創造的な活動や，育成的な活動全般を含んでいる。そしてその対極として「停滞（stagnation）」を挙げている。これは文字通り，それ以上の進歩を志すことを停止させたり，また，ナルシスティックな自己陶酔の感覚に陥り，自分の意見に反対するものを排除してしまう状態を指す。

道具的機能と情緒的機能
　道具的機能は，ある目標の達成や課題遂行のための道具として他者を位置づけ，その働きを示すものである。これに対して情緒的機能は，むしろ内的な情緒的結合に依存し，その維持や強化をするようなものであり，主として家庭内では前者を父親が，後者を母親が担うものとされている（飛田，1991）。

空の巣症候群
　母親が，家庭の中で子育てだけに専念している場合，子どもが巣立っていくのと同時に大きな喪失感に襲われる。母親自身のアイデンティティの再構成，自己実現への努力などといった，子どもの自立による「空の巣」の準備ができていないと，その喪失感によってうつ状態を招くことにもなる。

（髙橋靖恵）

第4章

社会の中での進路選択

1　中・高校生の進路選択

　現行の教育制度を文字通りにとらえれば，中学校以降の教育において，進路選択は最重要課題であろう。義務教育も終盤である中学校教育では，学業・生活指導ともに，社会人として身につけるべき基礎的素養の習得が中心的課題である。高校教育は専門的な知識・技術に必要な基礎を習得する段階として位置づけられ，進学のための勉強にせよ，就職のための実習にせよ，そこで習得する内容はその後の進路で有用であることが前提となっている。このように，中学・高校での教育内容は，個人が一社会人として生きていくために必要な素養，ならびに専門性を高めるためのステップで構成されており，進路指導が単なる「出口」指導に留まらず，その後も含めた「生き方」指導であるべきことも意味している。

　しかし，現状はそのような意図が必ずしも実現されておらず，中学・高校教育が，単に受験や就職といった一時点の目的のための通過段階になってしまっている側面もある。もちろんすべてがそうではないが，高校・大学への進学率が高水準で安定している日本の進学事情は，「教育水準の向上」というポジティブな状況と同時に，「無目的／不適切な進学や就職による不適応」という問題ももたらしている。

　また，現代社会の多様化は，進学・就職パターンにおいても例外ではない。

高校における定時制の比率は，近年再び上昇傾向を示しつつある。多くの大学でも夜間制や通信制などさまざまな形式が開講されており，社会人の学習をバックアップしている。また，社会人から学生への再度の転身も多く，「進学」と「就職」はもはや背反する選択肢ではなくなりつつある。加えて，旧来型の終身雇用制度の崩壊により，進学や新卒時の就職も将来の安定を保障しなくなったことから，「進学も就職もしない」という第3の選択肢も顕在化してきている。これらの状況は，学卒時の進路選択における意思決定が，かつてほど絶対的ではなくなっていることを意味している。さらに近年の不況による就職状況の悪化は，就職活動における無力感を増大させている。

このような社会・経済状況，そして若者の心理や生活環境が，進路選択の意義を希薄化し，進路指導を困難にしているのは確かだろう。『青少年白書 平成11年度版』（総務庁青少年対策本部，2000）によれば，いわゆる「フリーター」となった新卒者には，「就職口がなかった」(22.1％)，「希望する条件に合わなかった」(15.6％) などよりも，「正社員としての仕事に就く気がなかった」(41.2％) という理由の者が多い。このことは，「生徒の就職や職業に対する目的意識が希薄化している」という，近年の進路指導現場からの指摘と合致する。そして，進学とは本来，その先にある就職を見据えて行われるものであることを考えると，就職に関する意識の低さが，進学指導にも少なからず影響していることは想像に難くない。多少の遠回りをしてでも，適切な進路を選ぶことができるならば，それは一概に否定されるものではないだろう。しかし，遠回りしても希望が実現できなかったとき，その遠回りがネガティブに作用してしまうのも事実である。本章では，それらの現実を踏まえた上で，進路選択における諸問題について検討する。

2 進学という進路

まず，進学という進路選択の現状を概観しよう。『青少年白書 平成11年度版』によれば，高校（高専含む）への進学率は昭和54年以降94％以上で推移し，平成11年度は96.9％となっている。次に大学（短大含む）進学率は，平

成11年の高卒者で44.2％，新規高卒者以外も含めれば49.1％であるが，18歳人口の減少によって，短大・専門学校の学生数は減少傾向にある。さらに大卒者は，10.1％が大学院等へ進学しており，短大卒も8.8％が進学している。すなわち，現在は中卒者のほとんどが高校に進学し，中卒3年後には約半数が大学に進学し，さらにその1割は大学院にまで進学する，という高学歴社会が実現されている。

ところで，生徒に「なぜ進学するのか？」という問いを投げかければ，その答えはさまざまであろう。純粋に「勉強が好きだから」という生徒もいれば，「進学した方が就職などで有利だから」という者もいるだろう。なかには非主体的に，「みんな進学するから」「親や先生にそういわれたから」という理由を挙げる者もいるかもしれない。これらの理由の是非は，ここでは問題としない。肝心なのは，(a)「これらの理由が説得力を失えば，それだけ進学の必然性は低下し得る」ということ，そして，(b)「現代社会は，これらの理由の説得力を低下させ得るような特徴をもっている」ということである。図Ⅲ-4-1に示

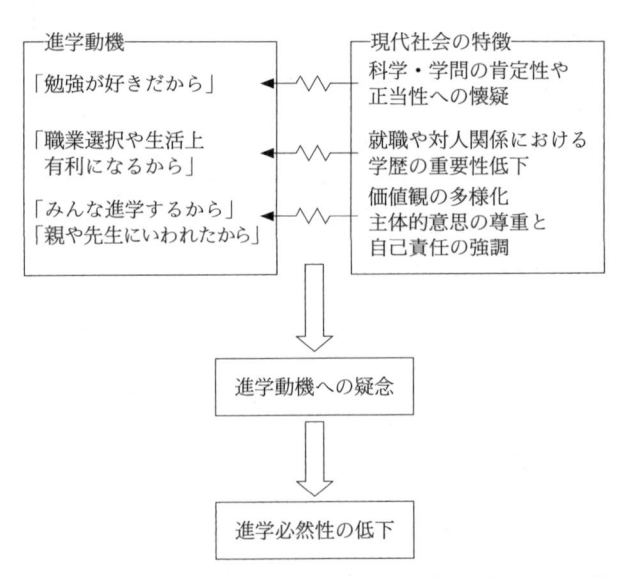

```
┌─進学動機──────────┐    ┌─現代社会の特徴──────┐
│「勉強が好きだから」      │◀〜〜▶│ 科学・学問の肯定性や   │
│                          │    │ 正当性への懐疑         │
│「職業選択や生活上        │◀〜〜▶│ 就職や対人関係における │
│  有利になるから」        │    │ 学歴の重要性低下       │
│                          │    │ 価値観の多様化         │
│「みんな進学するから」    │◀〜〜▶│ 主体的意思の尊重と     │
│「親や先生にいわれたから」│    │ 自己責任の強調         │
└──────────────┘    └──────────────┘
                    │
                    ▼
              ┌──────────┐
              │進学動機への疑念│
              └──────────┘
                    │
                    ▼
              ┌──────────┐
              │進学必然性の低下│
              └──────────┘
```

図Ⅲ-4-1　進学動機と現代社会の特徴による進学動機低下の仮想モデル

した現代社会の特徴の多くは、それ自体は望ましい傾向のように思われる。しかし、それらを進学動機と照らし合わせれば、進学の必然性を低める方向に働く可能性も推察される。

　そのような進学意義の希薄化に加え、選択肢の多様化や、業者テストの廃止などにより、偏差値にもとづいた旧来型の進学指導が通用しなくなってきている傾向も、自由意思による選択可能性の拡大という意味では望ましいが、方向性を持たない者にとっては、かえって進路選択の難しさを増幅する側面もある。

　そのような状況の中、高校進学においては、（就職なり大学進学なり）卒業後の明確なイメージがあれば、それに沿った高校・学科を選択することになろう。しかし、高卒後の進路を高校選択時に決定することは多くの生徒にとっては困難であり、かつ専門学科（工業・商業・農業など）からの大学進学も、現在はかつてより容易になっている。また、大学進学を前提とした普通科や総合学科の選択基準としては、従来の「その高校に合格できるか」という基準に加えて、校風やカリキュラムなども重要視されつつあるものの、やはり大学受験における有利／不利が、もっとも重視されている。

　その一方で、近年の「ゆとり教育」のかけ声は大学受験への不安を招き、その結果、公立校と私立校のカリキュラム・ギャップの拡大現象や塾・予備校へのさらなる依存をもたらしている。特に都市部ではその傾向が著しく、大学進学を考慮すると高校受験での進路選択ではすでに遅いとされ、受験に十分対応できるカリキュラムを中高一貫教育（もしくは小学校・幼稚園から）で実施している、もしくは大学までエスカレーター式に進学可能な私学への傾倒を招いている。最近は公立校でも中高一貫教育や、単位制高校（入学後に単位による選択制）等の試みがなされているが、その効用は未知数である。

　「大学受験を目的とした進路選択」は必ずしも悪ではなく、大学入学後の展望まで念頭に置いた上での選択なら、それは必然的である。ただし、上記のような状況は大学受験の最終目的化を強化している側面もあり、そのような状況にもとづく進路選択は、大学入学後に混乱（不本意入学による退学など）を招く可能性もあるので、大学入学を最終目的ではなく、通過点として位置づけるような進路指導が必要であろう。また、それなりのプランを持って行う進路選択

でも、それが必ずしもプラン通りに進行するとは限らない。長期的な展望を持つことは重要であるが、それに過度に拘泥することが、かえって悪影響を招く可能性のあることも考慮すべきである。

いずれにせよ、高等教育が大衆化した現代社会においては、学歴が就職を決定的に規定するわけではなく、企業側もかつてほどは学歴を重視しなくなりつつある。また、いずれの学歴層においても、就職して継続的に就労する者もいれば、職場を転々とする者、さらには就労しない者もいる。このような学歴と就職の関連弱体化が、「就職を視座に入れた進学」という理念の保持を困難にしている側面も否めない。

3 就職という進路

次に就職という進路選択の現状を概観しよう。『青少年白書 平成11年度版』によれば、就職率（新卒者に占める就職者の比率）は中卒者で1.1％と低水準であり、求職者数・求人数・就職者数いずれも減少傾向にある。高卒者の就職率は20.2％だが、これも前年比2.5ポイント減少しており、前年と比べて求職者数・就職者数ともに減少している。大卒・短大卒の就職率はそれぞれ60.1％、59.1％となっている。ただし、高卒・大卒ともに、学卒無業者（新卒時に進学も就職もしない者）の比率が3割近くを占めている。

労働省（2000）はこの理由について、求職者数の低下に代表される学卒労働市場の厳しい状況に加えて、求人と希望職種のミスマッチ、自発的離職傾向の高さ、非就労での生活が可能である環境など、「若年層の意識変化など供給側の要因も働いている」のではないかと指摘している。就業においては、仕事のやりがい、対人関係の充実、地位や名誉の追求などが、主な動機となるだろう。しかし、職務の多様化・細分化による社会貢献の不透明化、職場の対人関係の希薄化、上昇志向への疑念など、現代社会の特徴が動機を阻害する方向に働きうるのは、進学のみならず就職においても同様である。

それに伴い、フリーターは1997年で151万人と、82年に比べ約3倍の水準にまで増加している。また、フリーターの数は20代後半から30代にかけて減

少するものの，その減少率は近年低下傾向にあり，現在は30代以上のフリーターも珍しくない。加えて，最終学歴が高卒（4割弱）のみならず大学・大学院卒（2割弱）や高専・短大卒（1割強）のフリーターも珍しくなく，フリーターの8割が家族と同居していることからも，高学歴にもかかわらず定職につかず，生活費は親に依存している「パラサイト・シングル」のフリーターが少なからず存在すると推測される。

　それを反映して青年層（30歳未満）の離職率は22.4％と，全労働者の離職率（15.1％）を上回っており，就職後3年間で，中卒就職者の7割，高卒の5割，大卒の3割程度が離職している（総務庁青少年対策本部，2000）。その多くは「個人的な理由」による離職であり，不況にもかかわらず，若年層の自発的離職傾向はバブル期と変わっていない。また，15～24歳の離職者における自発的離職率は82.1％であり，同時期のアメリカ（33.3％），フランス（4.8％）よりも格段に高く，加えて家族同居者は，その他の居住形態者よりも失業率が高いというデータもある。

　これらの因果関係は一概にいえないが，「パラサイト・シングル生活による自分探し」という日本の若者独特のライフスタイルが，離職率の高さに寄与している可能性は否定できない。加えて，「イヤな思いをするくらいなら働かない方がマシ」という，勤労よりも対人関係や余暇を優先させる現代的価値観も，このような傾向に寄与しているだろう。

　アイデンティティの獲得が青年期の重要な課題であることは，職業的アイデンティティについても例外ではない。また，社会規範としても青年期には経済的・精神的な自立が求められる。しかし終身雇用制度が崩壊しつつある現代社会は，就職が一生を保障するとは限らず，かつてよりも職業的アイデンティティを確立しにくい状況である。また，何らかの進路に進むことはその他の可能性を放棄することにもつながり，自身や周囲の要求水準が高いほど，納得のいく進路決定は困難になる。特に，成熟しているが今後の成長は見込めない現代社会において，就職や結婚などの「社会人としての自立」は，現状以上の経済的・精神的利得が見込める魅力的なものではなく，むしろ責任や負担が重くなるばかりの否定的なものとなっている。そして，パラサイト・シングル現象

に見られるように，自立を先送りしても，とりあえず生活していける環境も構築されている。これらの心理的・社会的状況は，青年層の離職率の高さやフリーターと呼ばれる層の増加に，少なからず寄与していると思われる。しかし，若者が離職やフリーターを選択することのリスクまで十分に意識しているのかは疑問である。

　フリーターという選択肢は，本人にとっても仕事に縛られず，本当にやりたいことを模索する，もしくは実際にやるためには好都合であり，企業としても低コストで必要に応じた労働力が得られるので，流動性の高い現代社会では労使ともにメリットがある。しかし，収入や社会保障の点で生活基盤が脆弱であるのはいうまでもなく，保守的な人々の否定的先入観や能力開発機会の不足により，その経歴がキャリアとして考慮されにくいというデメリットもある。

　転職を繰り返した者に対する企業の評価は，「経験の豊富さ」「技能や知識の多様さ」にもとづく肯定的評価よりも，「責任感のなさ」「辞めることへの不安」にもとづく否定的評価の方が圧倒的に強い。また，近年は「別に目的があってフリーターを選んだわけではない」「就職したいけど就職口がないのでやむを得ずフリーターをしている」という「非自発型」フリーターも増えつつある。このタイプのフリーター増加は厳しい就職状況に依るところも大きいが，フリーター歴が長期化するほど脱フリーターの可能性は低下する。しかも，このタイプのフリーターは，それを補うような個人的充実感があるわけでもないので，デメリットが顕在化したときのダメージは，従来型のフリーターよりもいっそう大きいであろう。また，なかには「誰にも迷惑かけていないからいいじゃないか」と開き直る者もいるが，フリーター層による年金等の滞納が，国の社会保障制度を脅かすことも指摘されている。さらに，パラサイト・シングル生活も親の退職・高齢化に伴い困難となるであろうことを考えると，フリーターや離職という選択が，長い目で見ればさまざまな形でネガティブに作用しうるリスクを自覚し，安易な選択を避ける姿勢が必要であろう。

4　進路選択におけるポイント

　進学にせよ就職にせよ，進路選択は個人が社会の中でどのように生きていくのか，自己が社会とどのように対峙していくかの意思決定であり，大まかには自己と社会を的確に把握・理解し，社会的責任と自身の幸福を両立させる方向を模索する作業といえよう。すなわち，(1)自身の的確な把握・理解，(2)社会の的確な把握・理解，(3)社会的責任の遂行，(4)自身の幸福・価値観の模索，に必要な要件を満たすことが，適切な進路選択の鍵であり，進路指導のポイントであろう。

（1）　自身の的確な把握・理解

　進路選択においては，自分が何になりたいのか，何になれるのかに関する情報を適切な方法で処理することがまず重要であろう。すなわち，さまざまな職種に対する自身の適性を知り，実現可能かつ積極的に取り組めるものを見いだす作業が必要であるが，それを直感的に行うのは危険である。独断的な情報収集では，少ない選択肢をすべてと思ってしまい，より適切な選択肢を見落としたり，逆に選択肢の多さに混乱してしまう可能性がある。また，独断的な適性判断は，能力を超過した目標を設定して欲求不満や無力感の袋小路に入ったり，逆に自らを過小評価して充実感の得られない選択肢を選んでしまう危険がある。そのような状況に陥らずに的確な自己評価を行い，キャリア・セルフエフィカシー（廣瀬，1998）が育成されるように上手く導くのは，進路指導で教師が果たすべき重要な役割のひとつであろう。ただし，教師や親が独断的判断をしても，同様の問題が生起することはいうまでもない。

（2）　社会の的確な把握・理解

　社会の多様化・流動化や自営業比率の低下などによる勤労の可視性の低下は，進路の具体的イメージ形成を困難にしている。ただし，インターネットをはじめとして，イメージ形成に必要な情報を効率よく処理するための道具や手段がないわけではないので，生徒本人はもちろん，親や教師もそれらに精通するこ

とによって，なるべく正確な情報を多面的に得ることが必要だろう。公開されている情報が一面的である危険もないわけではないが，幸い現在は，大学なら体験入学，職場ならばインターンシップなどの制度も拡がりつつあるので，そのようなシステムを積極的に活用することも有効であろう。近年は会社の規模や知名度などよりも，仕事の内容で会社を選択し，管理職になるよりも専門職として能力を発揮することを望む若者が増加傾向にある。その意味でも，実際に従事する職業のイメージをより具体化するための試みはさらに充実されるべきだろう。

（3） 社会的責任の遂行

　しかし，自身や社会環境をそれなりに把握して適切な進路を見いだせても，動機を伴わなければ，その進路に進むとは限らない。働かなくても（学ばなくても）生きていける環境にある者にとっては，「なぜ働く（学ぶ）のか」という問いに対する答えが必要である。その答えのひとつが，「勤労は国民の義務として果たすべき社会的責任であり，学業はそのための準備である」という回答であろう。逆にいえば，「怠学や非就労は，ある意味で社会的責任の不履行・放棄である」という意識の欠如が，今日の状況をもたらしている側面もあるのではないだろうか。

　この背景には青少年の社会性の遅滞があり，その発達を促すための方策がさらに検討されるべきかもしれない。また，親へのパラサイトが容易であることや，進路決定の先送りを「本当の自分探し」などの名のもとに許容する社会的風潮もある。学校からのドロップアウトは，かつては高等教育を受けられなかった層まで進学という選択肢が選べるようになった「高等教育の大衆化」に伴い，必然的に増加するものである。それらはある意味で，社会が若者に対して自由を認め，より寛容になったことを意味しているが，若者はその自由に伴う責任を自覚しているだろうか。安定した社会の実現・維持には，個々が自活し，かつ税金等で社会貢献することが最低限必要である。しかも現代社会で独立した社会人として生きることは，自由の制限と責任の発生を意味する。それならば，いつまでも未熟なフリをして意思決定を先延ばしした方がいいのでは

ないか，という発想が生まれてもおかしくはない。つまり，アイデンティティを確立しない方が（少なくとも一時的には）有利であるように社会が構成されているところに，進路選択にまつわる諸問題の根本的な原因があるのではないだろうか。したがってその対策としては，人生の基盤となる自身の職業的アイデンティティの確立，すなわち「就職して継続的に勤労すること」が，そうしないことよりも相対的に望ましく，かつそれが生きていく上での責任であるという自覚を促すような，社会環境の構築や教育上の試みが必要であろう。

（4） 自身の幸福・価値観の模索

　「社会的責任」という外発的動機のみならず，進路の選択・決定は，自身の幸福追求や自己実現の作業でもある。にもかかわらず，「自分なりの幸福の探求」という課題は，進路選択において見落とされがちではないだろうか。刹那的な快楽主義にもとづけば，なるべく楽で稼ぎのいい仕事が望ましい，ということになり，極端な話をすれば，働かないのが一番望ましいということになるかもしれない。しかし，たとえ重労働であったり稼ぎが悪くても，黙々と働いて自分が生み出した結果がしっかりと社会に還元され，人々の役に立つことに強い喜びを感じることができるならば，目先の利益よりも労働の社会的貢献度の方が，進路選択において重要な要因となるだろう。日本の若者は，将来よりも現在を優先する傾向が近年さらに高まっているという指摘もある（中里・松井，1999）が，現在自分が持っている幸福の判断基準が妥当で，かつそれが将来的にも機能しうるのかは，長期的な視点で進路選択をする際の重要なガイドラインとなろう。

　もちろん，これは最終的に本人が考えるべき問題であるが，ここで適切なアドバイスをするためには，親や教師もその価値観が試される。「とりあえず，いい大学を出てきちんと就職すればいい人生が送れる」という価値観は，もはや通用しなくなりつつある。「若いときは楽しんで，それ以降は多少つまらなくても真面目に働きなさい」という物言いでは，「それじゃあなるべく若いときを長引かせよう」という考え方を喚起する。それでは，どのような価値観を持つことが幸福につながるのか。それは，社会人として勤労に励む中に幸福を

見いだす価値観であり，そのためには実際に社会人が就労によって幸福を得ていることが重要である。もし世の中の大人が，過度の残業や職務に追われ，かと思えばリストラに怯え，時間的にも経済的にも精神的にも余裕がなく，仕事についての愚痴をこぼして「若い頃は良かった」というばかりならば，「早く大人になって働きたい」と思う若者がどれほどいるだろうか。逆に，「大人はいいぞ」「働くことは楽しいぞ」という大人が増え，実際にそういえるような就労状況が実現された社会なら，わざわざ指導をしなくとも若者は積極的に職業選択にコミットし，自己実現をめざして学問や就労に励むようになるのではないだろうか。

〈引用文献〉

総務庁青少年対策本部編　2000　『青少年白書 平成11年度版』大蔵省印刷局
中里至正・松井洋　1999　『日本の若者の弱点』ブレーン出版
廣瀬英子　1998　「進路に関する自己効力研究の発展と課題」『教育心理学研究』46
労働省編　2000　『労働白書 平成12年度版』日本労働研究機構

〈キーワード〉

フリーター
　一般的には，学校を卒業後，進学も就職もせず，非常勤的なアルバイトに従事している青年を指す。かつては目標を実現するまでの間，生活のためにフリーターをしている「自己実現型」フリーターや，自由の確保や趣味の充実などのメリットを意識してあえてフリーターを選択する「継続型」フリーターが主だったが，近年は，何をやりたいのか分からず不安を抱えながらの「将来不安型」フリーター，さらには不況で就職できないのでやむを得ずという「非自発型」フリーターも増加している。

パラサイト・シングル
　学業を終えてからも親と同居し，住居や家事などで物質的・経済的に親に依存している未婚成人のこと。就労状況はさまざまであるが，基本的に生活費（食費や住居費など）を親に依存している点で共通する。この層の増加には晩婚化，就職難，親子関係の変容などさまざまな理由が考えられるが，それに伴う少子化のさらなる進行や消費減退が懸念されている。

不本意入学
　（学校・学部・学科など）教育組織上の所属枠や，（土地柄・人間関係など）所属枠に付随する要因への不満感情を伴う入学・在籍。自身の意思・適性を考慮せず，偏差値信仰や周

囲への迎合により進路を決定した際に生じやすいと思われる。放置すると学校への不適応や単なる逃避としての留年・退学にも繋がるので，問題を明確化し，自身の意思や適性を熟慮した上で，積極的な意味での進路再決定を行うことが必要である。

キャリア・セルフエフィカシー
　直訳すれば「進路に関する自己効力」。大きくは①進路選択に対する自己効力；②進路選択過程に対する自己効力；③進路適応に対する自己効力；の3つに分類される。自己効力とは，課題を遂行する可能性の自己判断であり，同時に課題遂行時の困難に対する耐性という側面もあるので，自己効力の高低は実際の課題遂行にも影響を及ぼしうる。また，自己効力は変容可能であるとされている。

（橋本　剛）

第5章

生涯にわたるキャリア発達

1 キャリアとは何か

(1) 生涯にわたるものとしてのキャリア

　近年，変動する産業界において，個人の「キャリア」が注目されている。学校教育において進路設計を支援する上でも，キャリアという概念は重要である。しかし，学校においては，キャリアの概念はまだあまり理解されておらず，進路指導にも生かされていないのが現状である。本章ではまず，キャリアの概念および，学校においてキャリアの視点を持つことの意義について検討する。

　「キャリア」というと，一般的には官公庁におけるキャリア組・ノンキャリア組，キャリア・ウーマンなどと用いられることが多い。ホール(1976)は，キャリアには少なくとも以下の4つの意味があると述べている。①昇進や昇格によって職業上の地位が上昇すること，②医師，法律家，教授，聖職者などの伝統的な専門的職業，③ある人が経験した仕事（職業）の系列，④職業に限らず，生涯を通じてのあらゆる役割や地位ないし身分の系列，の4つである。官公庁のキャリア組は昇進の意味で用いられているし，キャリア・ウーマンは専門的職業に就いている女性を指す。

　しかし，ここで考えるのは，キャリア組とかキャリア・ウーマンといった一部の人のみを対象とするものではなく，すべての人を対象とした3つめと4つめの意味である。特に，4つめの「生涯を通じてのあらゆる役割や地位ないし

身分の系列」は，生涯にわたるものとしてのキャリアを強調している。同様に，スーパー（1990）も「ライフ・キャリア」という概念を提示している。これは，家庭管理者（主婦），市民，余暇享受者など，職業的キャリアを補うか，それに代わるような役割をも含む生涯発達の視点に立った包括的概念であり，「一生の間に人が携わる地位の系列」と定義される。このように，キャリアを職業に限定せず，人が一生涯に経験する地位や役割，例えば，主婦の役割や，地域の活動などをも含めた人生の経験の系列とするライフ・キャリアの視点は，キャリアが究極的には，人がいかに生きるのかという，人生の問題とつながっていることを示すものであると考えられる。すなわち，職業的キャリアの問題を考える場合においても，その背景にライフ・キャリアの問題があるととらえておくことが重要である。

組織心理学者シャイン（1978）は「キャリアとは生涯を通しての人間の生き方・表現である」と述べているが，これもまた，人がどのようなキャリアを開発していくのかは，まさにその個人の自己表現の問題であり，生き方の問題であることを示唆している。したがって，学校教育における進路設計支援は，単

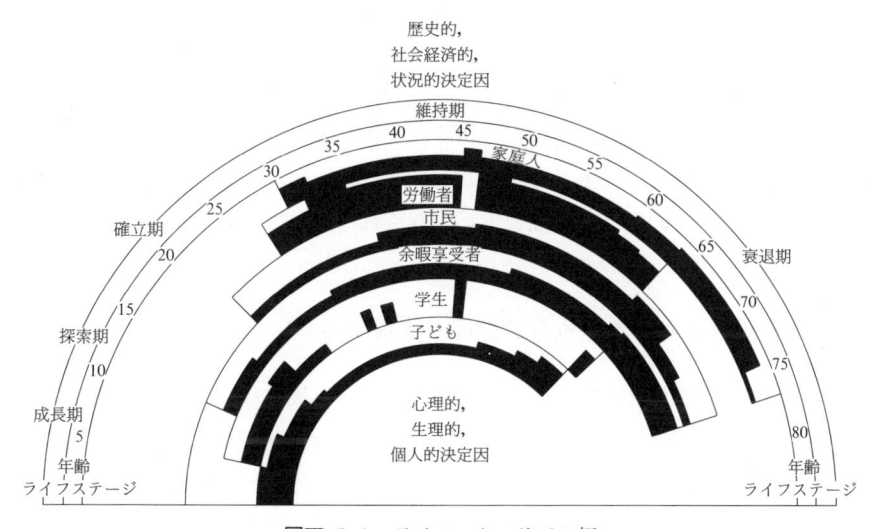

図Ⅲ-5-1　ライフ・キャリアの虹

出典）Super（1990）．

に次の行き先の決定ではなく，生涯を見通した上での決定の支援でなければならない。

(2) キャリアの定義

　以上を端的にまとめているのが，次に紹介する金井（1999）の定義である。金井は「（職業的）キャリアとは，就職して以後の生活ないし人生全体を基盤にして繰り広げられる長期的な仕事生活における具体的な職務・職種・職能での『諸経験の連続』と『節目での選択』が生み出していく回顧的な展望と将来構想のセンス・メイキング（意味生成）・パターンである」と述べている。ここでは「人生全体を基盤にして」と述べることによって，背景にライフ・キャリアが意識されている。「諸経験の連続」は一連の流れを強調しているが，それは「回顧的な展望と将来構想」，すなわち，過去から現在，さらに未来につながっている。また「センス・メイキング・パターン」は，キャリアがまさに個人に意味づけされた，すなわち，個人が意味を生み出していく過程であることを強調しているのである。「節目での選択」とはキャリアにはここぞというデザインのしどきがあるということである。それも人生にただ1回ということはない。何回かキャリアのデザインしどきがあるのである。それは，学校教育の中であれば，中学進学を決定するとき，高校進学を決定するとき，大学進学，就職を決定するときといった節目である。そのときどきの節目にどのような選択をするのかが個人のキャリアに新たな意味づけを生み出す。学校教育の中で，進路設計支援がこのような視点においてなされることは重要であろう。

2　学校現場におけるキャリア開発を支援する

　次に，学校教育場面において，キャリア開発を支援する立場から，どのように児童・生徒に働きかけるかを考えてみたい。キャリアの概念から，以下の5つのキーワードが導かれる。それらのキーワードを児童・生徒に伝えるためのアプローチの仕方について，いくつかのアイディアを提供する。

（1） キャリアの独自性

　学校教育における進路設計支援は，すべての児童・生徒について，固有のキャリア設計支援となっていることが重要である。なぜなら，個々人のキャリアは唯一無二の独自性を持つからである。では，それを学校教育の中でどのように働きかけたらよいのであろうか。まず，学科科目にとらわれず，生活全体を視野に入れ，それぞれの得意なこと，好きなこと，興味を持っていることに注目し，個々の生徒の独自性を，生徒自身とともに探ることができる。ここで「生徒自身とともに」ということは重要である。この先，いつの時点においても，自分がどのように自分らしいのかについて，自分自身で考えることが必要になるからである。

　世の中にはさまざまなキャリアがあり，児童・生徒たちの個性の多様性の数だけ，多様なキャリアが存在する。これについては，理念的にはそうであっても，現実には必ずしもそうはいかないのではないかという意見もあろう。しかし，工場のラインで，まったく同じ仕事をしている工員同士であっても，なぜその仕事をしているのか，その仕事は自分に合っているのか，何が不満なのかなど，個別のキャリア・ストーリーが存在する。もちろん，歴史的な背景の中に，働く個人が歯車のひとつとして扱われていた時代があり，仕事のとらえ方の中に，その視点が根強く残っていることは確かである。実際，現状では，働く一人ひとりが自分のキャリアの独自性に気づいていないことも多い。また，その仕事観の影響は集団指導などの学校教育の中にも根強く残っているのが現状であろう。しかし，その伝統的な仕事のとらえ方に風穴をあけようとするのがまさにキャリアの概念であり，多様なキャリアを求める個々人の意識に対応すべく，組織もまた変化しつつあるのがもうひとつの現状であることも認識しておきたい。

　現代においては，なぜ働くのか，なぜそのように生きるのかについて考えざるを得ない経済状況が私たちを取り巻いている。依然として就業状況はきびしく，突然，リストラで職を失った人々が，私は今まで何をやってきたのか，今後何ができるのかを考えざるを得ない状況に陥っている。これまで，会社の枠組みの中で，一生会社とともに生きるという，会社に附属した，場合によって

は自分らしさを押し殺して，会社の中で生きることを選択してきたかもしれない人たちが，突然会社から，あなたは必要ない，と通告を受けているのである。そのとき，その大きな挫折の中から立ち上がるためには，同期入社のあの人よりも少しましとか，近所のあの人はうまくやっているのに，といった相対的な比較ではなく，正味の自分とは何なのかを知ることが求められるのである。その意味からも，一人ひとりの児童・生徒には，自分自身の独自性を大切にすることを学んでほしいし，教師としては，一人ひとりの児童・生徒を，決して十把ひとからげにまとめて見ない指導が重要である。そして，その指導を支えるのは，一人ひとりが独自の道（まさにキャリア）を歩んでいく存在であることへの信念である。

（2） 長期的パースペクティブ

　進路・進学の指導は，単に次の行き先を決定するということではなく，生涯を見通した決定の支援となっていることが重要である。職業選択は生涯に大きな影響を与えるからである。ここで長期的パースペクティブを持つことは2つの意味があると考えられる。まずひとつは，先行きに対する準備を可能にするという点である。発達段階によって，個人に対して期待されることがらが変化し，一方で，個人の欲求も変化する。その全体のイメージを持っていることは，いずれは自分もといった構えを持つことに役立つ。

　もうひとつは，目先の高校入試や，大学入試といった短期的な視点しか持たないことで高まる不安を軽減することに役立つ。大学生の就職決定時における問題を見ると，ここで自分の一生が決定されてしまうのではないかという不安が高くなり，自己決定できない事例が見られる。しかし，実は人生は一直線ではなく，紆余曲折であり，この決定で一生が台無しになるということはないのである。人生をある程度生きてきた人なら当然体験的に知っているようなことがらでも，児童・生徒にとってはそうではない。この先こんなことがありそうだが，何とかなりそうだという長期的な見通しを持つことで，不安を解消できると考えられる。

　具体的には，長いスパンで人生を眺めることを児童・生徒に学んでもらいた

い。それには，父親や母親の子どもの頃や，今どんな気持ちで働いているか，現在までにどんなことがあったのかをレポートさせたり，できればおじいちゃんやおばあちゃんからも話が聞けると，さらに長いスパンを見ることができる。また，年齢に応じて，身近な人，近所の人，あこがれの職業に就いている人といったように対象を広げていくこともできるであろう。これらを通じて，自分たちがこれから生きていく人生に関心をもつ指導が期待される。実はこういったことは学校教育以外で日常的に行われることが期待されるが，現実にはほとんど行われていない。その原因としては，世代間が地域的にも時間的にも分断されていることや，大人の方にこういったことを語ることへの気恥ずかしさがあったり，あるいはその重要性を認識していなかったりといったことが考えられよう。この意味からも，学校教育の中で，大人とのコミュニケーションを促進するテーマを設定することは意味がある。

(3) 節目のキャリア・デザイン――選択と自己決定

　学校教育の中では，中学進学を決定するとき，高校進学を決定するとき，大学進学，就職を決定するときは，キャリアのデザインしどきの節目と理解できる。これらは節目であるから，生徒自身の年齢相応の自己決定を援助することが大切である。ここでは，「自己決定」ということがポイントである。キャリアのデザインのしどきに自分自身で向き合い，ああでもない，こうでもないと悩めるように援助したい。決して，「あなたの成績では，この高校ですね」とだけ述べるようなことをしてはならない。もちろん，これは現実の情報として重要であるので，伝える必要はある。しかし，その高校へ行くことが生徒にとってどのような意味があるのか，生徒がどのような希望や期待を持っているのかが，もっとも重要なことがらであり，それらを無視して進路決定をすることは安易である。場合によっては，年齢相応の進路決定を援助するどころか，自己決定の先送りを援助してしまっていることになろう。自己決定の援助には，十分な情報提供と話し合いが重要であろうし，その基盤として，進路にかかわるさまざまな外的，内的ことがらについて語り合える関係であることが期待される。生徒に，教員には相談できないと思われていては，本人の考えを聞く機

会はないからである。

　もちろん，小学生や中学生，高校生はまだ，身体的にも社会的にも未熟であり，自己決定をやみくもに迫ることはかえって本人の不安をあおってしまうこともあろう。その意味で「年齢相応」の自己決定であるべきだが，これについての十分な知見は今のところ見あたらない。今後，「年齢相応」のキャリアの決定とは何かについての研究が必要であろう。

（4）　職業選択時の現実的吟味と変化可能性

　初職を選択する際には，職務についての十分な現実的吟味を行い，自己の能力との適合が現実的に考えられていることが重要である。初職について3年以内に辞めている人の数が大卒では3割，高卒では5割になる（日本放送協会，1999）。これは社会に参入した際のショック（リアリティ・ショック）の大きさをあらわしているが，同時に，会社・仕事の情報不足と自己理解不足という2つの問題を指摘することができる。

　会社・仕事の情報不足ではたとえば，事務ならどこへいっても同じといわれることがある。もちろん大枠で考えれば，営業や技術，技能職などに対して，事務の一般的な特徴は間違いなくあるが，個人の体験レベルから考えると，同じ事務職でも，業種や規模で扱う品物や作業手順はかなり異なるし，もっと細かくいえば，その職場にどのような人がいるかによっても，そこでの仕事体験はまったく異なってくるのである。そういった違いを意識しながら，まだ社会を知らない生徒たちに，具体的にイメージできるように，その仕事のおもしろさや，おもしろいからこそあると思われる大変さも多くの事例から伝えることが必要であろうし，そういった具体的なことがらひとつひとつで，自分にとっての仕事の意味が異なってくるという視点を学んでもらうことが必要である。

　次に自己理解不足である。自分に合っていると思って選んだが，やってみると興味が続かない。仕事さえおもしろければ休みなんてなくてもいいと思っていたが，休みのないことが辛い，など，自分の特徴は何か，自分の優先順位は何かといったことが十分に検討されず，結果として，初職をやめざるを得ないことになることも少なくない。その意味から，自分の得意なこと，自分が大切

にしたいこと，などの十分な吟味が必要であろう。

　実際の検討のステップとしては，先の2つの吟味を十分したうえで，両者間の相性を吟味する。このとき，就きたいと思っていた仕事について，こんなことがわかったが，それは自分にとってはどうだろう，自分は結構こんなところがある，これを生かす仕事はないか，など自分と仕事や会社との適合を考えることによって，新たな自分の側面，新たな仕事の可能性に気づくことも多い。つまり，会社・仕事理解，自己理解，仕事と自己の適合性の検討の3つは行きつ戻りつしながら，深められていくのである。

　これらを十分吟味することによって，就職後の適応が促進されると考えられるが，十分に吟味してあったとしても，最後は，入ってみないとわからないこともある。また，会社や組織にも，個人にも変化していく可能性が十分にあるので，すべての条件がはじめから一致していなくてはいけないということはない。現実的には，ぴったり条件が一致するということはあり得ないであろう。その際には自分の中の優先順位が重要であるし，一致しない点があらかじめ予測されていれば，対応が可能であることも多い。

　また，変化可能性ということでいえば，ひとりの力が組織を変える原動力になる可能性もある。しかし，往々にして，組織の方が個人よりも，強い力を持ちがちであり，組織から個人への要求のほうが多くなるということについても現実的に伝え，その組織に個人である自分がどう対抗するかという視点も学ばせたい。

（5）　キャリアの世代性

　今まで述べてきたことからキャリア開発を支援する大人もまた，自らのキャリアを生きていることを意識していることが重要である。大人が自分のキャリアを語らなければ，生徒たちに現実的にイメージしてもらうことはほとんど不可能である。教師も，父親も母親も，おじいさんもおばあさんも近所のおじさんもおばさんも，自分の生きた道筋とこれからの道筋を語らなければならない。そこにはうまくいったことばかりではなく，不本意なこともあったろう。それはどのように辛かったのか。それは自分にとってどのような意味があったのか。

これからの人生が前途洋々の人生のみではなく，不透明なこともあろう。それはどのように不安なのか。そして自分にとってどのような意味があるのか。そういったことを自分自身の言葉で語ることが必要なのではないだろうか。私たちは生徒たちのまさに人生のメンターである。私たちの前の世代から，私たちの世代へ，そして生徒たちの世代へと，多くの人々の人生が重なり合いながらつながっていく，「世代性」をここに見ることができる。

　自分たちのキャリアを語ることは，それを生徒たちに押しつけることでは決してない。それは，生徒たちがこれからを生きるための材料に過ぎない。しかし，その材料が大切なのである。次世代のために，私たちが自分のキャリアをいいか悪いかという評価ではなく，唯一無二のものとして大切に語ることができることこそ，まず必要なのである。その意味で，生徒たちの一人ひとりのキャリアを考えることは，私たちがいかに自分らしいキャリアをデザインしていくかを考えることとつながっている。

　以上，生涯にわたるキャリアの視点から，学校教育におけるキャリア開発支援について述べてきたが，学校教育においては，キャリアの概念は十分に浸透していない。そのため，これを学ぶ者自身による今後の展開が期待される。

〈引用文献〉

金井寿宏　1999　『経営組織』日本経済新聞社
日本放送協会編　NHKスペシャル『なぜ会社を辞めたのですか』(1999年10月8日放送)
Hall, D. T.　1976　*Careers in organizations*, Goodyear
Schein, E. H.　1978　*Career dynamics : Matching individual and organizationl needs*, Addison Wesley（二村敏子・三善勝代訳『キャリア・ダイナミクス』白桃書房，1991）
Super, D. E.　1990　"A life-span, life-space approach to career development" in Brown, D., Brooks, L. & Associates, *Career choice and development : Applying contemporary theories to practice* (2nd ed.), Jossey-Bass

〈キーワード〉

キャリア
　キャリア（Career）の語源は，Cart, Chariot（荷車や戦車），あるいは Cararia（これらが通過する道）である。英語の辞書的には，経歴，生涯，生き方などと訳されるが，最近で

はキャリアと原語で使われることも多い。荷車の通る道筋がずっとつながっていくということから，過去から続いてきて，現在があり，未来へ続いていくという連続性が含意としてある。すなわち，キャリアはひとつひとつの職業や昇進といったことを指すのではなく，その一連の流れを指す。

ライフ・キャリアの虹
スーパー（1990）は，キャリアを労働者としての役割の他に，子ども，学生，余暇享受者，市民，家庭人の役割を含めて総合的にとらえた「ライフ・キャリアの虹（Life-Career Rainbow）」を提唱している（図III-5-1）。これは人生を虹にたとえ，各役割が同時に存在していることを示している。図は，ある人のライフ・キャリアの虹を示したものである。図中の影の部分の面積は，それぞれの役割での時間とエネルギーの消費量を示しており，同時期の影を足してもかならずしも100％にはならない。この人の生涯を見てみると，4歳頃までは子どもとしての役割しかない。しかし，4歳を過ぎて，幼稚園にはいると，幼稚園児としての役割を同時に果たすことになる。16歳から2〜3年は学生としての役割が生活の大半を占めていることがわかる。この時期は大学進学などで，受験勉強に励む時期にあたる。20歳には市民としての役割が登場する。この間，子どもとしての役割は徐々に減少している。27歳頃には就職し，29歳で結婚しており，それぞれ労働者としての役割，家庭人としての役割が発生する。その後，45歳でいったん職場を離れて，学生に戻っていることがわかる。そのときには，家庭人としての役割で費やす時間とエネルギーも増加している。減少していた子供役割が介護などで増加し，65歳には親を亡くしている。同じ時期に仕事から引退し，79歳で亡くなっている。これを見ると，まったく役割のなくなる時期のある労働者と学生以外は，子ども，余暇享受者，市民，家庭人として，常に何らかの役割を期待されていることがわかる。

リアリティ・ショック
それまで抱いていた仕事へのイメージと現実とのギャップに直面する危機であり，そのギャップの程度によっては，強い幻滅感を持ち，離職に至る人もいる。近年では，初職についた人の約3割（大卒の場合。高卒では約5割）が3年以内に会社を辞めていることからも，この問題の大きさがわかる。リアリティ・ショックそのものを回避することはできないし，直面することにこそ，キャリア開発上の意味があることを考えると，いかにリアリティ・ショックを乗り越えるかがテーマとなる。

メンター
指導者とも訳されるが，企業などの組織では，メンターとそのまま使われることが多い。メンターとプロテージ（つき従う者）との間で，有形無形に仕事上の技術や態度が伝達されることをメンタリングと呼び，プロテージの成長に寄与すると考えられている。もともとメンターとプロテージの関係は，生涯に一度の，あるいは運命的な出会いによるものと考えられてきたが，組織では80年代から，新入社員に数年先輩のメンターを公式につけるというかたちで，新入社員の組織社会化を支援する制度を設けている。メンタリングは，自分の培ってきたスキルや価値を伝達する点で，メンターにとっても意味を持つと考えられている。

（金井篤子）

第6章

進路は指導できるのか

1　進路指導とは

（1）なぜ進路指導が必要なのか

　進路指導や進路を選択しようとする生徒に対する問題点の指摘は多い。そのひとつである以下の指摘を読んでいただきたい。

- 人は，自己や社会について不正確な情報や不適応的な信念を持ち，その不確かなものにしたがって行動することが多い。
- 人は，自分が何を本当に望んでいるのか，何を重要視しているのかが不明確であったり，葛藤を覚えていたりする。
- 人は，自分の能力や興味，技能や好みが，職業構造とどのような関連を持っているのかを理解していない。
- 豊富な職業情報を利用できる環境にあっても，人は，適切な問いかけをすることや，自分で答えを出そうとする気になること，資料の中から適切なものを見きわめること，かたよった情報と事実とを区別することなどに困難を感じる。
- 人は一般に，進路に関連した意思決定を行うための体系的な方法を持っておらず，でたらめに意思決定を行うことが多い。
- 人は，仕事につくとは，ひとりで行わなければならない，そして欲求不満を覚えやすい課題であり，その準備がまだできていないと思っている。

これは，キャリアの実現を妨げているものとして指摘される諸点である（クルンボルツとキンニア，1987を一部修正）。このような状況下での進路選択が，将来望ましくない結果をまねく可能性は想像に難くない。また，このような問題が存在していることに，多くの生徒は気づいていないのではないだろうか。ここに進路指導の必要性が生じるのである。

（2） 進路指導の定義

進路とは進学のことではないし，また就職のことでもない。ここでは，前章で取りあげられているキャリア（Career）という言葉に対応したものとして用いるが，特に学校教育において進路という場合には，人生の行路・生涯といった意味合いを強く持つものである。

このような意味合いは，その定義に見ることができる。進路指導の定義にはいくつかあるが，日本進路指導学会では「在学青少年がみずから，学校教育の各段階における自己と進路に関する探索的・体験的活動を通じて自己の生き方と職業の世界への知見を広め，進路に関する発達課題と主体的に取り組む能力，態度等を養いそれによって，自己の人生設計のもとに，進路を選択・実現し，さらに卒業後のキャリアにおいて，自己実現を図ることができるよう，教師が，学校の教育活動全体を通して，体系的，計画的，継続的に指導援助する過程である」と定義している（藤本，1987）。

なお進路指導というと，個を主体とした，個性を発揮するための指導ととらえられがちであるが，決して個人のためにだけ行われるものではない。教育基本法を参照するまでもなく，子どもたちには，将来の社会を担っていくという課題が課せられており，加えてよりよい社会を創り出すことが期待されている。進路指導には，このような社会からの期待に応えつつ，進路を選択する個人を尊重した指導であることが求められるのである。

（3） 進路指導の現状

現在の進路指導を一言でいい表すならば，発達途上という言葉がふさわしいであろう。従来の進路指導に対しては，どこへ進学するか，どこへ就職するか

という問題に傾斜した出口指導という批判が強かった。それに対して現在の進路指導の努力は，できるだけ多くの情報や機会を生徒に与えるという方向へ向かっている。これは継続的な進路学習を重視し，指導を充実させようとしているのである。

　進路指導の事例集的な情報は多いが，それらを見ると多種多様な例が掲載されている。先輩や地域の社会人を学外講師として招いて体験談を聞いたり，職場体験学習など校外体験学習に出かけたり，個別カウンセリングを実施したり，適性検査を受けさせたりと，多岐にわたる活動が示されている。また商業高校や工業高校では，インターンシップを実施しているところもある。

　しかし，進路指導がこのような変化を見せることで出口指導が不要になったかといえばそうではない。また将来的に不要になるかといえば，そうともいえない。進学の場合では，現実問題として試験で測定される学力が重要になる。また就職の場合では，中学・高校生は大学生のような自主的な就職活動は制度的に難しく，就職先の斡旋という形態が残ってしまう。本質的には，出口指導が望ましくない指導で，職場体験などが良い指導というわけではない。先の定義にもあるように，進路指導は生徒の様々な力をまんべんなく引きだすことが求められる。すなわち，いずれかひとつの指標や目的だけに傾斜しすぎることは，それがどのようなものであろうと進路指導としては問題なのである。

　この観点からすれば，多様な指導を積極的に採用しようとしている現在の方向は望ましいことである。ただし，最初の指摘にあるように，多くの情報が提供されるだけでは望ましい進路指導とはいえない。多くの情報が提供されるとともに，それを生徒が消化できるような工夫が必要なのである。次節では，いくつかの指導のエッセンスを取り上げ，留意点とともに紹介していく。

2　進路指導の方法と理論

（1）　発達段階と指導内容構成

　前章でも紹介されているように，進路に関する意識，態度，行動などの側面は，順次進展していくものである。このような変化は進路発達とも呼ばれる。

学校の進路指導では，スーパーの提唱した発達段階がよく参照される。彼は人生を5つの段階（「成長段階」「探索段階」「確立段階」「維持段階」「下降段階」）に分け，職業的な観点から人の生涯を記述している。

先に，最近の進路指導は指導内容の充実をめざしていることを指摘した。ここに発達的な発想を持ち込むと，指導内容を発達に対応した計画，もしくは発達を促進する計画のもとに整理する必要性が生まれる。スーパーの理論は，人生を通じての発達段階や，その中の学校教育段階の位置はよく表現されているが，各学校段階での細かな目標設定のためには概論的に過ぎると思われる。そこで，発達段階を踏まえた各学校段階での指導目標を整理したものを表III-6-1に示す。

表III-6-1では，進路を考える基本的なポイントについての気づきは小学生段階から設定され，その深化の過程が中学・高校段階に配置されている。学校教育において発達段階を考慮することは当然のことであるが，課題を整理し適切に配置するために，ぜひ押さえておきたいことである。

（2） 個人理解と検査の活用

生徒自身による自己理解を深めるためには，自己紹介文や「私の生活史」といったタイトルの文章を書いたり発表したりするなどの，内省による指導方法がよく用いられている。これは重要で有効な指導方法であるが，主観的な自己理解にとどまらないためには，客観的な視点も必要である。客観的な自己理解を促進する方法としては，両親や友人の目に自分がどのように映っているのかをインタビューを通して理解する，といった活動が用いられるが，それに加え各種検査を用いるという手段がある。

進路指導における検査は，特に20世紀前半における指導で重要視されていた。当時は人と職業のマッチングを重視する考え方（特性―因子理論もしくはマッチング理論）が主流をなしており，マッチングのためには，人の興味や能力などさまざまな側面を正確に測定する必要があったからである。現在では以前ほど頻繁には用いられなくなったとはいえ，検査が有用な道具であることには変わりない。

表Ⅲ-6-1　全国職業情報整備委員会（NOICC）のキャリア発達ガイドプラン

分野	段階 能力	小学校	中学校	高等学校
自己理解	能力1	・自分を知ることの重要性を知る。	・自分の良い面がわかり，自分の行動が他者に与える影響を理解する。	・自分の良い面を知り，行動が他者に与える作用と進路との関連を理解する。
	能力2	・他者とかかわる技能を身に付ける。	・他者とかかわり，他者を尊重する技能を身に付ける。	・積極的かつ効果的に他者にかかわる技能を身に付ける。
	能力3	・他者とのかかわりの中で生じる感情が変化し，成長することの重要性に気が付く。	・他者とのかかわりの中で生じる感情が変化し，成長することの重要性を理解する。	・他者とのかかわりの中で生じる感情の変化と成長が，自分に与える影響を理解する。
教育的職業的探索	能力4	・学校で学んだ事が，生活や職業と関連があることに気が付く。	・学校で学んだことが，社会や仕事を行う上でどのように役立つか知る。	・学校で学んだことと，進路設計との関連を理解する。
	能力5	・学習と働くことの関連に気がつく。	・学習と働くことの関連を理解する。	・働くことや学習に積極的に取り組む必要性を理解する。
	能力6	・職業にかかわる情報を理解し，使う技能を身に付ける。	・職業にかかわる情報を，位置付け，理解し，運用する技能を身に付ける。	・職業にかかわる情報を位置付け，評価し，応用する技能を身に付ける。
	能力7	・働くことにおける個人の責任と，働くことにおいて何が重要かに気が付く。	・仕事を探し，仕事に就くために必要な技能を知る。	・仕事を探し，仕事に就き，仕事を継続し，さらには仕事を変えるために備える技能を身に付ける。
	能力8	・仕事が社会において必要とされる働きにどのように関連しているかに気が付く。	・仕事が経済および社会において必要とされる働きにどのように関連しているかを理解する。	・社会的な必要や機能が，仕事の本質や構造にどのように作用しているか理解する。
進路設計	能力9	・意思決定の方法を理解する。	・意思決定の技能を身に付ける。	・意思決定し，それを補強する技能を身に付ける。
	能力10	・生活において，それぞれの役割が関連していることに気が付く。	・生活における役割の相互に関係していることを知る。	・生活における役割の相互関係を理解し，それを示す。
	能力11	・仕事にはいろいろあり，男女によって役割が変化していることに気が付く。	・職業は様々であり，男女の役割の変化を知る。	・男女の役割が絶え間なく変化していることを理解する。
	能力12	・進路設計の手順に気付き，進路設計が大切であることを知る。	・中学校段階での進路設計について理解し，高等学校とその先につながる，進路設計について知る。	・高校卒業後の進路設計を行う技能を身に付ける。

注）各学校段階ごとに，身に付けるべき能力を体系づけたもの（表は日本向けにアレンジしてある）。
出典）リクルート『キャリアガイダンス』2001年2月号。

利用できる検査としては、大きく分類して3種類ほどがある。(a)進路興味・職業興味の強さやその方向性を測定する、興味検査や志向検査、(b)進路発達の程度を診断する進路発達検査、(c)生徒の進路適性を明らかにするための進路適性検査である。利用の必要性や目的を明確にし、検査を支える理論を含めて検討したうえで適切なものを選択することや、実施時には、その時期や実施前後の指導内容との関連性に配慮するなどの点に留意し、有効に利用されることが期待される。

(3) 体験学習の活用

近年では、「総合的な学習」の時間が新たに導入されることともあいまって、啓発的経験としての勤労体験学習や職場体験学習を実施する傾向が強まってきている。この体験的学習を進路指導で利用するメリットは、次の2点に集約できるだろう。

そのひとつは、より具体的、現実的な職業観育成のためである。生活場所が労働場所と隔絶されたことや、マスメディアからもたらされる間接的情報などによって、現実味のある職業観を形成できていないと指摘される生徒への対応である。もう1点は、学習者の主体性の育成に有効であるという点である。進路指導の目標は、今だけでなく、これからを生き抜いていく力の育成であることから、生徒自らが進路にかかわる問題をとらえ、考え、判断し、解決していく力が不可欠である。体験学習は、これらの課題の克服に有効だと考えられているのである。

なお、体験学習を利用する際には、体験前の指導はもちろんであるが、体験後にも重要な指導のポイントがあることを理解しておきたい。体験から学ぶことは、「体験」「指摘」「分析」「仮説化」の4ステップを持つ循環過程と考えられている。例えば、職場体験（体験）をして、「『いらっしゃいませ』の一言がなかなかいえず、お客さんのようだった」という感想（指摘）が出てきたならば、なぜ「いらっしゃいませ」がいえなかったのか、なぜ「いらっしゃいませ」といわなければならないのか、などについて考え（分析）、自分なりの解答や解決策（仮説化）を生み出し、将来の行動（体験）につなげていく方向に

向かわなくてはならない。このようなステップの循環を促進することで、体験学習の効果が生まれてくるのである。

（4） 進路意思決定支援

　意思決定をする力は、教師主導、もしくは親主導から生徒主導へと決定の主体を移動するだけでは育成されない。冒頭の指摘にもあるように、人は意思決定の体系的な方法を知らないのである。生涯にわたって繰り返し続けなければならない意思決定の力を育成するためには、進路指導の中で意思決定方法について教授することが不可欠といえよう。その場合に、意思決定モデルを参照することが有用である。表Ⅲ-6-2に、一般的な意思決定の手順を示す。身近な例を取りあげながら、このような意思決定手順を参照するなどの指導が効果的であろう。

　意思決定手順についての指導は、スキルの面での支援として有用である。しかし、意思決定が困難な状況に陥ることは、スキルが不足しているためだけに起因するものではない。なぜ意思決定は難しいのかという問題に対しては、進路不決断研究で情緒的側面からの解明が行われている。

　進路不決断研究の結果から不決断と関連する主な情緒的要素を抽出すると、まず「不安」があげられる。進路についての情報不足、希望する進路と自分の能力の不一致、予測できない将来の社会変動など、多様な不安感情の原因が潜んでいる。次に、「葛藤」を取り上げることができる。これには、進みたい進路がたくさんあることに起因する葛藤や、就職するのも嫌だが無職でいるのも嫌であるといったことに起因するものが存在する。他には将来のことから逃げていたい、決定を先送りしておきたいという「モラトリアム」を続けたいという意識や、「あきらめ」という意識も指摘される。

　ここにあげた情緒的側面の問題は、先の意思決定スキルの問題と独立しているものではない。「どうやって進路を決めたらよいのかわからない」という不安を訴える生徒に、スキルを身に付けさせることができれば、決定プロセスに見通しが持て、不安が解消されると期待できよう。将来は運や偶然によって決まるとコントロールをあきらめている生徒に、多くの選択肢と出会うチャンス

表Ⅲ-6-2　意思決定あるいは問題解決のための一般的枠組み

	一般的段階	各段階での具体的方略の例
1	問題の明確化	・問題の領域あるいは意思決定の必要性の有無を探索し，明確にする。 ・当該の問題と関連する信念を検討する。 ・目標を言明する。
2	計画の樹立	・問題あるいは意思決定への立ち向かい方，解決の仕方の概略を決める。 ・その計画の各段階の時間的枠組みの設定と，解決あるいは意思決定の最終期限の暫定的決定を行う。
3	選択可能な方向の発見	・各選択方向，選択肢，あるいは行動方向について情報を収集する。 ・望ましいかもしれない選択方向の検討を除外している根拠を調べる。 ・主要な選択方向のリストをつくる。あるいは，考慮すべき主要な選択肢をはっきり述べる。
4	自分自身についての評価	・もしそれが適切であるなら，意思決定ないし問題と関係する技能，あるいは，パーソナリティー変数についての評価を行う。 ・価値観を明確化する。あるいは，関連する価値の優先順位やニーズのリストを作成する。 ・関係する諸変数の重要性を確定する。
5	生じうる結果についての検討	・各選択方向をとった場合に生じうる結果，利益と損失，危険性について考える。 ・予測された肯定的結果ないしは否定的結果にもとづき，各選択肢について，慎重に評価，考量する。
6	選択方向の体系化と除外	・各選択方向がそれぞれ重みづけのなされた価値を創出する確率の評価を行い，それをもとに表を作成して，それぞれの損失と利益を比較する。 ・各選択肢ごとに算出した値にもとづいて，望ましさの程度がもっとも低いものから除外し始める。
7	行動の開始	・ある選択肢を試してみると言明する。 ・具体的な計画を立てる。その後，その決定を実行する，あるいは，解決法を実施する。

出典）クルンボルツとキンニア（1984）。

（偶然）が必要なことを理解させることができれば，意思決定スキルへの興味を引きだすことができるのではないだろうか。このように，スキルの側面と，情緒的な側面の両面からの指導が求められる。

（5）　進路相談と開発的カウンセリング

　カウンセリングには，さまざまな手法がある。進路指導独自のものという手法は見られないが，ここでは開発的カウンセリング（developmental counseling）をとりあげたい。ブラッカーは，これを，相談者自身が発達課題を達成

し，問題解決のためのさまざまな対処行動を獲得することによって，社会的役割を効果的に遂行することを援助する活動と指摘している。開発的カウンセリングは進路相談という状況によく適合するモデルといえる。

以下に，開発的カウンセリングの11の技法を示す（中西，1989）。しかし，開発的カウンセリングは理論的には提唱されていながら，その方法論としては，まだまとまったものが示されていない。今後のさらなる発展が期待されるところである。

①自己評価：クライエントによる現実的な自己理解への援助。
②情報提供：問題解決のためだけでなく，視野を広げ，洞察を深めるために，適切で有用な情報を積極的に与える。
③激励：カウンセリング関係を生き生きと活性化させ，クライエントの自我を強める。
④計画樹立：心理的・社会的発達に応じた長期・中期・短期の目標の明確化と計画。
⑤探究：クライエントによる自己の再探究。
⑥分析：クライエントにとっての意味の解明。
⑦解釈：意味の解明によって見いだされた意義の探究。
⑧明瞭化：解釈過程の一部であり，正確な意味に焦点をあてたり，検討される資料や考えを明確にする。
⑨承認：クライエントの考え方や行為，計画に対する責任ある承認。
⑩発達の評価：クライエントの潜在能力と実際の能力の差異の検討などの評価。
⑪再強化：カウンセリングの過程で引きだされた長所の強化。

3　進路指導のこれから——進路は指導できるのか

「進路は指導できるのか」という問題を考える場合，もっとも重要なポイントは「指導」とは何を指しているのかについて吟味しておくことだろう。進路指導は難しいといわれるが，その理由のひとつとして進路には正解がないから難しいという考え方がある。確かに，正解を見つけることが指導の目標であれ

ば，進路は指導不可能なものになってしまう。しかし，学習指導要領などを参照すれば明らかなように，指導の目標は，進路指導にしても他の教科にしても，正解を導くことができるようになることではなく，見方や考え方，態度を養うことである。このように，進路指導の定義にもとづいて指導を行うなら進路は指導可能であるが，結果や成果だけを追い求めると，その責任を負った指導は不可能となるのである。

　そのため進路指導はその基本的な目標を常に意識しながら計画されなければならない。進路指導の目標は定義に示されているが，それをさらに要約すると，自己（生き方）理解，進路理解，進路決定方法の理解の3点にまとめることができる。これは表Ⅲ-6-1の分類にもあてはまる。さらに，付け加えるとすれば，将来を見通す力の育成が必要であろう。今後，社会がどのように変化していくのか，自分は今後どのような勉強をして力を蓄えていくのか，などを予測し対応する力といい換えてもよい。ベンチャーにしてもキャリアアップにしても，このような力が不可欠なのである。

　しかし，このような人生の創造力とでもいうべき力の育成については，理論も方法論もまだ確立されていない。社会の変動はますます早く，激しくなるであろうが，そのような社会の中で，自分の生き方を見失わずに生きていくには，変化への対応能力が必須条件になる。学校を卒業するとき進路選択ができるにとどまらない，汎用性と柔軟性，そして創造性を持った生きる力を育成することが，進路指導には求められている。

〈引用文献〉

クルンボルツ，J. D. & キンニア，R. T.　1987　「効果的な進路相談のすすめ方」ガイスバーズ，N. C. 編『進路設計』所収，日本進路指導学会訳，日本進路指導協会
中西信男　1989　「開発的カウンセリング」伊藤隆二編『心理療法ハンドブック』所収，福村出版
藤本喜八　1987　「進路指導の定義について」『進路指導研究』8

〈キーワード〉

インターンシップ
インターンシップ制度とは，学生が学習した基礎的理論を，現実の世界で直接的に経験し，実践することによって，その後の学習効果を高めようとする体験的教育プログラムのことである。現在は産官学協同で，大学生などを対象に部分的に導入が進んでいる程度であり，今後のさらなる普及が期待される。

啓発的経験
進路指導に限らず，教室での一斉指導の中では指導内容が抽象的・観念的なものにならざるを得ない場合がある。例えば，「働く意味」を教授しようとしても，資料やビデオなどだけでは伝えきれないものがあるだろう。このような抽象的・観念的な指導内容を，具体性・現実性を持ったものとして理解することに役立つ，日常生活の中や計画された状況下での経験や体験を総称して啓発的経験と呼ぶ。

進路適性
進路適性は，一般的に使われている「適性」とは多少意味合いを異にする。適性の一般的意味合いである，将来に期待できる可能性としての能力はもちろん含まれるが，それだけではなく，知能や学力などといった能力的側面と，興味，性格，価値観などの人格的側面をも意味する用語である。教育界で，近年注目を集めるようになった「個性」という言葉も，進路適性と同じ意味を持つと指摘されている。

意思決定モデル
意思決定モデルは，記述モデルと規範モデルに分類できる。記述モデルとは，意思決定の過程がどのようになされているかをモデル化したものである。規範モデルとは，理想的・合理的な決定方法をモデル化したもののことである。表III-6-2に示したものは，簡潔で応用しやすいように一般化されたモデルである。

（浦上昌則）

第IV部

人間理解と教育

　われわれは青少年の知的能力である学力を高めることに目が向きがちである。しかし，本当に目指すべきは，青少年が成熟した大人として社会化することであろう。子どもを社会的人間として円滑に成長させるためには，直接の関係者である教師が，子どもをよく理解していることはもちろん，教師自身の働きについても，深くとらえていることが重要である。第1章「児童・生徒がわかるとは」では，児童・生徒理解の意義や方法，その留意点などについて詳しく解説する。第2章「教師のはたらき」では，教師は単に知識の提供者に止まらないじつに多様な働きをしていることを具体的に示したい。

　わが国の社会が豊かになるにつれて，日本の青少年や教師による海外との交流がたいへんに盛んになっている。すなわち，日本の子どもの短期や長期での外国滞在や，外国人の子どもの日本での就学も増えている。異文化との接触は，青少年の発達に大きな影響を及ぼしている。第3章「異文化とどうつき合うか」は，異文化接触にともなって起きる問題や交流の考え方について学ぶ。

　また第4章「学校における心の問題」，第5章「現代社会と心の問題」，第6章「学校でカウンセリングをするということ」の3章では，心の悩みとはいったい何か，学校や現代社会は青少年にどのような心の緊張，ストレスを生み出しているか，時代や社会の大きな変化は何をもたらしたか，また心の問題にどう対処したらよいか，などの問いを考える。具体的にはカウンセリングや悩める人をサポートする方法や理論について学ぶ。特に今日，スクールカウンセラーの役割について理解することは大切であるので具体的に解説した。

第1章

児童・生徒がわかるとは

1　児童・生徒理解の意義・必要性

（1）なぜ児童・生徒理解が必要なのか

　少年事件などが起こったとき，周囲の大人が「そんなことをする子には見えなかった」とコメントすることが少なくない。これは，本当にその子を理解していた人の発言なのであろうか。もし正しい理解があれば，事件は防ぐことができたのかもしれない。実際，筆者がかかわっていた学校で，このようなことがあった。ある男子生徒が「自分はいじめられている」と訴え，突然教室に入ることを拒否し，「いじめた生徒を他クラスに移すか，退学させないと，ずっと別室登校を続ける」と主張した。確かに男子生徒が彼をからかうような言動をしたことがあったのは事実だが，「恐怖を感じて教室に入れない」と彼が主張するほどのものとは到底思えなかった。

　「もうそのようなことがないように注意して，相手も反省しているから，教室に戻っても大丈夫だ」という教師や親のいかなる説得にも聞く耳を持たないかのような彼の頑固さに学校側は困り果てた。担任は「おとなしくて，成績は今ひとつだけれど，真面目な子だったのにどうしてしまったのだろう」と困惑していた。進学してくる前の学校でも問題はなかったということであった。そのうち彼は「どうしてあんなひどい奴が教室に居続けて，自分が別室登校せねばならないのか。あいつを退学処分にしてくれ」と生徒指導主任に迫り，相手

に「呪いの手紙」と称した恨みを綴った文書を送り続けるようになった。相手の生徒の方が，精神的に参ってしまうような状態になり，事態はいっそう深刻化した。担任から相談を受けた筆者は，本人の面接だけでなく，彼を取り巻くさまざまな人々から情報を得て，彼に対する教師の理解が正しくなかったことを実感した。彼はむしろ「このような事態になることに注意しなければならない生徒」だったのである。

『生徒指導の手引き（改訂版）』（文部省，1981）では，生徒の人格を望ましい方向に形成しようとする際に，個々の特徴や傾向をよく理解し，把握することが重要だとしている。また，生徒理解によって，伸ばすべき長所，改善すべき短所，その生徒に合った効果的な指導法などが明らかにされるとも述べられている。他に，高等学校学習指導要領を見ると，教育課程の実施等にあたって配慮すべき事項に「教師と生徒の信頼関係及び生徒相互の好ましい人間関係を育てるとともに生徒理解を深め，生徒が主体的に判断，行動し積極的に自己を生かしていくことができるよう，生徒指導の充実を図ること」があげられている。こうした記述から逆にいえるのは，児童・生徒をより正しく理解しようという努力なしでは，学習指導であれ生徒指導であれ，学校教育の効果は期待できないということであろう。

(2) 誰が何を理解すべきなのか

教育は，教師と生徒および生徒相互の好ましい人間関係を基盤として，生徒が人間としての生き方や自己実現を図るのに必要な能力や態度の育成をめざすものである。それを効果的に行うには生徒の能力・適性や家庭環境などを教師が的確に把握する必要がある。また，生徒側に立てば，個々の生徒が自分についての理解を深め，その能力や適性を生かして適応をめざし，問題を解決していくことが求められる。これらの教師による生徒理解と生徒自身が行う自己理解とは，相互に強い関連性を持ち，教育の目標実現に不可欠な条件になるといえよう。

特に，教師による生徒理解に比べ，生徒自身の自己理解は看過されがちである。トラックスラー（1945）は，生徒指導の究極的な目標は生徒が自己指導で

きる状態に達せしめることだと述べているが，自己理解なくして，自己指導はあり得ない。従来の研究は，教師が生徒をどう理解するかに重点を置いてきたが，これからは教師のどのような働きかけが生徒の自己理解を促進するか，という点についても検討が必要であろう。

2 児童・生徒理解の内容

　生徒の個性は複雑で，その現れ方もさまざまである。教師には，それらをできるだけ幅広く正確に理解することが求められるが，なかでも特に重要だと考えられるものを『生徒指導の手引き（改訂版）』を参考に取り上げてみたい。

　まず，生育歴では，胎生期や周生期など発達の初期からチェックし，発達上の問題などがないかを確認する必要がある。単に，例えば「始語が3歳だった」などの遅れのみを見るのではなく，バランスよく発達を遂げてきたか等も重要である。次に家族歴では，家族の社会・経済的状況や雰囲気，教育的関心などに加え，両親の価値観やしつけの態度，きょうだいの有無とそれらとの関係，同居している者の性格やその者と児童・生徒との関係なども大切な情報になる。また，家族も含めた親族に，何か特徴的な者はいないかどうかを知っておくことも必要であろう。これは遺伝的な素因などを理解する際にも重要である。

　本人の性格傾向にも注意が必要である。ふだんの生活の観察からもこれを把握することはできるが，教師のいる場面でのみ見せる顔もあるし，あまり表面には出てこない部分もあることを忘れてはならない。たとえば，緘黙傾向の子などは学校ではおとなしいが，家では闊達であったり，内弁慶でわがままであったりする場合もある。

　友人関係は現在がどうであるかだけでなく，過去からの推移を見ることも大切である。また，独占的，付和雷同的など，交友関係における本人の特徴も把握しておきたい。問題視されている集団とのつき合いの有無なども見ていく必要性があるが，それが偏見につながらないように注意することはもちろんである。身体的健康状況の理解は病歴や身長，体重，栄養状態などとともに，慢性

疾患などの持病の有無，身体的に弱い部分の把握なども含まれる。ストレス性の潰瘍やある種の喘息など，身体の病気であっても心身症のように心理的な影響を見逃せないものもあるので，その点の理解も重要であろう。

　教育歴，学業成績（教科の好き嫌い，得意・不得意，学習習慣なども含む），出席状況など学校生活についての資料は，学校生活への適応状況を理解する上で大切なものになってくる。対教師関係や学校に対する態度，学級やクラブといった学校におけるさまざまな集団内での役割なども，的確にとらえられているとよい。

　そのほか，日常の観察や対話などからは得られない情報を提供してくれるものとして検査がある。たとえば，その子の持っている知能などが必ずしも学力に反映されていない場合もある。知能検査の結果はそれに関する重要な情報を提供するだろう。性格や適性などについても種々の検査を活用して，その結果も参考にしながら児童・生徒理解をしていくのが肝要であろう。ただし，検査結果にばかりとらわれて，本人の実態を軽く扱うようなことがないように注意も必要である。

　ここでは，児童・生徒理解の内容に関して特に重要と思われるもののみを取り上げたが，もちろんこれ以外にも大切なものはたくさんある。上記の内容も含めて，あらゆる側面から，バランスの良い視点で理解を進めることが大切であろう。

3　児童・生徒理解の方法

　児童・生徒理解の方法にはさまざまなものがある。各方法にはそれぞれの特徴があり，また限界や問題点もある。その点をよく理解した上で，その方法の実施に熟達すれば，有効な情報を提供してくれるだろう。

（1）観察法

　観察法は，観察者である教師の「目」を通して生徒の行動や人間関係の特性を直接とらえようとするもので，大きく「自然的観察法」と「実験的観察法」

に分けられる。前者は日常生活場面での行動を，後者は実験的な操作によって特殊な場面を作り，そこでの行動を観察する（最近は構成的エンカウンターグループの手法を用いて，グループ活動中の様子から情報を得る方法が良く採られている）。教師は，教室内での生徒の動き，休み時間などでの遊びの様子，クラブ活動等，日常生活を自然に観察することによって，児童・生徒を理解する手がかりを得ることが多い。その意味では児童・生徒理解のために教師が用いるもっとも簡単で本質的な方法だといえる。

　ただ，この方法では，行動観察の際にどうしても教師の主観性が強く働きやすい。また，観察が一面的になったりもしやすい上に，結果を数量化しないので，厳密な意味での他の生徒との比較がむずかしい。「教師は常に生徒を見ているのだから」という意見もあるが，ただ見ているだけという可能性もあり，常に科学的な観察をしているわけではない。効果的に観察を進めるためには時間見本法や場面見本法といった方法を用い，行動目録法や評定尺度法などの適切な記録法で記録することが求められる。

（2） 面接法

　生徒と直接相対し，相互のコミュニケーションを基盤として情報を収集するのが面接法である。これも観察法と同じように「学校では日常的に行われている」とよくいわれる。確かに人と人とが面と向かって話し合えば面接であるから，ある意味でそれは正しい。しかし，児童・生徒理解のための面接をする際にはある程度の技術や守るべき基本的態度が要求されよう。このような面接では，児童・生徒の知識，要求，考え，性格などについての情報を得ることが目的であり，児童・生徒の人格を総合的に把握することをめざしている。この面接法がうまくいくためには，教師側の十分な経験と訓練が求められる。

　面接法でもっとも重視されるのは被面接者である児童・生徒との間に「ラポール」と呼ばれる親和関係を形成することである。そのためには受容的で温かい雰囲気作りをし，彼らの語る話をその内容にかかわらず関心を持って傾聴する必要がある。また，話しぶりやその話の中身によっては，批判したくなる場合もあるが，少なくとも理解するための面接では，共感的に応ずるべきであ

ろう。

　実際に面接をすすめるにあたっては，答えやすい質問から入って，徐々に答えにくかったり，回答に躊躇したりする問題へと進めていく方がよい。加えて，一般的な質問から特殊な質問へという形で質問の順番を工夫することも多い。このように最初は核心にふれないような単純な質問を行い，ラポールの形成される度合いを見計らいながら核心に少しずつ近づいていく。「閉じた質問」「開かれた質問」と呼ばれる質問の仕方も重要である。いわゆる「はい，いいえ」で答えられるような閉じた質問ではなく，被面接者が自由に語ることができるような開かれた質問をする方が，豊かな情報を得やすい。例えば，「友達のＡ君はあなたに対して優しいですか」と尋ねるよりは「友達のＡ君はあなたに対してどんなふうに接してくるのですか」と聞く方が，自由な反応を引き出しやすいであろう。

　面接法では言語的なやりとりが主となるが，決してそれのみにとらわれてはならない。表情，身振り，話し方など非言語的な情報にも目を向けなければならない。言語的なコミュニケーションとともに観察も行うというのが面接であり，そのためにはかなりの熟練が要求されよう。

（3）　検査法

　客観的，科学的な生徒理解のために各種の検査が使用されることも多い。自分のクラスの学習到達度などを測定するといった特定の目的から教師が独自に作成するテストも広い意味で検査のひとつにあたるが，ここでは標準化の手続きをへて妥当性，信頼性が得られた標準検査についてみていきたい。

　（a）　能力を理解するための検査

　これには，知能検査，学力検査，適性検査などが該当する。知能検査は集団式と個別式があり，個別式は知能を診断的・分析的により詳しく測定したい場合に有効である。わが国で代表的なものは田中ビネー式，鈴木ビネー式といったビネー式検査と，より分析的なWAIS-R，WISC-Ⅲ（いずれも日本語版）といったウェクスラー式検査がある。

　集団式知能検査は多人数を同時に集団的に検査するもので，筆記検査が中心

となる。種類としてはA式（言語式），B式（非言語式），C式（A式，B式の混合）検査がある。

学校においては集団式の方が利用度が高く，個別式は児童相談所や病院などでなされるのがほとんどである。

適性検査は学業や職業に関して求められる適性を保持しているか，または潜在的可能性があるかどうかを把握するものである。例えば，進学適性検査などは進学して当該の教育課程を履修することが可能であるか，文系，理系どちらのコースに向いているかなどを測定する。また，職業適性検査は職業に対する適性，能力などを見るもので，一般職業適性検査と特殊職業適性検査（事務的職業適性検査や機械的職業適性検査など）とに分けられる。

(b) 人格面を理解するための検査

性格検査，興味検査などがこれにあたる。性格検査は，気質，向性，情緒などを測定するもので，その種類も膨大である。そのため，どのような目的で検査を実施するかを明確にし，どのような性格特性を測定するものかなど，使用する検査の性質についてあらかじめ知っておくことが重要となる。形式の違いによって，以下のような種類がある。

質問紙法検査は，性格特性に関する質問項目を列挙し，一定の形式で答えさせる（「はい・いいえ」の2件法や「あてはまる，ややあてはまる，どちらでもない，ややあてはまらない，あてはまらない」の5件法など）方法で，「矢田部・ギルフォード性格検査」などが代表的である。作業検査法は一定の作業負荷を与えてその遂行過程などから性格や気質を把握しようとするもので，1桁の数字を単純加算する「内田クレペリン精神作業検査」が学校では多く使用されている。他に，漠然としたあいまいな刺激を与えて被検査者の自由な反応を引き出す投影法検査もある。代表的なものは「ロールシャッハ法」や「主題統覚検査（TAT）」などであるが，より深層に近い部分を知ることができるという長所を持つ反面，実施や解釈に熟練を要するので，安易な使用や中途半端な結果解釈は被検査者に対して悪影響を及ぼす場合もあり実施には慎重を期すべきである。

検査は児童・生徒の個性を客観的に把握する際にきわめて有用な資料を提供してくれるが，その乱用・誤用は絶対に避けるべきであり，その実施や結果の

解釈，さらにその結果の被検査者へのフィードバックなどには十分な配慮をすることが求められる。

この他にも，日記，作文，絵画などの作品分析や質問紙調査，社会測定的方法などがあるが，それらについては章末のキーワードを参照されたい。

4 児童・生徒理解における留意点

これまで述べてきた方法によって得られた情報を児童・生徒理解に活用する際は，以下のような点に留意しなければならない。

まず得られた情報はきちんと整理し，必要な場合は正しい統計処理を施し，見やすく利用しやすい形（たとえばグラフ化）でまとめなければならない。そして，適正な管理のもとに保管し，プライバシーの保護には最大の注意を払うべきである。また，資料の活用にあたっては，主観的な見方による誤りなどを犯さないように気をつけ，短所や問題点ばかりでなく，長所やこれから伸ばしていけるとよい点にも十分注意を向ける必要性がある。

ある個人の一側面の評価にとらわれて全体像を見誤ってしまうハロー効果や，教師の否定的な思いこみが生徒を指導する際に悪く影響してしまうことなどには特に注意し，共感的，発達促進的な姿勢で正しい理解を進めることが望まれる。

5 児童・生徒理解の課題

実際に児童・生徒理解に教育心理学がどの程度貢献しているかを考えると，理解のための方法や得られた情報の整理という点ではかなり重要な役割を果しているものと考えられる。しかし，多くの児童・生徒を少数の教師が相手をする状況では，得られた情報を丁寧に扱っていくのには労力的・時間的な制約がある。これは，児童・生徒理解の方法が人格心理学や臨床心理学の知見の援用にとどまり，教育現場で使用されることを意識した独自のツール開発などが遅れているためだと考えられる。学校心理学の研究者が，質問紙法を中心に尺

度などを検討しているが，標準化できるまでにいたっていないものがほとんどである。また，教師が子どもを理解するという一方向的な考えでの研究があるが，理解の基本は相互理解である。そのためには，子どもが教師をどう理解するかという点が教師の子ども理解とどのような力動的関係を持つのかを明らかにすることが必要であろう。すなわち教師が一段上の立場から理解するのでなく，水平的な関係の中でお互いをどう理解していくかという点についての関係的視点に立つ検討が不可欠である。さらに，児童・生徒理解の目標が児童・生徒自身の自己理解，自己指導にあるなら，教師自身の自己理解促進もまた必要になろう。こうした点についての詳細な検討がとりわけ必要である。

　しかし，こうした多くの変数を力動的に扱うには，従来の教育心理学のいわゆる伝統的手法に加えて，「事例検討」をもっと積極的に導入していくことが必要とされるであろう。実際，教育心理学会でも「実践研究」と称して，事例を交えた研究がなされるようになっている（例えば浦野，2001，杉山，2001など）。この影響が教育現場にもおよべば，児童・生徒理解のための事例検討などが広がって，個々の教師が抱えていた情報や悩みを教師間で共有し，連携を保った児童・生徒理解という好ましい形が生まれるのではないだろうか。

　最後に冒頭の事例に戻ると，その生徒は対人関係やもののとらえかたに独特のこだわりがあり，地域の人はそれを知っていた。では，なぜ高校に入るまでは問題がなかったかといえば，小中学校とも家族的な雰囲気で，各学年1クラスの少人数学級であったため，クラスの者全員が小学校1年から彼と9年間一緒のクラスにいることで，彼のその特性に対する適切な対処法を心得ていたからである。診断的にはアスペルガー障害と呼ばれるものであるが，「小中通して問題がない」という背景にはこんな見落としも含まれており，生徒理解のための情報収集の難しさを痛感させるケースである。この事例をもとに教師と事例検討を行ったところ，同様の問題を抱える生徒が他にもいることが判明し，対処法を検討してトラブルを未然に防ぐことができたことを付言しておきたい。

〈引用文献〉

浦野裕司　2001　「学級の荒れへの支援の在り方に関する事例研究——TT による指導体制とコンサルテーションによる教師と子どものこじれた関係の改善」『教育心理学研究』49
杉山雅彦　2001　「教育心理学と実践活動——中学校における不良行為の改善と予防に関する検討」『教育心理学年報』40
文部省　1981　『生徒指導の手引き』（改訂版）
────　1999　『高等学校学習指導要領』
Traxler, A. E.　1945　*Techniques of Guidance*, Harper & Bros.

〈キーワード〉

ビネー式知能検査

ビネーは特殊教育の必要性がある子どもを見つけるために，知能検査を1905年に作成した。この検査はさまざまな課題を易から難の順で並べたもので，後にこれを年齢級ごとの課題にすることで「精神年齢」を測ることが可能になった。さらにターマンは現在のビネー式検査のもとになるスタンフォード・ビネー知能検査を開発した。その中でシュテルンの提案した「精神年齢を実年齢で割って100倍する」知能指数を採用して，異年齢間での知能の比較を容易にした。

ウェクスラー式知能検査

ウェクスラーは，知能を診断するための尺度を開発し，それをもとに WISC（児童用），WAIS（成人用），WPPSI（幼児用）という3つの知能検査を作成した。これらは言語性検査と動作性検査からなり，十数個の下位検査から構成されている。また，従来の知能指数ではなく，被検査者の当該年齢群の中での位置づけを示す，偏差知能指数を採用しており，それは平均100，標準偏差15の分布になるよう設定されている。

Y-G性格検査（矢田部・ギルフォード性格検査）

矢田部達郎らはギルフォードの性格特性論的研究をもとに，抑うつ性や神経質など12特性をとりあげて120項目からなるY-G性格検査を作成した。集団実施が可能で，採点も容易であり，社会的な適応性をプロフィールから読みとれるために，日本でもっともよく用いられる目録式検査となっている。また性格理論については，この検査のようにいくつかの性格特性のプロフィールから性格を把握しようとする特性論の他に，いくつかの典型的タイプに個人を当てはめようとする類型論（例えばユングの内向・外向タイプなど）がある。

質問紙調査法

児童・生徒の知識，態度，意見，要望などを把握するためにいくつかの質問項目を配列した調査用紙を用いる方法である。時間や労力といった点では一番効率的で，知りたい内容を簡単に把握できるという利点がある。しかし，たとえば社会的に望ましい方向に回答が引きずられたり，わざと回答を歪められたりする危険性もあり，回答と本心が一致しないなどの防衛的反応態度にも配慮せねばならない。

社会測定的方法

　厳密にいえば質問紙調査法に近いが，個人の対人関係世界を描き出したり，学級集団の関係性や構造などを知るために用いられるものである。代表的なものにはモレノの提唱したソシオメトリー理論にもとづく，ソシオメトリック・テストがあり，学級集団の勢力構造や地位関係などを把握できる。また，ゲス・フー・テストのように何らかの行動・性格特性を顕著に持っている級友名をあげさせる方法もある。ただし，これらの実施や結果の利用に関しては，たとえば，特定の個人に対する好ましくない評価などにもふれる場合があるため，慎重な配慮が必要である。

ハロー効果

　光背効果ともいい，特定の性質に関する認知が一度成立すると，それが一般的な背景となって，それ以降そのことに関する判断が一定の方向に枠付けされる傾向を指す。例えば，ある生徒の成績がよいと，性格までも良いと勝手に判断してしまう場合などがこれにあたる。

　　　　　　　　　　　　　　　　　　　　　　　　　　　　　　　（西出隆紀）

第2章

教師のはたらき

1 教師への期待

　時代の流れとともに，教師の仕事はより多様になってきており，ますます大きな期待が教師に対して寄せられている。期待に十分応えるためには，教師が自らの仕事をやりがいのあるものだと認識することが大切である。仕事としての「やりがい」に影響を与える条件として，業務内容に関する裁量の自由度や業務遂行上の円滑な人間関係などをあげることができる。教職を考えた場合，その条件のひとつは，教師が周囲の人から認められ尊重されることであろう。しかし，かつて地域から尊敬されていた教師が，現在必ずしもそのような存在ではなくなり，時に批判の対象とさえなっている。このような状況の変化について，広田（1999）は「明治の学制以後，親が学校に期待した教育目標はシンプルだったため，学校と教師はそれに十分応えることができた。ところが，大正期の新中間層出現以降，親は学校に対して多様で相互に矛盾する期待（厳格主義・童心主義・受験主義）をもつようになり，それらに応えられない（そもそも矛盾ゆえに応えられない）教師は次第に尊敬されなくなった」と分析している。

　この分析から少なくとも次の2つの指摘が可能である。ひとつは，学校・教師が社会・親とともに，子どもの健全な発達という理念と時代の変化とを念頭において，一貫性のある新しい学校教育の目標と内容を決めるという「地域内での連携」の必要性である。いまひとつは，教師がこの新しい教育内容に対応

できる実践力を身につけるという「教師の自己成長」である。学校（教師）と地域社会（親）が，信頼関係を築きながら，子どもの立場にたった発達観から導かれた目標（期待）の達成に一緒に取り組むことが必要な時代になってきていると思われる。

　一般に私たちはモデルとなる人物からその態度や思考・行動様式などを取り入れる傾向がある。これを観察学習（モデリング）と呼ぶが，学習者にとってモデルが意味のある存在であればあるほどモデリングは成立しやすい。これについて，ローレンツ（1973）による「人間というものは，ある人を心の底から深く愛し同時に尊敬するときはじめて，文化的伝統を自分のものにすることができる」という指摘は示唆的で普遍性をもつ。子どもが教師を尊敬に値する人物として認知するようになれば，文化的価値を伝達するシステムとしての学校教育はより高い成果をあげられるであろう。

　地域からの信頼と子どもからの尊敬（それらはかつて聖職と呼ばれていた頃のものとは明らかに異質ではあるが）を得たとき，"教職はやりがいのある仕事"として新たに生まれ変わると考えられる。本章では，以上で述べてきたような，"連携と自己成長によって支えられる教師の復権"を念頭におきながら，「教師のはたらき」を主に"役割"という観点から検討する。

2　教師の多様な役割

　多様な役割については，女性の社会進出を考えるとわかりやすい。職業をもつ女性が結婚すれば仕事と妻という2つの役割を果たさなくてはならない。夫の親と同居すれば嫁，子どもが産まれれば母，そして病気の老親の世話をすれば介護者というように，次々と新しい役割が付与されていく。第1節で指摘したような連携の必要性を考えると，教師にも今まで以上に新しく多様な役割が付加されるようになるであろう。そこで，学校教育において期待される役割も含めた教師の果たすべき多様な役割をとり上げ，それぞれの役割にかかわる教師のあり方を論じる。

（1） 学習指導の設計者

　学習指導は従来から教師の重要な役割のひとつであるが，単に教科内容を効果的に伝達する力量に加えて，どの教科にも共通に必要とされる学習指導に関する一般的原理にもとづいて，子どもたちの学びの流れを意図的に計画する能力も教師には求められる。

　まず大切なのは，学習（授業）目標の具体化である。指導案でよく見られる「〜について理解を深める」といった目標は望ましいとはいえない。なぜなら，目標はできる限り子どもの行動レベルで設定されていなければ，それに続く学習活動（授業実践）と学習（授業）評価が曖昧なものになってしまうからである。例えば，「〜についてA，B，Cという3つの概念（言葉）を使って整合的に説明できるようになる」という具体的な目標に置き換えると，子どもにどんな活動をさせればよいのか，子どもにどのように働きかけたらよいのかが考えやすくなる。Aだけが既習の概念であるとして，残りの2つの概念を教師が説明したほうがよいのか（一斉授業），それとも子どもたちに発見させたほうがよいのか（グループ学習）などの授業形態が選択しやすくなり，それに応じた教材の準備も適切になされる。さらに，学習（授業）の成否を判断する評価は何らかの形式で子どもたちが「〜を3つの概念で説明できるかどうか」を測定できるような方法をとればよい。明確化された単元全体の目標から各時限の具体的目標を導き出したうえで，「1時限」ごとに「具体化された目標→目標に応じた学習（指導）→目標に応じた評価」といった一連のサイクルが積み重ねられ，それが単元全体の学習を形づくるという授業のシステム設計の能力が求められる。

（2） 体験型学習の創造者

　2002年度からの本格実施を前にして，「総合的な学習」の時間を試行的に授業カリキュラムに導入・実践している小学校・中学校・高等学校はかなりの数にのぼる。これらの学校では，福祉・人権教育，環境教育，情報教育，国際理解教育など体験型の学びが展開されている。このような総合的学習における基本的なポイントを梶田（2000）は〈3つの大切〉〈4つの工夫〉〈2つの力〉の3

点に整理している。〈3つの大切〉とは，子どもの学びが「課題性」「体験性」「自ら」の特性をもっていること，〈4つの工夫〉とは，「時間」「指導者」「場」「形態」を柔軟に設定すること，〈2つの力〉とは，子どもの「自己学習力」と「創造的主体的な生きる力」を育てることだと提起されている。

以上から，生きる力（ここに自己学習力も含まれよう）を子どもたちが身につけることを目標とし，子どもが自ら課題設定をし，体験を通じてその課題を解決していくという観点から，教師が時間・指導者・場・形態を決定していけるのが総合的な学習の時間であるといえよう。ここでも(1)で述べた授業設計者としての教師の重要性は変わらない。しかし，子どもが到達すべき最終目標である「生きる力」という言葉そのものはひじょうに抽象的である。したがって，学年目標，単元目標，1時限ごとの目標を導く際の具体化の成否は大きく教師の手腕に依存する。

そこで，抽象的な目標をどのように具体化していけばよいのかについて考えてみたい。すでに述べた各種の体験型学習はそれぞれに多様な到達目標を内包しているが，それらを子どもたちの生きる力に結びつく目標に転換させなければならない。学校で「学んだことが実生活に転移し，現在および将来にわたって継続される」ことが「生きる力」の獲得だと考えれば，目標はそれぞれの領域において子どもが適切に「実践していける力」となる。実践する力（主体的認識）は，問題となる状況に気づく力（感性的認識）および問題を効果的に解決する力（理性的認識）と相互に循環した関係にあるが，目標の具体化を中心としたカリキュラム作成の方法のひとつを「環境教育」を例にとって説明する。

環境教育の目標が「持続可能な社会（世界）の構築に一人ひとりがそれぞれの立場で主体的に貢献すること」，いい換えれば「各人のライフスタイルを環境保全の方向に変化させていくこと」を前提にすれば，地球上で展開されている生産・消費・廃棄という人工的な営みと自然界の物質の循環とをめぐって，それぞれの立場の人や機関がどのように相互依存しあっているかを明らかにし，それを環境教育のための枠組みとする方法が有効であると考えられる（伊藤，1998）。このような枠組みがあれば，そこから教師は子どもの認知的な発達段階に合わせた系統的なカリキュラムを構成することが可能となり，具体的な目

標も引き出しやすくなる。もちろん，この方法は，環境教育以外の領域にも応用できると思われる。

（3） 地域連携の調整者

「生きる力」の獲得のためには体験型の学びが不可欠である。そのためには，地域の諸機関（エイジェンシィ）や地域の人々（エイジェント）の協力を必要とする場合が多い。その例として，体験型学習であるグループ・インベスティゲイションという協同学習を取り入れた授業を紹介する（シャラン他，2001）。

「動物たちは何をどのように食べるのか」をテーマとした小学3年生のあるクラスは，動物園へ出かけていって，ガイド付きで動物を観察し，飼育係にインタヴューし，その後，中学校の理科の教師のもとを訪れている。「合衆国について切手からどんなことが学べるか」をテーマにした小学4年生のクラスは，切手収集の協力を校内の教師に依頼し，地方郵便局の局長にインタヴューし，親に地元の美術館に連れていってもらい，様々な機関に手紙を書き，学校の図書館司書からビデオを見せてもらっている。

このような多様な活動を，子どもたちが計画しようが教師が計画しようが，あらかじめ学習活動が円滑に進むように準備し，エイジェンシィやエイジェントに理解と協力を求めるのは教師の仕事であり，そのためには地域との連携が必要とされる場合が多い。その際に教師には子どもの学びと地域の活動とを調整する力量が求められることになる。

この調整で特に留意しなくてはならないのが「役割の質」である。小泉（1998）によれば，自分の役割の質が高いと認知している者ほど，精神的に健全であり，やりがいをもってその仕事に取り組んでいることが実証されているという。この結果は学校と地域の連携においても示唆的である。学校の授業に何らかの形で地域のエイジェントが参加すれば，この人の役割はひとつ増えることになる。この新たに付与された役割がどう認知されるのかが，長期的にみて連携の成否にかかわってくる。もし，協力の内容がこのエイジェントにとって受動的なものであり，学校への貢献という大義名分のもとにエイジェンシィの側が一方的に奉仕し続けるとすれば，本当の意味での連携とはいえない。二

者のうち片方だけが何の益も充実感も感じないまま貢献し続けるという関係は長くは続かないだろう。教師は、エイジェンシィの側からも子どもに何を伝えたらよいのか、何を体験させたらよいのかに関する提案を受け入れたり、子どもの体験的活動がエイジェントの仕事に実際に寄与するカリキュラムを構成したりするなどして、エイジェントの子どもへのかかわりを通じた役割の質が高められるような工夫をしていく必要がある。そうした教師と地域の大人がやりがいをもって連携する姿から子どもたちも多くのことを学んでいくであろう。

(4) 子どもの発達支援者

　スクールカウンセラーが学校に配置されるようになってきている。子どもの適応支援は主にカウンセラーが担う役割ではあるが、教師はカウンセラーと連携をとりながら子どもを支えていく姿勢が求められる。家庭の状況や友人関係など、どの子どももそれぞれに生活上の悩みや不安を多かれ少なかれもって生きている。このようなストレス状況を自分で解決できればよいが、それができなくなると子どもはしだいに不適応状態となり、その徴候は身体・感情・行動の各側面においてあらわれる。子どもの生活背景をよく知っているのも、子どもの示す不適応のサインにいち早く気づくことができるのも教師なのである。

　また、現在大きな社会問題となっているのが家庭を中心に虐待を受ける子どもの増加である。2000年11月より施行された「児童虐待防止法」の第5条には、学校の教職員をはじめとする職務上子どもの福祉とかかわりのある者に対する虐待の早期発見と通告義務が規定されている。虐待を受けるのは就学前の子どもがひじょうに多いが、小・中学生もかなりの割合を占めている。ちなみに1999年度の名古屋市を除く愛知県内の8児童相談所の統計では、就学前児童が約60％、小学生が約25％、中学生が約10％である。近親者による虐待は明らかに子どもの発達と学習を阻害するが、子どもたちの被るさまざまな不利益や差別に気づき、関連機関と連携をとりながら適切に対処することも教師の大切な役割である。

　教師自身が体罰を行うことは許されない。教師による体罰は、学校教育法11条「校長及び教員は、教育上必要があると認めるときは、監督庁の定める

ところにより，学生，生徒及び児童に懲戒を加えることができる。ただし，体罰を加えることはできない」に見られるように法律で禁じられている。体罰禁止の規定は，1879（明治12）年の教育令46条以降何度か発令されている。また，法務庁による通達「児童懲戒権の限界について（1948年）」および同庁発表「生徒に対する体罰禁止に関する教師の心得（1949年）」には，体罰に相当する具体的事例が列挙されており，現在もなお体罰の禁止と懲戒の限界に関するガイドラインの役割を果たしている（村上他，1986）。親や教師による懲戒，すなわち「しかること」は子どもの適切な社会化のために必要であるが，暴力や身体的な苦痛による行動のコントロールは，子どもの自尊心を傷つけ，低下させることに加えて，大人から受容されていないという自己否定につながり，結果的に子どもの発達を歪める可能性が高いため，厳に慎むべきである。

　さらに，子どもが不適応にならないような予防的働きかけも重要である。家庭での問題点に教師が介入することは確かに難しいが，少なくとも学校・学級においては，いじめや学級崩壊に象徴されるような望ましくない現象を未然に防ぎ，子どもたちが心身ともに健全な生活を送れるような条件を整えることが必要である。後述するような，子どもに対する認知を的確で柔軟にすること，適切なリーダーシップを取ること，子どもの問題行動ではなくその背後にある発達要求に注目して働きかけることも可能であるし，ストレッサーへの対処法を直接子どもに教えるといった方法もある。

　以上にように，教師が心理的援助の理論，ストレス理論，カウンセリングの技法などを学ぶ必要性は大きい。日本健康心理学会，日本学校カウンセリング学会，日本子どもの虐待防止研究会など，子どもの健全な発達権や学習権の保障を目的とした諸団体が開催する学会，講演会，講座，ワークショップなどの活用も意義のある研修の機会といえよう。子どもの発達支援者としての教師の成長が強く求められている。

（5）子どもに対する期待伝達者

　私たちは他者が表出する態度やことばから多様なメッセージを受け取っているが，それらは時としてメッセージを受け取る側に対する「価値判断」の基準

として機能する。もちろん，同じメッセージであっても，そこから認知される内容は文脈に依存する。「こんなことじゃダメだ！」という表現が，伝達者と受容者との人間関係やその場の状況によって，「けなし」にもなるし「励まし」ともなる。自己の中核的な部分である能力や人格にかかわるメッセージに対して，人は特に敏感であり，それによって自尊感情が高められたり低められたりすることも多い。

　他に比べて，学校ほど人格の涵養や対人関係技能・学力の向上が子どもたちに期待されている場はないので，教師から子どもへのことばや態度は「子どもに対する評価」として伝達されやすい。これらは大まかに分ければ，ポジティヴな評価とネガティヴな評価になるが，それが自尊感情に大きくかかわるとすれば，これらの評価はそれ以後の子どもの活動に大きな影響を与えることになる。つまり，教師のことばや態度による評価は期待の伝達にもなっているのである。ブロフィとグッド（1985）は教師の指導行動を観察することによって「教師期待効果」の起きる過程を分析した。彼らは，「教師は自分が期待する子どもからは望ましい結果を引き出そうとしてより適切な働きかけをし，それが引き出されたときに，それを適切に強化している一方で，期待していない子どもからは不十分な結果を引き出しがちであり，たとえ望ましい結果をその子どもが示したとしても，それを適切に強化していない」ことを明らかにしている。

　例えば，授業中にうまく答えられないとき，忍耐強く待ったりヒントを与えたりする教師と何のフィードバックもなしに即座に別の子どもを指名する教師とを比べてみると，前者はプラスの期待を伝達しており後者はマイナスの期待を伝達していることになる。教師の言動が，繰り返しプラスの期待を受け取り自己評価を高める子どもと，マイナスの期待を何度も伝達され達成場面から逃避しようとする子どもとをつくりだし，時間の経過とともに学級が二極化していく危険性もある。

　また，的確な他者認知を妨げる傾向を私たちが持ちやすいことにも留意する必要がある。教師がある子どもに対して好意的な感情をもった場合，態度の一貫化傾向が働いて，その子どもを過大に評価したり，優しく接したりすることはよく観察される。嫌悪感をもった場合はその逆のパターンとなる。教師があ

る子どもを有能だと評価すると、その子どもの人格特性まで望ましいと判断してしまう事実や、授業態度の善し悪しにもとづいて子どもの成績を実際よりも高くあるいは低く評価してしまうという事実は「ハロー効果」と呼ばれている（第Ⅳ部第1章参照）。さらに、服装や言葉遣いといった外面的特徴やどんな仲間集団に属しているのかによって、十分接していないうちから一定のバイアスをもって子どもを判断してしまうステレオタイプ的な理解も、気をつけなければならない対人認知に関する傾向である。

以上のように、教師は子どもに対してマイナスの期待を伝達しないことはもちろんのこと、子どもの変化を最初の期待（印象）に合わせて固定的に解釈することは避けなければならない。教師は常に子どもへの接し方に配慮しなくてはならないが、そのためには、子どもたちとのコミュニケーションを十分にとり、個々の子どもの理解を時間をかけて深めることが必要であろう。

（6） 学校集団の民主的なリーダー

クラスは共通の目標にむかって複数の人間が相互作用する集団であるが、望ましい集団の特徴として凝集性の高さをあげることができる。凝集性とは成員が所属集団に魅力を感じている程度を示すが、その高さを規定する要因は、成員どうしが同じ価値観を共有していて互いに好意をもっていること、活動の目標と内容が魅力的であること、成員間の関係が協力的であること、成員一人ひとりが平等に意志決定して参画できることなど多様である。この「集団凝集性」に深く関係するのが、成員の態度や行動に関して集団内で合意された価値としての「集団規範」である。規範にそうことは同調であり、規範に反することは逸脱だが、凝集性が高いほど同調の程度が高くなるという知見からすれば、教師がクラスを凝集性の高い集団にまとめることが生徒の逸脱を防ぐことにつながる。このように、生徒たちが所属することに魅力や意義を感じ、そこでの規範に進んで従い、判断を行うときの準拠枠として互いの行動や態度が機能するような「準拠集団」にクラスを発展させていくことがリーダーとしての教師の重要な役割のひとつである。

集団には、目標となる課題を達成させるために働く機能と集団それ自身を維

持し強化するために働く機能が必要だとされている。教師が子どもたちの生活や学習にかかわる課題解決を促進することが前者にあたり,「目標達成機能（P機能）」と呼ばれている。教師が子どもたちの緊張を解きほぐしたり,情緒的つながりを支持したりすることが後者にあたり,「集団維持機能（M機能）」と呼ばれている。

　三隅（1978）は,教師のリーダーシップを上述の2つの機能から測定し,それらと担当クラスの子どもたちのスクールモラールとの関連を調査している。具体的には,小学校5年生と6年生が担任教師のリーダーシップをP機能・M機能の側面から評定し,同時に彼らの学級連帯性・学校不満・学習意欲・規律遵守の傾向の強さが測定された。その結果,目標達成機能と集団維持機能のいずれもが高いPM型教師のクラスに所属する子どもたちのスクールモラールがもっとも高いことが明らかになった。この結果は,子どもたちの感情や対人関係のありかたに配慮せず,教師が独善的に目標達成のみを子どもたちに押しつけることは,クラスの機能を低下させることにつながることを示唆している。子どもたち一人ひとりがクラス全体で共有した目標に向けて協力的な雰囲気のなかで学んでいける条件,すなわち教師の民主的なリーダーシップが必要である。

　教師の民主的な態度は学級運営に大きな影響を与えている。近年,学級運営の困難さが「学級崩壊」という形で顕在化している。尾木（1999）は,学級崩壊を「小学校において,授業中,立ち歩きや私語,自己中心的な行動をとる児童によって,学級全体の授業が成立しない現象」と定義しているが,具体的には「授業への不適応」「授業への反発」「授業からの逸脱」「友人への攻撃」「教師への攻撃」「学級生活・規範に対する反発」などをあげることができる。

　このような子どもの行為は,低学年の場合は園での生活習慣の延長,高学年の場合は教師も含めた大人への反抗と分析されたり,社会性の欠如を中心とする子どもの変化,家庭におけるしつけ機能の衰退,教師の指導力低下と旧態依然とした学校システムなどにその原因が求められたりしている。このような原因論はいずれも長期にわたる対策を必要とする。

　しかし,現実に授業が成立しない状況に対して短期的な対応も必要である。

そのひとつとして，子どもの「荒れた行動」のなかに子どもの願いを読みとりそれに応えるという方法があると考えられる。子どもたちは大人にどうしてほしいと思っているのか？　何をどう学びたいと思っているのか？　それらを理解するためには，子どもたち一人ひとりと向き合い，互いに信頼しあえる関係をつくる必要がある。ステレオタイプ的な子ども理解や独善的な学級運営を排し，子どもの意見や気持ちを大切にする民主的な教師の態度が望まれる。

〈引用文献〉

伊藤篤　1998　「子どもと環境理解」伊藤篤編『子どもの生活と発達』所収，学術図書出版社
尾木直樹　1999　『「学級崩壊」をどう見るか』NHKブックス
梶田叡一　2000　「基礎・基本を踏まえた総合的な学習を」カリキュラム開発研究会編『総合的な学習の時間──2002年への実践課題』日本教育新聞社
小泉知恵　1998　「職業生活と家庭生活──働く母親と父親」柏木惠子編『結婚・家族の心理学──家族の発達・個人の発達』所収，ミネルヴァ書房
シャラン，Y／シャラン，S　2001　『「協同」による総合学習の設計──グループ・プロジェクト入門』石田裕久・杉江修治・伊藤篤・伊藤康児訳，北大路書房
広田照幸　1999　『日本人のしつけは衰退したか──教育する家族のゆくえ』講談社現代新書
ブロフィ，J.E.／グッド，T.L.　1985　『教師と生徒の人間関係──新しい教育指導の原点』浜名外喜夫・蘭千壽・天根哲治訳，北大路書房
三隅二不二　1978　『リーダーシップ行動の科学』有斐閣
村上義雄・中川明・保坂展人編　1986　『体罰と子どもの人権』有斐閣
ローレンツ，K.　1973　『文明化した人間の八つの大罪』日高敏隆・大羽更明訳，思索社

〈キーワード〉

観察学習（モデリング）
　他者をモデルとして，その行動，考え方，態度などを自分のものとして獲得することを指す。代表的な例として，攻撃的な大人（モデル）の行動を観察した子どもが一時的にせよ同じように攻撃的になることを実証したバンデュラらによる一連の実験的研究が有名である。モデリングの成立のしやすさは，本文中でも示したように，観察者がモデルをどのように認知しているかによって影響を受ける。したがって，子どもが普段どのようなモデル（年長者）と接しているのかが子どもの発達や学びにとってきわめて重要となる。

転移（学習の転移）
　あることがらを学んだときに身につけた内容や方法が別の場面での内容や方法の学習に影

響を与えることを指す。促進的に影響すれば「正の転移」，阻害的に影響すれば「負の転移」といわれる。学ぶ方法についての転移に関しては特に「学び方の学習」と呼ぶこともある。本文中では，「学校で学んだ知識，方法，態度，考え方，感性などが実生活の中で有効に機能する」という広い意味でこの言葉を使っている。

ストレッサーへの対処法

ストレスコーピングと呼ばれることが多い。認知的ストレスモデルを提唱したラザルスは，ストレスコーピングを「計画型」「対決型」「社会的支援模索型」「責任受容型」「自己コントロール型」「逃避型」「隔離型」「肯定評価型」の8つに分類している。これらのコーピングには，ストレス状況に挑んで解決する場合と，直接の解決には到らないが行動的・認知的・情緒的にストレス状況から自己を防衛する場合が含まれている。

教師期待効果

研究仮説を知っている者が実験を実施すると，その仮説の方向に結果がでて欲しいという気持ちが実験結果に反映するという「実験者期待効果」が知られていた。それを，教師生徒間の関係に応用したローゼンサールとジェイコブソンによって実証されたのがこの教師期待効果である。担任教師に何人かの子ども（実はランダムに選ばれているのだが）は近い将来成績が伸びると告げて期待をもたせるという操作によって，小学校低学年に関しては本当に彼らの成績が伸びたのである。二人の研究はなぜ期待効果が起きるのかに関する過程を明らかにしていなかったが，本文中に示した研究がその一端を明らかにしているといえる。

態度の一貫化傾向

心理学では，態度を「感情」「認知」「行動」の3成分によって構成されると考えている。これらの成分のうちひとつがポジティヴになると，それと矛盾しないように残りの要素もポジティヴに変化するという傾向がこれである。

ステレオタイプ的理解

私たちが他者を理解するときに用いる準拠枠は時として柔軟性に欠ける。本文中にも例示したように，十分つき合わないうちから，こんな人にちがいないと決めつけ，その認知にしたがってその人を理解しようとする態度をステレオタイプ的理解と呼ぶ。

〔伊藤　篤〕

第3章

異文化とどうつき合うか

1　教育現場での異文化問題

(1) 海外帰国子女の問題

　わが国で，教室内の異文化問題が顕在化してきたのは，1970年代ごろからのことである。企業の海外進出により，多くの日本人社員が海外赴任し，その結果，成長期の一部を海外で過ごす日本人の子どもたちの数も急増した。彼らは多感な子ども時代を海外において過ごし，いろいろな意味で日本国内で成長期を過ごす子どもたちとは異なる特徴を身につけながら成長する。このような特徴が顕在化するのは，現地にいるときよりもむしろ，帰国したときである。日本の学校に転入したとき，彼らの身につけてきた行動や考え方などには，日本社会で生育した子どもたちの行動や考え方とは異なる点が多々見られ，その結果，一般児童・生徒たちが海外帰国子女の行動や考え方を受け入れることができず，さまざまな葛藤が起こったりいじめが生じたり，海外帰国子女自身が日本の学校制度や雰囲気になじめなかったりすることがあった。

　具体的には，教室内での行儀が悪い，英語の発音が現地的すぎるなどで他の生徒や教師たちとの間に葛藤を生じたり，思ったことをすぐ口に出す態度が生意気だといわれたりというようなことがしばしば起こり，その結果，学校不適応，不登校などが生じることも少なくなかった。このような現象が目につくようになったことから，心理学分野，教育学分野においては海外帰国子女の不適

応問題が盛んに取り上げられ（斉藤，1983など），さまざまな対策もなされてきた。スムースに日本社会や日本の制度に適応していくための一助として各地に海外帰国子女相談室が設けられたり，海外帰国子女学級や受入校などが拡充されたのもその一例であるし，問題として取り上げることによって，保護者や学校側の理解を促し，対応策がとりやすくなるという効果もあった。

（2） 外国人児童・生徒の受入

　海外帰国子女にくわえて，日本語がまったくできない外国人児童・生徒が転入してくるようになったのも，1970年代のころからである。初めは中国帰国者の子どもたち，そしてインドシナ難民の子どもたちなどであった。しかし1980年代の日本経済のバブル期からは，日本国内の労働力不足を補うために東アジア，中近東，南米等から多数の労働者を受け入れはじめ，その子どもたちが転入してくるようになった。さらに1990年の「出入国管理及び難民認定法の一部を改正する法律」の施行を契機として，ブラジル，ペルーなど南米諸国からの日系二世，三世の合法的就労が可能になり，以後この地域からの労働者が急増し，工場の多い大都市近郊の町や地方の工業都市などの学校には，南米からの子どもたちが多数転入する現象が見られるようになった。このほか中国からの人口移動は恒常的に多く，南米地域国籍，中国国籍の外国人登録者数はそれぞれ平成12年度末で30万人を越え，バブルがはじけた今も，在留外国人総数は依然増加しつづけている（2000，法務省入国管理局調べ）。

　教育はすべて日本語によって提供されることが前提となっていた日本の教育現場に，日本語をまったく理解できない子どもが転入してきたことは，現場の教師たちに大きなとまどいをもたらした。まずは日本語を指導することが先決と，個々の学校現場において日本語指導のために多大な努力が続けられてきた（太田，2000）。担任教師が特別に個別指導を行ったり，学校によっては日本語特別クラスを編成することが考えられ，外国人児童・生徒への教育が手探りでなされはじめた。それらの動きを受けて文部科学省でも，彼らのための教科書をつくったり，日本語クラスのための教師を配置するなど，すこしずつ受け入れ体制を整えてきている。しかしまだまだ多くは現場での努力に負うところが

多く，施策は後手に回っているのが実状である。

　学校側，教師，外国人児童・生徒自身の努力によって，言語上の困難を克服し，日本人児童・生徒と仲良くやっていくケース，義務教育終了後の進学などスムースにいくケースもちろん多いのであるが，他方，さまざまな面で日本の学校への不適応を生ずる場合も少なくない。その原因としては，日本語が不十分で生活習慣が異なる外国人児童・生徒と，日本人児童・生徒との間の意思疎通に種々の困難があり，外国人児童・生徒は孤立しがちになるという問題がある。また，言語の問題，文化の違いから学習に困難を感じ，しだいにやる気を失っていくケースもある。さらに，日本人児童・生徒との間にいじめ，けんか等のトラブルなど，外国人児童・生徒をめぐる学校不適応問題は少なくない。またこれらの外国人児童・生徒の場合，父母も日本語があまりできない場合が多く，家庭・学校間の連絡が不徹底となったり，トラブルの解決に困難を極めるといった問題もある。

(3) 異文化経験をもつ児童・生徒の増加

　他方，教育界にも国際化の波が押し寄せ，異文化交流の試みは増加する一方である。海外の協定校との間で交換留学を活発に行ったり，学校主催の形で夏休み，春休みを利用した語学研修，ホームステイプログラムを催行するなどの形で国際交流を積極的に進めている学校の増加も近年著しい。高校の制服を着た外国人交換留学生を町で見かけることも多くなっている。さらに，個人として，家族旅行はもとより，中・高校生のうちに長期留学プログラムに参加したり，夏休み等の休暇を利用した民間のホームステイプログラムへ参加したりということも比較的手軽にできる時代になり，高校以下の低年齢のうちに外国を経験する子どもたちの数は年々増加している。

　以上に述べてきたように，日本社会の国際化とともに，教室内の異文化接触の機会，子どもたちの異文化経験は確実に増加してきている。このような状況がある現在，異文化とどうつき合っていくかということは，教育現場において今すぐに対応しなければならないこととして，また今後の日本の教育を考えるために，真剣に取り組まなければならない重要な問題となっている。

2 異文化とのつきあい

(1) 異文化とは何か

　異文化という語は，"自分の持っているものとは異なる"文化，という意味で使用される語である。各々の家族にも独特の家族文化というものが存在し，地方には地方文化が存在するように，あらゆる集団には独特の文化があり，各自はそれぞれの文化を身につけている。したがって異文化という言葉は必ずしも外国文化のみをさすものではない。家族間，地方間，職業集団間，世代間その他多くの集団間にも文化の違いは認められ，それらをも異文化と呼んで差し支えない。しかし国が違えば，人種，言語，気候風土，宗教，風俗習慣など多くの面で大きな違いがあることが多く，異文化接触，異文化体験などというときには，一般には国境を越えた場合を指すことが多い。

　社会や集団の成員は，生育する過程において，その社会で使用されている言語を母語として身につけていくように，自己の属する社会や集団の文化を身につけていく。それはしつけや教育によって意図的に教えられる部分もあるが，周囲を観察することによって自ら身につけていく部分も多い。在外日本人子女の研究結果から，文化を自然に身につけるための臨界期は思春期のころであるといわれているが（箕浦，1984），思春期以前をある文化圏で生育した者にとっては，その集団や社会の文化は当たり前のこととしてとらえられ，自らがその中にいる限り，疑問を抱くようなことはあまりない。

(2) 異文化とつき合うということ

　ところが一歩自分の文化圏を出れば，または自分と異なる文化を身につけた人が自分たちの文化圏に入ってくれば，そのときに文化の違いが見えてくる。そしてそこに違和感を感じたり，驚きを感じたり，場合によっては嫌悪感を感じたりする。

　これまでは，ある社会に異文化圏の者が加わった場合，自分たちと同じ言語を使用し，同じような考え方・行動の仕方をすべきだという考え方が強く，加わった側の人たちも現地の人と軋轢を生じないように，できるだけ同化してい

こうという努力をしてきた（同化主義）。そこには，その地の主流文化が正しいものとされ，そうではない文化を飲み込んでいくという構図があった。

特に，日本社会は元来同質性への志向が強く，異なる外見，異なる考え方などを受け入れない傾向が強いといわれているが，いろいろな文化を持つ人々が同じ社会で生活するようになる世界では，考え方，習慣，言語など，異なる文化を持つ者の存在を認め，互いの間のさまざまな葛藤やコミュニケーションの困難さを前提としながら，できるだけ互いを認め，尊重し合いながら，共存していこうという姿勢が必要である。

他と異なる点を持つものに対する排除，攻撃という点でいわゆるいじめの問題も同根である。とりわけ学校においては，教室内の一人ひとりの異文化耐性を育て，異なるものを異なるものとしてそのまま受け入れるという方向への変化がなければ，異文化とのかかわりの問題も，いじめ問題も解決することは難しいだろう。

3　教育現場，教育心理学の課題

(1)　グローバルマインドの育成

多くの異なる文化が共存する社会では，いまや自分の文化を中心として異なる文化とうまくつきあい理解するという「異文化理解」の姿勢から，社会に存在する多くの文化とうまくつきあい理解していくという「多文化理解」の姿勢が必要な時代になりつつある。国際的協力が欠くべからざるものとなっていく社会においては，それを担っていく子どもたちの心の中に，国籍や民族・文化の違いにこだわらず，すべての人類は地球の住民であるという考えのもとに一致し協力しあっていこうとする意識，すなわちグローバルマインド（地球市民意識）を育てていくことが，教育現場にとっての重要な課題になってきている（多田，1997）。ではこのような意識は，どのようにして育てていくことができるだろうか。

第1は，直接的具体的に異文化を持つ人たちとのつきあいを経験させるという，外面からの教育である。外国人児童・生徒が在籍している学校においては，

日常的に異文化を体験することができるし，さらに，帰国子女を含め若年齢のうちに異文化経験をした者たちが増加している現在，これらを教室の中の人的資源と考え，話題づくりをするなど学校の国際化，多文化教育におおいに活用していくことができる。たとえ外国人児童がその学校に在籍していない場合でも，日本国内には多様な言語，文化を持った人々がいるので，そのような人々を学校に招いて異文化と接する機会を多く持つことが可能である。このような，子どもたちにいろいろな人々，文化とのつきあいを実際に体験させる体験学習や，またメディアによる多文化学習教材の利用なども可能である。これら直接的な経験の中から，文化による考え方の違い，感覚の違いなどを一人ひとりが体験し，その体験の中から自然のうちに，異文化交流とは何か，異文化とつきあうということはどういうことか，を感じる機会ができるだろう。子どもたちの心の内に，異文化を受け入れること，多文化の中で生きていくことの感覚を養い，異文化を特別視することのない若者が増加していけば，それはすなわち，異文化を持つ人々と，構えることなく自然につきあえる社会が実現していくことにつながっていく。

　そのような直接的な異文化経験による感覚育成とともに，子どもたちの心の中に豊かな感受性を育てるという内面への働きかけも大切である。それは間接的なグローバルマインド教育と位置づけることができるだろう。周囲のことをすばやく感じ取り，他者の立場や気持ちを思いやることができるような感受性や想像力を育てるということは，異文化のみならずすべての人との関係を作るときの基本となるものである。教師がその重要性を認識し，いろいろな機会をとらえては，他者が今どのように感じているかということに注意を向けさせ，問いかけていく地道な努力が必要である。子どもたちの心にそのような感受性を学校や家庭で育成することが，いま大切なことであるだろう。

　異文化は外国のみならず身近なところにもたくさんある。これまでの日本社会に往々にして見られた自分たちと異なる者を排除しようという考え方から，異なる人々ともうまくつきあっていくという姿勢，多様さを認めながら共に生きていこうという異文化とのつきあいの姿勢への転換は，人としてどう生きるかという問題にもつながっているのである。

(2) 異文化能力の追求と育成

　教育心理学・異文化間心理学には，これからの国際化社会を担い，活躍していく若者にどのような能力・資質が必要なのかを明らかにし，またそれをどのようにして養っていくかを研究することが要請されている。

　かつては異文化間能力という場合，コミュニケーション能力，特に語学力を重視しがちであったが，国際的な場で大切なものは決してことばのみではなく，その人の性格，考え方，知識，対人スキルなど全人格的なものであることが，現に活躍している人や異文化環境に適応して成功している人たちの特性を取り出してみるという研究によって，明らかにされ始めている。このような能力を「異文化リテラシー」と呼び，①複雑な社会を理解するための知識，②多元的視点を持って知識を再構成する能力，③自己調整，状況調整など異文化対処の能力，④対人スキル，の4つをあげる考えもある（山岸，1997）。しかしながらまだこれら異文化間能力については，諸説が提示されつつある段階で，理論的枠組みはまだ確立されてはいない。今後は，これからの国際社会を担う若者の異文化間能力，資質としては何が重要なのか，そしてそれをのばすための教育とはどのようなものかなど，人々の求めに応じるような研究を進めていかなくてはならない。

(3) 多文化教育，多言語教育という課題

　ここ32年間日本では外国人登録者数は毎年過去最高を記録し続けている。世界の動きを考えると，今後の日本の多民族化・多文化化は，歴史の必然として避けられない動きのように思われる。しかし，現在の全国民に占める外国人割合は1.33％（平成13年法務省入国管理局調べ）と，西欧諸国や北米大陸と比較すると低く，教育制度上の対策もその地域にくらべてまだまだ遅れているといわざるをえない。

　日本の教育はこれまで日本語によって行われることが大前提であったため，外国人の子どもたちにも"平等な"教育を受けさせるために，彼らの一日も早い日本語習得を第一目標に設定して，教育現場ではこれまで懸命の努力がなされてきた。しかし，外国人受け入れ先進国でもある西欧諸国や北米諸国では，

言語的にも同化させるのではなく，彼らの母語や文化を尊重・保持しながら教育を行っていくという「多言語教育」の試みもなされており，すでに相当の実績を持っている。今後日本の教育界も，何が本当の平等なのかという問題意識のもとに，これらの外国人教育に関する先進諸国の施策，教育実践の成果を参考にしながら，多言語教育も視野に入れて，より充実した多民族多文化教育態勢を考えていく必要があり，この方面に関する研究や実践も，今後の教育心理学・異文化間心理学の大きな課題となっていくと思われる。

〈引用文献〉

太田晴雄　2000　『ニューカマーの子どもと日本の学校』国際書院
斉藤耕二　1983　「児童・青年期における異文化体験と日本社会への適応――帰国子女のカルチャー・ショック調査から」星野命・斉藤耕二・菊池章夫編『異文化との出会い』所収，川島書店
佐藤郡衛　2001　『国際理解教育――多文化共生社会の学校作り』明石書店
多田孝志　1997　『学校における国際理解教育――グローバルマインドを育てる』東洋館出版社
水越敏行・田中博之　1995　『新しい国際理解教育を創造する』ミネルヴァ書房
箕浦康子　1984　『子どもの異文化体験――人格形成過程の心理人類学的研究』思索社
山岸みどり　1997　「異文化間リテラシーと異文化間能力」『異文化間教育』11，異文化間教育学会

〈キーワード〉

異文化間心理学
　　異文化接触の際，個人が受ける心理的影響，個人内における心理的変化等に焦点をあてようとする学問分野。一方，行動，発達，認知などさまざまな分野において，国・地域・文化別データの差異を明らかにし，その理由を考察しようとする学問分野は異文化比較心理学と呼ばれる。

カルチャーショック
　　異文化接触時に個人が受ける心理的衝撃を呼ぶ。短期間の情緒的不安定から身体症状，精神病理的問題まで程度はさまざまある。文化的距離，自文化と相手文化の相対的地位，人々との接触量などの他，物理的環境，社会的環境，経済的状況などその人を取り巻く状況，当人の性格（柔軟性，活動性，社交性など）や能力（知的能力，コミュニケーション能力）等の内的条件，年令，性別，滞在目的などの違い，さらに異文化経験の有無や，周囲の人々からのサポートの有無など，多くの要因が影響しているといわれている。

異文化適応
　異文化に違和感を感じた状態から，異文化の存在を受け入れ，折り合って，うまくつきあえるようになる過程，またはうまくつきあえるようになった状態をいう。異文化適応には，気候食物住環境などの物理的環境への適応，人間関係や社会生活など社会的環境への適応，自己のあり方をどうとらえるかという内的環境への適応がそれぞれ必要である。

異文化耐性
　大きな衝撃を受けることなく異文化を柔軟にうけとめることができる力をいう。これは，異文化・自文化に対する態度，相手文化についての情報量などに影響され，また異文化接触経験やトレーニングなどによって育てられていくと考えられる。

文化相対主義
　それぞれの文化にはそれぞれ価値があり，優劣をつけることはできないという考え方。自己を大切にしながら，他者の人格を尊重し，人々との調和をはかっていくことが大切なように，文化の面においても，自分の文化を大切にし，他者の文化を尊重し，そしてそれらの融和をはかっていくということが，これからの国際社会に求められることである。

国際理解教育
　1950年代のユニセフ加盟を契機として，わが国でも本格的に取り組まれ始めた。考え方についてはさまざまな変遷があったが，現在，文部科学省の教育目標にも組み入れられ，全国の学校において，「国際理解教育」をカリキュラムの中に据えた取り組みが進んできている。この中には異文化とのつきあい，これからの国際化時代に対応できる人間の育成，そしてグローバルマインドの育成などの課題がある。

（早矢仕彩子）

第4章

学校における心の問題

1　学校ストレス──関係性のなかでの理解

　ストレスは個人のなかで認知される緊張状態であるが，同時にこの概念は個人と環境との関係を表すシステム的概念としてとらえることが必要である。ある人に「ストレッサー」として認知される外的事象が別の人にとってはストレッサーとして認知されないこともある。例えば，小学生が中学校に進学した際に制服を着用することに対して，窮屈だ，自分たちの自由を束縛するものだ，と感じることもある。しかし，他方では制服に対して，少し大人になった気がする，毎朝服装のことで考えなくてすむから楽でいい，などと肯定的にとらえる生徒もいるのである。このように同じ外的な刺激や状況がどのように認知され評価されるかということについては，個人差も大きく，さまざまな要因を考慮しなければならない。
　また，学校環境にはさまざまな対人関係のサブシステムが存在する。教師社会には担当学年や教科，校務分掌，個人的な親密さなどによって複数の下位集団が存在し，子ども社会にも学年，クラス，部活動や委員会などによってさまざまな下位集団が存在する。これらの下位集団は複雑な相互作用を持っている。通常の場合，子どもは常に複数の集団に属し，複数の関係のネットワークを持っている。どの場面においても健康で有能さを発揮できる子もいれば，教室ではあまり楽しめないが部活動では別人のように生き生きできる子，生徒間の

関係はよいが教師に対して反抗的な子，などさまざまな対人関係のパターンがある。

さらに子どもの背景には家庭環境があることも忘れてはいけない。学校生活でのストレスを家庭生活のなかで癒すことのできる子もいれば，それができないどころか家庭生活でのストレスを学校生活に持ち込まざるを得ない子どももいる。

以上のように子どもが身を置いている生活空間の構成や個人にとっての意味は一人ひとり異なるものであり，直接観察できない部分も含め多様な関係のネットワークのなかで目の前の子どもがどのような体験をしているのかということにたえず関心を払う必要があろう。また，教師が子どもたちのストレスを理解する場合には教師自身がそのストレスにどのように関与しているのかという視点も欠かせないだろう。

2　学校ストレスはどのようにして生じるのか

(1)　学校生活でのストレッサー

学校生活のなかで子どもたちが感じているストレッサーにはどのようなものがあるのだろうか。表Ⅳ-4-1は，ティスコーワ（Tyszkowa, 1990）が挙げている高校生にとっての困難な状況のリストである。この困難な学校状況のリストの内容は「困難な課題状況」と「困難な対人状況」とに分類することができる。また，「困難な課題状況」は障害のある状況，過剰な負荷のある状況，脅威的な状況，「困難な対人状況」は，社会的評価や批判にさらされている状況，対人的葛藤状況，社会的圧力状況などを含んでいるとされている。

わが国における児童・生徒の心理的ストレスに関する研究においても，「教師との関係」，「友だちとの関係」，「学業」，「部活動・委員会活動」，「学校の規則」など，ほぼ同じ内容がストレッサーとして挙げられている。

これらに加えて，進路決定や受験勉強も児童・生徒にとって大きな心理的ストレスである。将来に対する展望ができない不安や自分の居場所が決まらない不安は子どもたちを常に落ち着かない状態に陥らせる可能性がある。また，通

表Ⅳ-4-1　困難な学校状況のリスト

状　況
1. クラスの前で教師の質問に答える
2. 教師に公の場で非難されたり笑い者にされる
3. 事実無根の疑いや汚名
4. 学校での学習上の失敗
5. クラスの仲間との衝突
6. 試　験
7. 学校の勉強とテスト
8. 仲間集団の中での孤立
9. 教師による叱責と罰
10. 教師に質問された時に必要な知識が無いこと
11. 新しい人たち（仲間と大人），特に異性との関係を作ること
12. 将来の進学や職業の選択に関係した問題
13. 復習の積み残しや多くの宿題
14. クラスの仲間の悪意
15. 教師が特定の生徒をえこひいきすること
16. クラスの仲間との競争
17. 教室のなかでの教師のせっかちさ，あせり
18. 信念をもたずに集団の意見に従う
19. 先生に知られていない行い（例えば喫煙）をしなければならないこと
20. 友だちを失うこと
21. 仲間に対して劣等感を感じること
22. 学校のスケジュールに対する不満

注）学校状況の内容は上から主観的困難さが強い順に並んでいる。
出典）Tyszkowa（1990）を編集。

知票や内申書等の評価は，生徒間の社会的比較の意識を過度に高めたり，教師―生徒関係を「評価する側―される側」という関係に固着させてしまう可能性も出てくる。

　以上のストレッサーについては単独の影響力以上に，累積効果に注意しなければならない。コールマン（Coleman, 1978）は，思春期的な心身の発達的変化と学校環境の変化，異性関係の始まりなどの対人関係上の変化などがそれぞれ独立に生じるのではなく，一時期に焦点化され累積されるとき適応上の危険要因になると説き，自説を「焦点理論（the focal theory）」と呼んでいる。また，

累積効果は単純加算的なものではなく，それぞれの出来事の意味やタイミングなどとの関連のなかで評価される必要がある。例えば，平石・杉村（1996）は役割緊張という概念の元で中学生の適応の問題を扱っているが，「仲間関係」，「教師との関係」，「学校の要求」，「母親からの圧力」，「父親からの圧力」の5つの側面のうち「仲間関係」と「学校の要求」の2つに対して同時に高い緊張状態や嫌悪感を抱いている状態の時にもっとも不適応感が高くなっていることを見いだしている。これらは共に中学生が直面している発達課題としてはもっとも重要なものであり，すでに述べた学校ストレッサーとしても代表的なものとして考えられるものである。

(2) 学校移行に伴う困難

人は長い人生のなかで，住まいや所属する集団，組織が幾度も変わることを経験する。とりわけ子ども時代は幼稚園または保育園に始まって小学校，中学校，高等学校などへの入学と卒業，親の転勤に伴う転校等，比較的短期間のうちにおとな以上に頻繁に所属する学校環境を変わっていく。このような「環境移行」は学校移行と呼ばれるが，子どもたちの心身の健康に大きな影響を及ぼす可能性のある問題として認められている。子どもたちは学校移行のたびにそれぞれの環境が要求している役割期待や理想，価値などを引き受けていくこと，すなわち適応していくことの課題に直面することになる。しかし，子どもたちの心がその適応の課題に十分に対処できるだけ成長しているかどうか，すなわち発達的な準備性（レディネス）が整っているかどうかという点については個人差も大きいだろう。

また，初等教育から中等教育にかけての学校移行（secondary school transition）では，小学校・中学校間での違い，例えば，規模，担任制と教科担任制，学級編成の頻度，学習課題の困難さと周囲の要求・期待の大きさ，校則等による行動規制などの違いが大きい。そのため，先に述べた焦点理論の観点からも思春期の著しい心身の発達的変化と大きな学校環境の変化が同時に経験された場合，大きなストレスに結びつきやすいのではないかと考えられている。

ただし，学校移行が適応上好ましい意味をもつ場合もある。例えば，小学校

の仲間集団において不適応に陥っていた子どもにとって，中学校への進学は新たな仲間関係を構築するための大きなチャンスとしての意味をもつ。現状に対する不満がある子どもにとって学校移行は待ち望まれるものでもある。

（3） 子どもと学校環境との適合性

　学校環境への適応は，子どもと学校環境との相互作用の問題であり，両者の適合性が重要な観点となる。エックルズら（Eccles et al., 1993）は，子どもたちの発達的特徴と学校環境との適合性（fit）が重要であると説いている。例えば，中等教育においては学習上の要求がいっそう過大になり，生徒に対する行動規制も目立つようになる。しかし，生徒の側の社会的，認知的発達の要求は自律的行動であり，発達した高次の思考力と課題解決能力を行使したいという要求である。このような教育プロジェクトと生徒の内発的な要求との間に生じるずれや葛藤を発達的不適合と呼んでいるのである。

　他方で，近藤（1994）は，エリクソンが唱えた儀式化（ritualization）の概念を用いながら，学校場面と家庭場面における子どもと環境，あるいは環境間の適合性について論じている。儀式化とは，「特定の目標や価値観にもとづいてその方向へ向かうように働きかける水路づけや訓練の過程」という意味である。学校は明示的，暗示的に生徒に対して特定の期待や要求を示している。子どもがこの期待や要求を引き受けることに抵抗がない場合，あるいは子ども自身の理想や価値と一致している場合には教師と生徒の関係は葛藤の少ないものとなる。

　また，学校内ではこの教師による儀式化のみではなく，子ども同士による儀式化も行われている。子どもには子どもの世界がありルールもある。ここで注意しておかなければならない点は，教師による儀式化と生徒間の儀式化がどのような関係にあるかということである。教師に対して従順で学業に勤勉である生徒が存在する一方で，教師による儀式化に反発し，教師との関係や生徒間で攻撃的な行動を示す非行的問題を抱えた集団も存在するのである。さらに，儀式化は学校の中だけではなく家庭内でも行われている。この家族内での儀式化が学校における儀式化と適合しているか否かという観点も重要になる。

儀式化はこのように主に3つの集団内で行われるが，いずれの儀式化においても集団内の要求特性と適合する行動様式を持つことが個人の適応に大切になってくる。適合性の高い集団内では，子どもは生き生きと，自分らしく行動することができるが，適合しない場合には，混乱したり反抗，退避などの行動をとるとされている。

3 ストレス状況下でどのように行動するのか

(1) コーピング

ストレス状況下において人は苦痛を軽減したり問題を解決するための認知的，行動的努力を試みる。こういったプロセスはコーピング（対処, coping）と呼ばれている。

表IV-4-2は，先に紹介したティスコーワの研究によって挙げられた青年のコーピング行動のリストである。このリストに含まれる内容は「困難な状況の認知的推敲」，「仲間と大人の双方への社会的接触とソーシャルサポートにもとづいた方略」，「自分の感情を統制するための技術」，「自己防衛的方略」，「不思議な行いを含む行動的方略」を示している。これらの行動は複数のものが組み合わされて用いられることになるが，課題に応じて効果的な方略が使い分けら

表IV-4-2　困難な学校状況における青年の対処行動

1. 新しい情報を探す
2. 他の人の立場を理解するように試みる
3. 自分自身の行動を理解し，統制しようと試みる
4. リラックスする，気に入った音楽を聴く，身体的な努力（家事，ジョギング等），ヨガ
5. 同じような状況にいる別の人から慰めや同情を求める
6. 自分自身の経験について他の人（仲間や大人）と話す
7. 自分自身に対する態度が変わることを期待して，人に自分の弱い面をさらけだす
8. 否定的な感情をオープンに表明する
9. 自分自身の欲求不満のために他人を責める（欲求不満とストレスに対する外罰的反応）
10. 魔法のような不思議な行い（歩数を数える，決まった足からベッドを降りる，試験の時学校でマスコットを抱く等）

出典）Tyszkowa (1990) を編集。

れていたり，個人の得意な方略が用いられたりする。

（2） ストレス反応と問題行動

　ストレス状況下で効果的なコーピングが行われない場合には，ストレス反応と呼ばれる心身の反応が現れる。岡安他（1992）は中学生のストレス反応を測定する尺度を開発し，「不機嫌・怒り（不機嫌で，おこりっぽい。いらいらする，など）」，「抑うつ・不安（不安を感じる。悲しい，など）」，「無力感（勉強が手につかない。なにもやる気がしない）」，「身体的反応（つかれやすい。体がだるい，など）」の4つの側面を見いだしている。教育場面においては，このような徴候をなるべく早い時期に発見し，適切に対処する必要がある。

　ストレス反応が一時的なものではなく持続し，より深刻化した場合にはさまざまな問題行動につながっていく可能性がある。例えば，今日ではいじめ，不登校，非行など子どもたちの問題が深刻化している。不登校を例にとれば，1970年代から急増し，以来増加の一途を辿っている。子どもたちの情緒的問題は「非社会的問題行動（不登校，場面性緘黙等）」「反社会的問題行動（非行等）」「神経性習癖（チック，抜毛等）」などに分類される。しかし，これらの個人の問題は学校集団全体のなかで相互に密接に関連し合っている可能性がある。生徒間暴力であるいじめを例にとれば，いじめを行っている側は非行圏の問題を抱える可能性があり，また，いじめられた側は不登校に陥ったり，自殺に追い込まれる可能性，あるいは仕返しとしての傷害事件を引き起こす可能性もある。子どもたちの相互作用のなかで問題行動の複雑な因果連鎖が生じているのである。これらの問題の背景は決して学校ストレスに限定できるものではなく，家族関係における根深い心の問題が潜在していることも多い。そのため，問題行動については子ども個人の問題としてではなく学校システム，家族システム全体を見据えた理解が必要である。

　しかし，こういった問題行動を問題解決に失敗した望ましくない状態としてのみ解釈することには注意が必要である。竹内（1987）は前思春期から思春期にかけての子どもたちの問題行動が，彼らの対人関係の組みかえと自己の解体・再編という積極的な人格の再統合の課題に向かうものであると述べている。

一見，問題行動として映る子どもたちの行動はそのような積極的なコーピングとしての機能を持つことがあり，また周囲に対する危険信号であったり，学校や家庭のシステムを改善するための動きであったりするのである。

4 心の問題をどのようにサポートするか

(1) ソーシャルサポート

ストレスは対人状況において生起しやすいが，逆に他者からのさまざまな支援，すなわちソーシャルサポート（social support）によって緩和されることが明らかにされている。ソーシャルサポートのネットワークを持ち，十分な支援を期待できる子どもは，強いストレスを感じていても安心感を抱いたり，対処可能であるという自信を持てるのである。

表Ⅳ-4-3は，森・堀野（1992）によって作成された児童用のソーシャルサポート尺度の項目内容である。このソーシャルサポートの内容には，情緒的サポート（慰め，理解，励まし，傾聴，心配などの姿勢を示す）と実際的サポート（一緒に遊ぶ，手伝う，教えるといった姿勢を示す）が含まれている。

表Ⅳ-4-3 児童のソーシャルサポート尺度の項目内容

情緒的サポート因子に負荷の高い項目
1. おこられたときなぐさめてくれる
2. あなたの気持ちをよくわかってくれる
3. 失敗したとき（テストや試合）はげましてくれる
4. 何かうれしいことが起きたとき自分のことのように喜んでくれる
5. いやなことがあるときしんけんに聞いてくれる
6. 病気やけがのとき心配してくれる（看病，保健室や病院へつれていく，そばにいるなど）
7. 困っているとき助けてくれる
8. けんかしたりいじめられたりしたとき助けてくれる
実際的サポート因子に負荷の高い項目
9. いっしょに遊んでくれる
10. ひとりではできないことを手伝ってくれる
11. 勉強などのわからないことを教えてくれる

出典）森・堀野（1992）を編集。

ソーシャルサポートの担い手に関する調査では，子どもたちは母親と友だちの支援を高く評価しているという結果が多い。イギリスではいじめ問題を解決するために子どもたちの同輩関係のなかで行う「ピアカウンセリング」の実践が行われている。このような取り組みも友だちがソーシャルサポートの担い手として高く評価されている実態に則ったものである。この教育プログラムにおいてはピアカウンセリングは主に年長の生徒を担い手としたピアカウンセラーを養成することから始まるが，これは援助を受ける側だけでなくピアカウンセラー自身の成長にも役立っている点で興味深い。

　ところで親や友だちに比べると，教師はしばしばソーシャルサポートの担い手としてはもっとも低く評価されている。しかし，学校組織を運営し，子どもたちが安心して生活できる場を提供しているのは教師であり，縁の下の力持ちとしての役割は大きいと考えられる。

（２）学校カウンセリングにおける援助の機能と構造

　教師や児童・生徒のメンタルヘルスを維持，向上させるためには，学校内で効果的なカウンセリングが実践されることが望ましい。学校カウンセリングの機能は成長促進的機能，予防的機能，治療的機能と多様である。また，児童・生徒または保護者に対する直接的なカウンセリングだけではなく心理的アセスメント，教師に対するコンサルテーション，全体のコーディネーティングなど援助の形態もさまざまある。そして，学校カウンセリングにおいては，援助の担い手となる人的資源が豊富であり，教師だけでなく児童・生徒さえも援助の担い手となる場合がある。そのため，いつ・どこで・誰が・誰に対して・どのような援助を行うのか，といった援助の意思決定が重要となろう（詳しくは第Ⅳ部第６章を参照されたい）。

〈引用文献〉

岡安孝弘・嶋田洋徳・丹羽洋子・森俊夫・矢冨直美　1992　「中学校の学校ストレッサーの評価とストレス反応の関係」『心理学研究』63

近藤邦夫　1994　『教師と子どもの関係づくり』東京大学出版会
竹内常一　1987　『子どもの自分くずしと自分つくり』東京大学出版会
平石賢二・杉村和美　1996　「中学生の役割緊張に関する研究——コンピテンスおよびストレス反応との関連から」『青年心理学研究』8
森和代・堀野緑　1992　「児童のソーシャルサポートに関する一研究」『教育心理学研究』40
ラザルス，R. S. & フォルクマン，S.　1991　『ストレスの心理学——認知的評価と対処の研究』本明寛・春木豊・織田正美監訳，実務教育出版
Coleman, J. C.　1978　"Current contradictions in adolescent theory" *Journal of Youth and Adolescence,* 7
Eccles, J. S., Midgley, C., Wigfield, A., Buchanan, C. M., Reuman, D., Flanagan, C. & MacIver, D.　1993　"Development during adolescence: The impact of stage-environment fit on young adolescents' experiences in schools and in families" *American Psychologist,* 48
Tyszkowa, M.　1990　"Coping with difficult school situations and stress resistance" in H. Bosma & S. Jackson eds., *Coping and self-concept in adolescence,* Springer

〈キーワード〉

ストレス
ストレスとは精神的，肉体的に負担となる刺激や出来事，状況によって個体内に生じている緊張状態のことである。また，ストレス状況を引き起こしている外的な刺激はストレッサーと呼び，ストレス状況において生じた不安や抑うつ，身体的不調などはストレス反応と呼んでいる。

問題行動
子どもたちの行動上の問題は，対人関係上の特徴から，非社会的行動または反社会的行動と呼ばれる。前者は対人関係を恐れたり，家庭に引きこもる傾向がある不登校，あるいは学校でまったく話さないといった場面性緘黙などを含み，社会的行動を避ける特徴を持つ。それに対して，後者は人に対する攻撃的行動（生徒間暴力，対教師暴力等）や社会的に承認されない行為（授業妨害，器物破損，窃盗等）を含み非行的行動が代表的なものである。これらの問題の背景には，家庭や学校における対人関係の問題や個人のパーソナリティ発達上の問題が共通して認められるが，解決のためのアプローチは各々で異なっていることが多い。

いじめ
生徒による校内暴力は，対教師暴力，生徒間暴力，学校の施設・設備等の器物損壊の3つの形態がある。いじめはこのうちの生徒間暴力（心理的・身体的暴力）の一種である。いじめの構造は単に「いじめっ子」と「いじめられっ子」の関係に留まらず，「観衆者」「傍観者」「仲裁者」等の他の子どもたちの存在も大きく関与している多層構造をなしていると考えられている。対応としては，単に「いじめられっ子」の心理的ケアだけでなく「いじめっ子」への心理的ケア，その他の子どもたちへの教育的指導なども重要である。

不登校

不登校とは，身体的な病気や怪我，家庭の経済的な理由などの客観的に明白な理由がないにもかかわらず，身体的な不調や不安，恐れなどを訴えながら，登校を頑なに拒み，長期欠席（文部科学省の基準では年間 30 日以上の欠席）している子どもたちを総称していることばである。1970 年代から増加の一途を辿っているが，状態像も多様化し，原因論的にも多様な理解が必要である。

焦点理論

コールマンは青年期の様々な発達的問題の各々がそれぞれ異なった時期に起これば適応的に対処しやすいが，複数の問題が一時期に焦点化されて生じた場合，適応困難に陥り不安定になりやすいと考え，これを焦点理論と呼んでいる。また，この理論は青年期危機説と青年期平穏説の見解の不一致と問題点を解決するものとして位置づけている。

適合性

子どもの発達を理解する上では，発達し変化している個人と変化している社会的文脈との相互作用の特徴を理解することが重要である。そして，子ども個人と社会的文脈との適合の良さ，すなわち社会的文脈の，特に重要な他者からの諸々の要求と子ども個人のそれが一致していることが適応上の問題を理解する上での鍵となる。

（平石賢二）

第5章

現代社会と心の問題

1 社会の変動から見た「こころ」の問題

　20世紀末は,「こころ」の問題が注目された時代であった。戦後の安定期に入ってから物質的な繁栄と豊かさが追求される中で,かたちの見えない「こころ」は置き去りにされていた感がある。そのための歪みは,家庭,学校,職場などさまざまな場にあらわれたが,とくに青少年に関係したいくつかの大きな事件が社会に衝撃を与え,教育現場や子育てのあり方に問題を投げかけた。そして新世紀を迎えた今,「こころ」は見直され始めている。ここではまず,青少年の問題を中心に,わが国におけるこうした時代の流れを概観してみる。

　1960年代は,高度経済成長を支える人材育成という社会のニーズを背景として,親世代から子どもたちへの期待が,教育への関心を増大させ,高学歴志向が強まり,進学率が上昇した時期である。しだいにそれは受験戦争という弊害を生むことになった。また,大学入学後の五月病,三無主義(無気力・無意欲・無関心)という形で,目的や価値観を見失った若者の姿も指摘されるようになった。ヒッピーやフーテンといった既成の価値観を否定する生き方や風俗が見られたのもこの頃である。他方,60年安保に始まる青年自身の異議申し立ては,大学紛争・学生運動の激化へとつながっていった。

　1970年代に入ると,紛争は沈静化したが,留年学生の増加,ステューデント・アパシーの出現があとに残る問題となった。「しらけ」という言葉が流行

した。やさしさ志向の時代が始まった。ゲームセンターやディスコができ，遊び型非行が増加するとともに，犯罪が低年齢化し，暴走族，シンナー中毒が問題視されるようになった。学業不振による「落ちこぼれ」と称される現象，そして不登校も増加した。核家族化が定着したのもこの時期の特徴である。

1980年代には，教育病理の深刻化が目立つようになる。校内暴力，次いでいじめの問題が大きく取り上げられた。管理教育への批判という側面からも学校は変革を迫られるようになった。家庭内暴力，家庭崩壊，家庭内離婚など，家族や親子関係も変化してきた。ファミコン・ブーム，「新人類」「おたく」といった若者像，フリーターという生き方などから，対人関係の希薄化の兆しがあらわれた時代である。

1990年代は，バブル経済とその破綻を迎え，企業の倒産が相次いだ。就職難やリストラによる不安が，青年期から中年期の人々まで広くのしかかった時期だといえる。教育現場での問題はさらに拡大し，小学校でも学級崩壊が見られるようになり，中学，高校では出席停止生徒が急増した。他方，心の奥底では他者とのつながりを求める現代人とくに若者の姿も見えてきた。しかしそれは，ポケベルや携帯電話の普及に見られるような，顔の見えないつながりであったり，カルト集団への傾倒のような歪んだ「癒し」への志向性であったりした。

かつて青少年をめぐる問題は，大人あるいは既存の価値観に対する反抗や怒りの表出として理解できる部分が大きかった。しかし，その後社会全体が価値観の多様化する方向へと変化するのに伴い，若者たちはマイペースで自由気ままな生き方を求めるようになり，時として自分勝手とみなされるような行動が問題化してきた。

表IV-5-1は，20世紀最後の年である2000年に起きた青少年に関係する主な事件や関連施策等である。ここ数年の間に増えているといわれる「いきなり型」の少年事件がいくつか見られる。それまでとくに目立たない一見「普通の子」たちが，ある日突然犯罪や非行を起こしてしまう。動機のつかみにくい凶悪な少年犯罪の他に，乳幼児に対する親からの虐待も，これまで考えられなかったような事件として注目され始めた。自分以外の人間に対する感覚が変質

表Ⅳ-5-1　2000年に起きた青少年に関係する主な事件や関連施策等

2000年1月28日	新潟県三条市で行方不明少女19歳が9年ぶりに発見。引きこもり青年による長期監禁が発覚。
4月5-12日	名古屋市内の15歳少年4人が同学年の少年から巨額の金を脅し取り、恐喝で逮捕。
5月1日	愛知県豊川市の高3男子17歳が見ず知らずの主婦を殺害。12月に医療少年院送致。
3日	佐賀市の17歳少年が高速バス乗っ取り、1人を殺害。
12日	犯罪被害者保護法が成立。裁判での意見陳述、刑事記録の閲覧コピーなど。11月より施行。
18日	ストーカー規制法が成立。11月より施行。
6月6日	元オウム真理教幹部・井上被告に無期懲役。　29日　林被告に死刑判決。
21日	岡山県の高3男子17歳が母親を金属バットで殴り殺して逃走。7月に秋田で逮捕。
14日	大分県の高校生少年15歳が農家に侵入、一家6人を殺傷。12月に医療少年院送致。
11月20日	児童虐待防止法が成立。
28日	改正少年法が成立。刑事罰の対象年齢を14歳以上に引き下げて厳罰化。4月施行。
12月4日	広島県で20代母親が2幼児を虐待、死体遺棄で逮捕。
4日	新宿歌舞伎町のビデオ店で男子高校生17歳が手製爆弾で爆破事件。
28日	愛知県で21歳の夫婦が3歳の子を餓死させ、児童虐待による殺人罪で起訴。
29日	兵庫県で16歳男女がタクシー強盗殺人で逮捕。

してきているのではないか，情緒的人間関係が失われつつあるのではないか，という疑問が投げかけられるようになってきた。次節では，家族や周囲の人たちとの「関係」という視点から一般の青少年の変化の背景について考えてみたい。

2　若者は変わったか

　動機のわかりにくい「いきなり型」の少年事件は社会に衝撃を与え，大人たちを当惑させた。千石（2000）は，「キレる」という言葉で表現されたそれらの事件も小学校低学年にまでおよんでいる学級崩壊も，ともに自分の欲求と社会規範が対立した時に我慢の判断をする「自我」が十分に育っていないためであると分析し，こうした現象の背景として，人間関係が薄くなったこと，ひ弱で打たれ強くない子が多くなったこと，叱られることが少なくなったわりに社会システムが子どもには厳しいこと，を指摘している。つまり，「キレる」といわれている行動の背景には，衝動コントロールの弱さと他者への共感や感情移入能力の弱さがあると考えられる。これは，現代の青少年全体に共通しているのだろうか。

表Ⅳ-5-2　10代の少年による最近の凶悪事件に対する高校生の意見

カテゴリー	回答例
(1)事件を起こした少年たちに言いたいこと	
説　教	「考えて行動しろ」「他人の身になって」「もっと大人になれよ」「甘えるんじゃない」
驚　き	「何考えてんの！」「何故そんなことするの？」「サイテー！」
迷　惑	「若者が皆同じだと思われたら嫌だ」「怖くなる」
分　析	「注目してほしかったのではないか」「良い子は問題だ」
(2)自分も含め10代の少年全体に言いたいこと	
正　義	「思いやりを大切に」「責任もって」「ルールは守ろう」「考えて行動すべき」
仲　間	「信頼できる友達をつくろう」「家族を大切に」
激　励	「頑張ろう！」
(3)親や先生など大人たちに一番言いたいこと	
受　容	「わかってほしい」「気持ちを聞いて」「外見で判断しないで」
敬　遠	「ほっといて」「うるさい」「きらい！」「勝手」
批　判	「中途半端にやさしくするな」「きちんと指導して」「社会の責任を自覚してほしい」

　青少年による犯罪が頻発した頃，筆者は高校生約100名を対象に事件についてどう感じるかアンケート調査を行った（森田，2001）。質問は3種類あり，すべて自由記述で回答を求めた。主な回答を表Ⅳ-5-2に示す。回答の中には「ルール」「責任」「思いやり」といった社会良識をあらわすことばが何度も記述され，学年が上がるにつれその割合は増加していた。事件の凶悪さに驚きや違和感を表明するものや，「人を傷つけるのは絶対にいけないこと」「他人も自分も大切にしたい」など暴力を否定する意見も多く見られた。調査結果を見る限り，青少年の感じ方や考え方が変わったとは思えない。

　アンケート調査でもう1点注目されたことは，家族や友人とのつながりを求める気持ちについての記述であった。とくに周囲の大人たちに対して「（自分たちのことをちゃんと）わかってほしい」という，理解され受容されることへの願望が強調されていた。このように人とのつながりを求めたり，関係における思いやりやルールを大切と考える一方で，衝動コントロールや共感性の乏しさが問題視されているのはなぜだろうか。

　大学の学生相談カウンセラーの立場から小柳（1999）は，「人と関係が持てない」という悩みが増えていることを紹介し，思春期・青年期に，対人関係の

あつれき，葛藤，トラブルなどの体験を通して可能となる「子どもの対人関係から大人の対人関係への組み替え」が不十分であること，学校教育も家庭教育も「努力し頑張る」という旧来の価値観で子どもを育てようとしているために，自由な対人関係の体験を促進する援助ができていないことを指摘している。すでにこの約10年前に下山（1991）も，進学受験体制によって管理・構造化された思春期・青年期においては，対人関係など実際の場面での試行錯誤を通して悩み成長するという体験に乏しく，「悩めるようになるための発達援助」が必要だと逆説的な提言をしている。

　青少年の「こころ」の問題は社会の病理として取り上げられるようになってきた。ただし，特殊な事例のみに目を奪われず，「対人関係の希薄化」といった社会全体に通底する問題としてとらえていく必要がある。他者との心のつながりを希求しながら，そのための対人スキルが不十分であるというギャップが，現代の青少年の姿だと思われる。さらに，親や教師など青少年を育てる側に，戸惑いや自信喪失が生じているのではないか。現代社会における青少年心性や大人たちの子育て機能について次に考えてみよう。

3　日常場面からの問いかけ

　以下に例示する身近な日常場面から，どんなことが感じられるだろうか。

　例1：大学のゼミで，あるテーマについて討論している。司会役となった学生Aが他の受講学生たちに意見を求めたが，自発的な発言がなく困ってしまった。担当教員が「指名して意見を述べてもらったら」と助け船を出すと，Aはますます困った表情になり，受講生の輪を見回している。そして意を決し，日頃仲の良い同級生Bを当てることにした。両手を合わせて拝むようなジェスチャーをしながら，「Bさん，どうですか」。Bの「何で当てるの？　うらむよ」という言葉に，Aは「ゴメン，悪かった」。

　例2：学校から帰ってきた小学生C。「遊びに行きたいなあ」と退屈そうにしている。親友Dは今日は塾で忙しい。母親が「Eちゃんを誘ったら？」と声をかける

と，「電話するの面倒だもん」「近所なんだから行けばいいのに」「用事があるって言われたら嫌だもん……」

　いずれも何気なく見過ごしてしまいそうな場面であるが，大学生Ａも小学生Ｃも同級生に対して必要以上の気遣いをしている点が注目される。一見友好的な関係を維持しようとしているのだが，深いかかわりには消極的である。かかわりが深まると，互いの好ましくない面をも見せ合うことになり，嫌われるのではないかという不安が高まったり，気まずい雰囲気を味わうかもしれない。時には，トラブルを生じることもあり得る。しかし，それを避けることによって，人間的にふれあう機会も失ってしまうことになる。

　こうした青少年の最近の傾向について，心理学研究によるアプローチが試みられている。上野他（1994）は高校生を対象とする質問紙調査を行い，「友人との心理的距離を大きくとろうとする傾向」と，集団への同調行動との関係に着目し，表面的交友／個別的交友／密着的交友／独立的交友の4類型に分けている。また，岡田（1995）は大学生の友人関係についての調査から，群れ関係群（表面的な楽しさを求める傾向）／気遣い関係群（傷つくことを怖れる傾向）／関係回避群（深い関わりを回避する傾向）の3群を見いだした。

　現代青年の特徴として，孤立しネクラである（と見られる）ことを嫌い，他人に合わせて表面的には明るく振る舞う一方で，傷つきやすく，対人関係が深まることをおそれるふれあい恐怖的心性が指摘され，それらの特徴が研究結果にもあらわれている。しかし，すべての特徴が必ずしも一人の青年の中に同時に存在するわけではなく，また年齢段階による違いも予想されたことから，現代の青年に特異的というより，従来からいわれている青年期の発達過程上の特徴とも考えられると述べている。青年期の対人的志向性と児童期の集団遊び体験との関連など，発達過程における対人的体験の重要性を検討し，背景を探ろうとする研究も出始めている。

　ここでまた日常場面の例をあげてみよう。

　例3：Ｆは中学生の子どもをもつ母親。「新しく出たゲームソフト，買ってくれよ」と毎日のようにせがむ息子にうんざりしていた。「勉強もしないで何勝手なこと

を!」「うるせえ!」と，今日も喧嘩になった。腹をたてたFは夕食の支度をせずに家を飛び出し，一人で映画を見て食事をして気を紛らわせることにした。

例4：小学生の子どもをもつG夫妻は，地域の子供会の役員を頼まれた。夫は人づきあいが好きではなく，職場の人たちとも必要な会話を交わすだけである。妻は他人からどう思われているか気にする性格で，近所づきあいの中でも無理して笑顔で楽しそうに振る舞っている。「会合では何を喋ればいいんだろう」「気を遣ってストレスたまりそう。でも，子どもが仲間外れになったら困るし……」

　例3は，子どもに対してどのような態度で接してよいかわからず，親役割を放棄してしまおうとするような未熟性が示された場面である。例4は，親自身が対人関係に苦手意識や葛藤をもっている。核家族化，少子化といった家族形態の変化の中で，身近な子育てモデルや信頼できる相談相手がもてなくなってきたといわれる。育児不安や育児ストレスに関する心理学研究が，1980年代から増えてきた。そこでは，子育てによる心身の疲労感や負担感，親としての自信喪失感，生活全般における不安・抑うつ感などが問題とされており，子どもの気質（育てやすさ―育てにくさ），親自身のパーソナリティ，環境要因（サポートが得られるかどうか）などとの関連が検討されている。サポートについては共通して，配偶者からの物理的・実体的な援助（家事・育児を分担し協力する）と友人からの精神的・情緒的援助（相談にのる・悩みを聞くなど）の重要性が指摘されている。ただし，親自身が対人関係ネットワークを活用し得る社会的スキルをもっていなければ，周囲からのサポートも役に立たなくなってしまう。

　一番身近であるはずの家庭が不安定な場合，子どものSOSを最初にキャッチできるのは学校の教師であることも多い。また，教育現場や相談機関で子どもの問題に取り組んでいく際，教師やカウンセラーと保護者との協力は不可欠であるが，親や家族の側の不安が強すぎて混乱したり，問題を否認したり，援助者としての役割を十分に果たせない場合も時にはある。子どもの問題への取り組みを通して，親も教師もカウンセラーもまた成長していく過程がある。子どもとともに周囲の大人たちが体験から学ぶ姿勢をもつこと，身近なところか

ら人と人との「つながり」を見直すことが,現代人の課題であろう。

4 現代社会における支援の取り組み

　最後に,現代のこころの問題に対する社会の取り組みについてふれておきたい。種々の社会施策が実行にうつされるようになってきてはいるが,十分な成果が得られるまでにはまだ時間を要する。私たち一人ひとりがそれらの取り組みの存在と経過について共通認識をもっておくことが大切である。以下にそのいくつかを紹介する。

　教育場面では,1995年度から文部省(現文部科学省)によるスクールカウンセラー活用調査委託研究事業が開始された。臨床心理士などの心の問題の専門家が公立小学校・中学校・高等学校に派遣され,児童・生徒への援助,保護者へのカウンセリング,教員との連携やコンサルテーション,啓発活動などを行っている。6年間の活用調査研究の成果をふまえ,文部科学省は2001年度より5カ年計画で全公立中学校にスクールカウンセラーを配置する方針を打ち出した。原則として週2日の非常勤の形であるが,学校教育に新制度が導入されることになる。

　家庭や地域への支援対策としては,2000年5月に「児童虐待の防止等に関する法律」が公布され,同11月より施行された。その背景には,虐待により死亡にまで至る深刻な事例が見られ,かつ増えてきたこと,児童相談所などに相談として持ち込まれない事例の存在が明らかになってきたことがある。この法律では,早期発見・早期対応の重要性を強調し,虐待を発見した者の通告義務や,被虐待児童の安全確保のため児童相談所長による一時保護,立入調査,必要な場合には警察官の援助などの措置が明示されている。法律が適切に運用されていくためには,児童福祉関連の諸機関の他,教育,司法,保健医療領域においても体制づくりを進め,予防段階から連携をしていく必要があるだろう。

　被害者支援という領域が最近急速に注目されつつある。ある日突然被害者という立場になるという体験には,虐待,いじめの他に,災害や事故,犯罪事件との遭遇によるものがある。多くの子どもたちが直接間接の被害を受けた出来

事として，1995年の阪神淡路大震災，2001年の大阪教育大附属小学校での事件などが代表的な事例であろう。天災人災を問わず，被害を受けた直後は現実生活上の対応に追われ，その間にも酷使されている心身をいたわる余裕がない。PTSD（心的外傷後ストレス障害）の症状を周囲が十分に理解した上で，直後の危機介入とその後の心の援助それぞれが必要である。

　この他にも，ストーカー犯罪，ドメスティック・バイオレンス，職場や学校におけるセクシュアル・ハラスメントなど，これまで大きく取り上げられてこなかった問題にも光が当てられ，被害の訴え件数が増加したと同時に，対策が練られるようになってきている。また，厚生省（現厚生労働省）による，地域子育て支援センターや一時保育施設などの設置の推進や，文部科学省の管轄下で行われている家庭教育カウンセラーや電話相談の体制整備などの事業の展開など，親同士のネットワークづくりや情報交換の場が提供されることで，育児ストレスの軽減さらには虐待の予防にもつながることが期待されている。高齢者支援や男女共同参画社会の推進も，新世紀の重要な課題とされており，これらは青少年を育てていくことと決して無関係ではない。

　これからの「こころ」の問題は，深刻な事態が起きてから対処方法を見つけるのではなく，基盤となる健全な社会づくりをめざすことで，あらかじめ解決の手だてを準備する努力をしていくことが大切である。そのために，①各領域の専門家の養成は急務である。本章であげた支援対策は，いずれも過去に予想のできなかった社会的な現象や事件に対応するため試行錯誤を重ねながら形作られてきたものである。そこで得られた知見やノウハウをまとめ，核となって進めていく「こころ」の専門家が必要とされている。②ただし，特定の立場や職種による取り組みだけでは不十分である。現代の「こころ」の問題解決は，他職種の連携がなくては成り立たない。適切な情報交換と円滑なネットワーク構築に向けて，さらなる工夫が求められている。

〈引用文献〉

上野行良・上瀬由美子・松井豊・福富護　1994　「青年期の交友関係における同調と心理的

距離」『教育心理学研究』42
岡田努　1995　「現代大学生の友人関係と自己像・友人像に関する考察」『教育心理学研究』43
久世敏雄編　1990　『変貌する社会と青年の心理』福村出版
子どもの虐待防止ネットワーク・あいち　2000　『防げなかった死』ほんの森出版
小柳晴生　1999　「青年期心性──学生相談室から見た現代の青年像」『学生相談研究』20
下山晴彦　1991　「これからの学生相談」『現代のエスプリ』293（キャンパス・カウンセリング）至文堂
千石保　2000　『「普通の子」が壊れてゆく』NHK出版
藤森和美編　1999　『子どものトラウマと心のケア』誠信書房
村山正治　2001　「新しいスクールカウンセラー制度の動向と課題」『臨床心理学』1
森田美弥子　2001　「『今どきの十代』の対人関係」『健康文化振興財団紀要』29

〈キーワード〉

ステューデント・アパシー
ウォルターズの命名による。日本では1960年代後半に目立ち始めた。学業上の些細なつまずきを機に急速に勉学意欲が低下し授業も欠席がちになる。ただし、本業以外の趣味やサークル活動、アルバイトなどには熱心にかかわり、「選択的退却」状態である。もともとは真面目で成績優秀である場合が多い。成功・失敗へのこだわり、時間的展望の甘さ、受け身的・回避的対人態度などの特徴が指摘されている。

臨床心理士
文部科学省所管の財団法人日本臨床心理士資格認定協会が認定する臨床心理士は、1988年に発足し、2001年3月の時点で全国に7000名を超える。臨床心理学など心理学の知識や諸技法を生かして心の問題にかかわる専門家として、教育（学校、教育相談施設など）・福祉（児童相談所、福祉施設など）・保健医療（病院、保健所など）・司法矯正（家庭裁判所、警察など）・産業（企業内健康管理室、職業センターなど）・開業など、さまざまな領域で活動している。

児童虐待
保護者による児童に対する①身体的虐待、②性的虐待、③保護の怠慢・拒否（ネグレクト）、④心理的虐待の4類型が定義されている。心身発達上の遅れ、対人関係障害、社会生活上の不適応など影響は深刻であり、児童と保護者の双方への治療的アプローチが必要である。2000年に成立した「児童虐待の防止等に関する法律」では、早期発見、通告義務、立ち入り調査権、指導を受ける義務等について規定している。

ドメスティック・バイオレンス
配偶者である男性から女性への暴力を意味する。アメリカでは1984年に家庭内暴力防止法、1994年には女性に対する暴力防止法が成立している。日本でも、妻に対する夫の暴力が社会問題化しているのを受けて、保護命令などを規定した「配偶者からの暴力（DV）防止・被害者保護法」が2001年4月に成立した。相談支援センターの設置、警察による

暴力制止・防止措置，地方裁判所への保護命令申し立てなどが明記されている。

PTSD（心的外傷後ストレス障害）

事件・事故，災害など強い恐怖や無力感を伴う出来事に遭遇して，通常3カ月以内に以下の状態を呈するもの。①外傷的出来事の再体験（フラッシュバック現象），②外傷的出来事と関連した刺激や事態の回避と感情麻痺，③覚醒亢進（過緊張・不眠・刺激過敏・集中困難・驚愕反応など），④これらの状態が1カ月以上続き，社会生活上の適応困難や苦痛を生じている。急性に起きる場合，慢性化する場合，遅れて症状が出る場合など経過はさまざまであり，長期に援助が必要である。

男女共同参画

日本では1999年6月に「男女共同参画社会基本法」が制定され，そこでは，男女共同参画社会の実現は21世紀の最重要課題と位置づけられた。基本理念として，①男女の人権の尊重，②社会における制度または慣行についての配慮（保険，年金，税制などの見直し），③政策等の立案および決定への共同参画，④家庭生活における活動と他の活動の両立，⑤国際的協調の5本柱がたてられている。この法律により，2000年12月には男女共同参画基本計画として，具体的施策が提示されている。

（森田美弥子）

第6章

学校でカウンセリングをするということ

1　教師によるカウンセリング

　本章では，学校でのカウンセリングの実際を取り上げる。まず，教師によっておこなわれてきたカウンセリングについて述べ，次に，近年になって導入されたスクールカウンセラーの活動の実際を紹介する。最後に，学校で役立つカウンセリングのさまざまな理論や，ブリーフカウンセリングを取り上げる。

（1）養護教諭によるカウンセリング
　現代の保健室は，病人やけが人の行く「学校内の診療所」以上の働きをしている。休み時間ともなると，大勢の子どもたちが保健室に押し掛けて，養護教諭は引っ張りだこになる。別にけがをしたのでも，特に気分が悪いのでもない。生徒たちはそこで，あれこれ雑談をして再び教室に戻っていく。また，どうしても教室に入ることができず，保健室を居場所としている生徒がいる場合も珍しくない。つまり，かろうじて学校に来ている遅刻・欠席がちな生徒である。このように，保健室は相談室やシェルターの機能も果たしている。
　原則として教科指導を受け持たない養護教諭は，教科担当の教師とは別の立場で児童・生徒と接することができる。つまり，0点ばかり取っている子でも安心して行ける場である。養護教諭には，教科を指導する教師には見えない生徒の悩みに気づいたり，長所を見いだせる可能性がある。養護教諭は，学校内

でカウンセラーとしての役割を期待され，実際に担ってきたのである。

（2） 担当教師によるカウンセリング

　悩みをかかえた生徒への援助をまず期待されるのは，何といっても学級担任や教科担当の教師であろう。教師は，学校で日常的に生徒と接している。生徒にとって一番身近な（もしくはそうなり得る）存在である。生徒に何らかの悩みや問題が発生した時に，すぐに気づき援助できる立場にいるともいえる。

　現に，これまでも日本の学校の中では，教師がカウンセラーとしての機能も果たしてきた。教育相談の研修を受けたうえで，ふつうの教師が実践してきたのである。生徒を援助する心の専門家が配置されておらず，選択の余地がなかったという事情もある。しかし，教師は子どもを知的な側面からだけではなく人格面，身体面など多面的に見て成長を援助してきたともいえる。

　養護教諭を含めて，教師によるカウンセリング活動は，これまで学校で重要な役割を果たしてきた。とはいうものの，以下のような限界もある。

　第1に，生徒指導の立場と，伝統的なカウンセリング理念とは矛盾して見える。受容と共感という基本を学んだ教師は，厳しく指導する姿勢との間でしばしば立ち往生してしまった。第2に，教師はカウンセリングの専門家ではない。教師には日々の授業はもちろんのこと，数々の職務があって手一杯である。第3に，立場上教師には扱いにくい問題がある。例えば，先輩として尊敬する他の教師への不満を生徒に訴えられた教師は，板挟みになってしまうだろう。そのような場面で冷静に話を聴き，有効な対処をすることは難しい。

　こうしたわけで，悩みをかかえた生徒の援助を教師だけにまかせることには，無理がある。教師にカウンセリングを学んでもらうことも有意義であるが，場合によっては経験のある専門家の手を借りることも必要である。そこで，カウンセリングの専門家が，学校に導入され始めたのである。

2　スクールカウンセラーの実際

（1）　スクールカウンセラー制度の導入

1980年代にはいった頃から，いじめをきっかけとした生徒の自殺などの衝撃的な事件が多発した。これらは大きく報道され，世間の注目を浴びた。そして，不登校やいじめ，非行など学校のかかえるさまざまな矛盾がしだいに社会問題化した。

しかし，上述の通り，教師による対応にも限界がある。こうした学校の諸問題の対策として，文部科学省は近年になって，スクールカウンセラー（以下SCと略記する）を制度化した。学校という「閉じられた組織」に，外部から専門家を導入すること自体が，画期的だともいわれている。中学校から順次，全校にSCを配置する計画が進められている。ただ，配置するといっても，非常勤で外部から学校に入る形である。

（2）　資　格

SCはふつう臨床心理士という資格をもっている。これは日本心理臨床学会と他の関連学会が設立した資格認定協会が出している資格である。この他にも，スクールカウンセラーにかかわる可能性のある新しい資格が次々に誕生している。日本教育心理学会が進めている「学校心理士」「学校心理士補」はそのひとつである。学校心理士の認定は，1997年度から開始された。日本教育心理学会のほか指定の学会の会員であることが必要である。そして基本的には，教育職員免許状（専修免許状）を持っていること，1年以上の学校心理学に関する実務経験があることなどが条件となる。ただし，さまざまな類型が想定されており，それぞれ取得の条件は変わる。提出を求められる書式なども異なってくる。

（3）　職務内容・形態

学校や教育センターなどでの，児童・生徒への直接のカウンセリングはもちろん，親や教師への援助（コンサルテーション）などをおもな仕事とする。こ

第6章 学校でカウンセリングをするということ　267

表Ⅳ-6-1　N中学校における年間SC活動の記録

月					
4月	Yさん②(母)暴力	N先生①	Mさん(本人・母)		
5月	Yさん③	N先生②		Iさん①本人	
8月	Yさん④			Iさん②	
10月		P先生	O君①(本人)非行		
11月	Yさん⑤(終結)			Iさん③	K先生①
1月		Jさん①	O君②		K先生②
2月	Oさん①万引き	Jさん②		Iさん④	K先生③
3月		Jさん③	O君③	Iさん⑤(卒業)	K先生④

注) 母親, 教師はいずれも, 生徒の問題に対するコンサルテーションである。丸文字は, 面接の回数を示す。

のほか，カウンセリング校内研修の講師として呼ばれる場合なども出てくる。原則として，週に2回，各4時間の非常勤の勤務である。現時点での派遣先は主に中学校である。また，SCには特定の学校や相談センターなどに固定するタイプのほかに，複数の学校をかけもちするタイプの「巡回型」もある。つまり，A校で勤務した翌週はB校，また次の週はC校，というように，次々に回っていく。

　表Ⅳ-6-1に，ある中学校で筆者が1年間に行った面接等の概要を示している。この表にしたがって，SC活動の実際を解説しておこう。

(4) 相談室

　現状では，SCの居場所となる相談室やカウンセリング室を持っていない学校もある。その場合は，会議室の片隅や保健室，空き教室などを使って面接をする。教室というものは，机やイスを取り払うと意外に広く，そのままでは落ち着かない。そこで，ついたてやカーテンで間仕切って使う。防音や室温調整など環境の面で，相談の場としては理想からほど遠いのが現状である。「心の

教室相談員」も週に数回，同じ部屋を用いることがある。

（5）訪問回数・時間

この学校には，年間8回（各4時間）訪問した。のべ32時間である。6, 7月のように，1回も行っていない月もある。全部で4校の掛け持ちなので，1校あたりはこの程度の回数に過ぎない。続けて毎月のように会っている生徒もいる。その一方，1回限りの面接で終結している例がいくつか見られる。問題が解決してもう必要がなくなった場合，時間が取れなかった場合，カウンセラーに「愛想が尽きた」場合などが考えられる。民間のクリニックや児童相談所などにすでに相談に行った，あるいは現在通っている例も多い。(3)のO君は，他の中学校で筆者が面接していた生徒で，こちらに転校してきたため引き続いて担当した。

表には示されていないが，常に多くの教師と連携を取っている。特に養護教諭や生徒指導担当からは，毎回校内で気にかかる生徒の様子などを聞く。このようにSCとの連絡調整をする担当者は，学校によって異なる。最近では，校内に「教育相談部」等の組織を作って対処する学校も増えている。

（6）相談の内容

相談の種別はさまざまであるが，不登校が圧倒的に多い。続いて，いじめなど友人関係上の問題や非行の相談なども多い。なお，非行の場合は実際に困っているのは周囲の大人たちである。よって，来談者（クライエント）はたいてい本人ではなく，親や教師である。また不登校の場合も，本人は学校に来ていないので，親との面接が多くなる（教師やカウンセラーが家庭訪問をする場合もある）。つまり，生徒本人を援助する場合もあれば，親や教師を通じて間接的な援助をする場合も少なくないのである。

3　カウンセリングの理論

カウンセリングの理論として，ロジャーズの来談者中心療法がよく知られて

いる。その中で，受容とか共感は根幹部分であろう。しかし，それは教師が生徒のやることをいつも無条件に許容するという意味ではない。生徒が何か悪いことをしても叱らないことを，受容と呼べるだろうか。あるいは，保健室で「疲れたので休みたい」といっている生徒を，教師はどう指導すべきだろうか。

　まず大切なのは，偽らない自分である。カウンセラーであれ教師であれ，本音の自分を出していない限り，結局クライエントや生徒の信頼を得ることはできない。よって，本当は許せないと思うのに許しているふりをする人は，むしろカウンセリングの本質を理解していないのである。カウンセリングは決して甘い指導などではない。

　また，一口にカウンセリングといっても，現在はさまざまな理論や技法が登場している。いろいろなやり方の中から，学校で使えるもの，自分に合うものを選べばよいのである。来談者中心療法のように非指示的な見方になじめないなら，論理療法のように指示的なカウンセリングを学んでもよいだろう。後で述べるブリーフカウンセリングも，忙しい学校現場に適した有望なやり方である。

　さらに，今日の学校でのカウンセリングを考えると，「治す」だけでなく「育てる」視点が不可欠である。いいかえれば，予防的，開発的な取り組みである。現代の家庭では，少子化，核家族化が進んでおり，生活形態も都市化している。便利ではあるが，他の子どもたちとふれあう機会の少ない社会である。つまり現代っ子は，他の人々とうまくつきあう知恵や技術が育ちにくい環境におかれている。

　そこで学校では，人間関係を育て，よくしていくプログラムを積極的に組み込んでいかねばならない。例えば，協同学習，構成的グループ・エンカウンター，いじめ解決プログラム，子どもたち同士での援助活動であるピアサポートなどが挙げられる。カウンセリングというと，1対1での面接場面をイメージしやすい。しかし，グループや学級単位での活動も，カウンセリングの守備範囲なのである。毎日多くの子どもたちが集まる学校は，こうしたグループ活動に最適な場所である。

　では，次に忙しい学校でも比較的用いやすい，短期的なカウンセリング，ブ

リーフカウンセリングを紹介してみよう。

4　ブリーフカウンセリング

　アメリカで最近になって急速に発展してきたのが，ブリーフセラピー（短期療法）である。ブリーフとは短期とか簡便という意味である。従来，カウンセリングは長い時間を要するものだというのが暗黙の了解事項になっていた。しかし，現実的には，より短期的に改善をもたらしうる方法が求められている。なお，学校は治療の場ではなく教育の場である。このため，ブリーフ「セラピー」ではなくブリーフカウンセリングという言葉が好んで用いられる。ブリーフカウンセリングには，問題志向アプローチと解決志向アプローチ（デュラン，1998；ミラー＆バーグ，2000他）の2つがある。

　ここでは，タバコを吸う高校生を対象とした解決志向のブリーフカウンセリングを紹介する。プライバシー保護の観点から，複数の実例を参考にした創作である。

　――　それで，タバコはだいたい1日に何本くらい吸うのかな？
　生徒　多い時には1箱近いかな。日によって違うんだよ。
　――　そうか……。じゃあ，ちょっと考えてみて欲しいんだけど，今日はタバコの本数が少なかった，というのはどんな時ですか。
　生徒　うーん。あまり友だちに会わない時だろうな。
　――　人に会わない時には少ないの？　そうか，私は自分がタバコを吸わないもので，さっぱりわからないんだ。そこで教えてほしいんだけど，人に会う時には吸う，会わない時には吸わないとかあるんですね。
　生徒　気分しだいだね。あと，あちこち移動している時はあまり吸わないよ。家でずっといる時は，どうしても吸ってしまう。
　――　なるほどね。じゃあ，タバコを吸わないと，どんないい事がありそうですか。
　生徒　小遣いが他のことに使える。毎日のことだから，結構金がかかる。月に何

千円かかかっているから。
── タバコを絶対にやめたいというのを 100, 別にやめなくてもいいというのを 0 としたら，今の気持ちはだいたい何点くらいかな。
生徒　60 くらい。
── じゃあ，どちらかというと，やめられたらいいな，と思っているんですね。

　カウンセラーの発言に注目してもらいたい。生徒本人のうまくやっているところ，つまり問題の例外にあたるところに目を向けて広げていこうとしている。ブリーフカウンセリングは，「(その問題に関しては) クライエントが専門家である」という姿勢を取る。そこで，カウンセラーは質問技法を多用する。クライエントが一番よくわかっていると考え，カウンセラーは教えてもらうのである。

　今の学校現場でもっとも求められているものは，有効な生徒指導のモデルであろう。はたして，どのように生徒と接していけばいいのか。どのような考え方や方法を用いれば，問題は予防でき，より健全な人格の発達につながるのか。問題行動がみられた場合に，どのように対処していくのが効果的なのか。むろん，こうした問いにすっきりとした回答を出すことは容易ではない。しかし，すでに紹介したカウンセリングのさまざまな理論や技法からは，学べることが多いだろう。教育心理学者は今後も，実際に学校現場で使える理論を構築し，提案していかなければならない。

〈引用文献〉

岡堂哲雄　1998　『スクール・カウンセリング』新曜社
スクレア，J. B.　2000　『ブリーフ学校カウンセリング』市川千秋・宇田光編訳，二瓶社
デュラン，M.　1998　『効果的な学校カウンセリング──ブリーフセラピーによるアプローチ』市川千秋・宇田光編訳，二瓶社
ミラー，S. D. ／バーグ，I. K.　2000　『ソリューション・フォーカスト・アプローチ──アルコール問題のためのミラクル・メソッド』白木孝二監訳，金剛出版

〈キーワード〉

カウンセリング
もともと，何らかの悩みを抱えた人と，援助のために必要な知識や技能を備えた専門家との間の，主にことばのやりとりを通じた人間関係，援助過程をいう。前者はクライエント，後者はカウンセラーと呼ばれる。ただし，最近ではこうした「治す，治される」という固定した役割関係を嫌い，より対等な人間同士の本音での交流を重視する傾向がある。

来談者中心療法
アメリカの臨床心理学者，C. R. ロジャーズの提唱したカウンセリングで，非指示的な立場。つまり，具体的な指示をいくらクライエントに与えても，結局根本的な解決にはつながらないと考える。自ら立ち直る力が，本人に備わっていると考えるのである。なお最近では，パーソンセンタード・アプローチと呼ぶように変わってきている。

論理療法
アメリカの心理学者 A. エリスの提唱した治療，自己説得法。ある状況でクライエントが不適応を生じ悩むのは，行動の背後にある不合理な信念こそ問題なのである。よって，この不合理な信念を合理的な信念に変えていけばよい，と考える。クライエントの見方がいかに不合理かと明確に説明したり，反論したりする。きわめて指示的な立場を取る。

いじめ解決プログラム
いじめは決して日本特有の現象ではない。いじめを予防したり対処することを目的として，さまざまなプログラムが開発されている。アメリカの多くの州では，いじめの被害を受けた時の対応や，いじめを目撃した場合の対処方法などが，生徒に指導されている。日本では，いじめの効果的な予防・解決方法として，三重大学の市川らが「2段階肯定的メッセージ法」を提案している。

ピアサポート
ピアとは「同輩」の意味である。もともとは，悩みをかかえた生徒を特定の上級生が支援する活動。つまり，生徒が生徒を支援（サポート）する活動を指して，ピアサポートという。そして，訓練を受けて支援にあたる生徒のことを，ピアサポーターとかピアヘルパーと呼ぶ。扱う問題が大きすぎると，ピアサポーターの方が重圧に苦しむことにもなりかねないので，専門家が見守っていく必要がある。

（宇田　光）

あとがき

　本書は，1984年に刊行された久世敏雄編『教育の心理』（名古屋大学出版会）のいわば続編として企画されたものである。前著は教育心理学の重要な内容をバランスよく盛りこんだ標準的な著書として，関係者の間では好評を博してきた。とりわけ，教職課程の受講生，教育学や心理学を専攻する学生ならびに教師からは，優れたテキストと受けとめられていた。

　しかしながら，初版を上梓してからすでに十数年がたち，わが国における学校教育のいちじるしい変貌が起きる中で，新しい教育課題が出現するとともに，教育科学の大きな発展も生まれてきている。こうした動向を反映した続編を刊行することが待たれていたといってもよいだろう。

　本書を「教育の心理」あるいは「教育心理学」としないで，『学校教育の心理学』としたのは，序章でも述べたように，青少年の人間形成に及ぼす教育活動一般ではなく，特に学校教育の役割や機能を中心にして述べることを，より鮮明にしたいがためであった。もちろん，学校教育に焦点を当てているとはいえ，家庭や地域，あるいはその他の影響を軽視したわけではない。むしろ，学校現場の課題に即して考えることで，かえって一貫した問題把握が可能になることは，各章の目次を参照すればご理解いただけるであろう。新たな工夫を盛り込んだ本書『学校教育の心理学』が，好評を得た前著のひそみにならうことができれば幸いである。

　なお，本書の出版にあたっては，各章を分担していただいた執筆者の方々にまずは感謝の気持を表したいと考える。またなかでも，名古屋外国語大学教授の石田勢津子氏には企画から編集にいたるまで，特段のご援助を賜った。石田勢津子教授のお力添えがなかったら，上梓ははかどらなかったであろう。そして，名古屋大学出版会の橘宗吾編集部長と編集部の三木信吾氏には，言葉に表すことができないほどの示唆を受けた。それを得なかったら，このような形での出版を見なかったかもしれない。こうした多数の関係者の方々のご支援とご

努力に対して，記して感謝をする次第である。

2002年6月10日

編　者　梶　田　正　巳

索　引

＊キーワードで取り上げた項目は†で示し，
解説記載頁をイタリック体とした。

あ 行

†愛着（アタッチメント）　57, *63*
†アイデンティティ　35, 119, 153-*163*, 165-166, 181, 185
†アイデンティティ・ステイタス　119, *163*
†アクセシビリティ　124, 126-*127*
†アセスメント　129, 131, *137*
†生きる力　80, *84*, 108, 224-225
　育児ストレス　259
　育児不安　259
†意思決定モデル　204, *208*
†いじめ　60-61, 157, 159, 227, 233, 248, *251*, 254, 260, 266, 268
†いじめ解決プログラム　269, *272*
　異性関係　65, 173
　一斉（学習）指導　82, 97
　遺伝子　38-39
†異文化間心理学　239-*240*
†異文化耐性　237, *241*
†異文化適応　*241*
　異文化リテラシー　239
　インターネット　117, 119-126, 183
†インターンシップ　184, 200, *208*
†インプリンティング（刻印づけ）　11, 33, 40, *42*
　ヴィゴツキー　Vygotsky, L. S.　11, 23-25
†ウェクスラー式知能検査　215, *219*
　内田クレペリン精神作業検査　216
　エリクソン　Erikson, E. H.　32-35, 153, 165, 246
　オープン・エデュケーション　98
　親子関係　11-12, 165, 168, 170-171

か 行

　海外帰国子女　233-234
　外国人児童・生徒　234-235, 237
　開発的カウンセリング　205-206
　開発的指導　68-70, 72
†外発的動機づけ　88, 90-91, *94*
†カウンセリング　70, 72, 227, 264-267, 269, 271-272
　拡散的思考　80
　学習課題　79, 93, 95, 102
　学習指導法　99
　学習指導要領　67, 71, 95, 105, 207
　学習（の）目標　59, 92, 101-102, 223
　学童期　12
†学力観　81-82, *84*, 87
　学力検査　215
†学力偏差値　77, *83*
　仮説実験授業　100, *104*
†「価値の明確化」のアプローチ　70, *73*
　学校移行　245
　学校心理士　265
　学校ストレス　242-243, 248
†空の巣症候群　169, *175*
†カルチャーショック　*240*
　感覚運動期　46
　関係の場　57-58
†観察学習（モデリング）　222, *231*
　観察法　213-214
†完全習得学習　77, 98, *103*
†観点別評価　*137*
　儀式化　246-247
　疑似正統的中心参加　126
　基礎学力　76-77, 81
　基本的信頼感　32, 173
　基本的生活習慣　33
　客我　141
†キャリア　188, 190-*196*, 199
　キャリア開発　190, 195-196
†キャリア・セルフエフィカシー　183, *187*
　キャリア・デザイン　193
†既有知識　25-28, *30*, 47, 100
　教育評価　128

教育目標　96
教科指導　105, 107-108, 111
†教師期待効果　228, *232*
†協同学習　28-29, 82, 98-99, *104*, 225, 269
興味検査　203
具体的操作期　12-13, 46
グループ・エンカウンター法　70
グループ学習指導　98
形式的操作期　13, 47, 51
†形成的評価　13, 47, 51, 130, *137*
†啓発的経験　203, *208*
ゲゼル　Gesell, A.　11, 22
†原因帰属　89, *94*
言語発達　12, 17
検査法　215
†向社会的行動　15, *20*
†構成的グループ・エンカウンター　70, *73*, 214, 269
公的自己　147-148
行動主義　11, 44
校内暴力　254
高齢化社会　174
コーピング　247-249
†コーホート　59, *63*
コールマン　Coleman, J. C.　162, 244
五月病　253
†国際理解教育　*241*
†個性記述的な研究　11, *19*
個別学習指導（方式）　77, 97-98
†コンピテンス　92-*93*

さ　行

†ジェンダー　*73*
†ジェンダー・ロール（社会的性役割）　69, *73*
†自我　33-34, 149, *151*, 255
†時間的展望　149-150, *152*
†自己　140-145, 148-149, *151*, 155, 159, 161, 169, 183, 198, 228
†自己開示　*152*
†自己概念　145-149, *151*, 156
自己決定　70, 147, 193-194
†自己効力感　89, *93*
†自己中心性　46, *52*
†自己提示　*151*
自己評価　103, 131-132, 206
†自己モニタリング　*152*
†思春期やせ症　57, 71, *73*

†システム論　*62*
†質問紙調査法　*219*
私的自己　147-148
児童期　12, 14, 31, 33, 46, 65, 144, 258
†児童虐待　*262*
児童・生徒理解　210, 212-214, 217-218
指導方法　95, 102, 110, 128, 201
指導目標　59, 101
指導要録　95, 132
社会化　34, 53-57, 61-62, 93, 149
社会化のエージェント　56-57
†社会関係のスキル　*63*
†社会測定的方法　217, *220*
†社会学習理論　*63*
†社会的行動　*63*
社会的自己　141
社会的責任　183-185
就職　176-177, 180-181, 183
収束の思考　80
集団規範　229
†集団準拠評価　135, *137*
集団の知能検査　15, 215
主我　141, 143
主題統覚検査（TAT）　216
受容学習　100, 102
準拠集団　229
†状況論的学習（論）　28-*30*
少子化　174, 268
†情緒の機能　168-169, *175*
†焦点理論　162, 244, *252*
†情報格差　120, 123, *127*
職業選択　35
†所産の評価　*116*
進学　176-180, 183
†信念体系　*41*
†心理・社会的発達理論　153, *163*, 165
†心理的離乳　159, *164*, 170
進路指導　176-177, 179, 183, 198-207
進路設計　155-156, 158, 165, 171, 188, 190
進路選択　35, 160, 176-177, 179-180, 183, 185, 199
†進路適性　203, *208*
スーパー　Super, D. E.　189, 201
†スキーマ　27, *30*, 113
スクールカウンセラー（SC）　226, 260, 264, 266-268
†ステューデント・アパシー　253, *262*

†ステレオタイプ的理解　229, 232
†ストレス　123, 226, 242-243, 245, 247, 249, 251
　ストレス反応　248
　ストレッサー　242-244
†ストレッサーへの対処法　227, 232
　性格検査　216
　性教育　67-69
†成熟　21-23, 39-40, 42, 67-69
　成熟優位　22
　成人期　31, 35-36, 57
　性的逸脱行動　71-72
†正統的周辺参加　127
　生徒指導　211
　青年期　31, 34-35, 51, 55, 57, 64-65, 90, 140, 148-150, 153, 158, 165-166, 168-169, 171, 181, 254, 256, 258
†セクシュアリティ　64-65, 67-71, 73
　セクシュアル・ハラスメント　261
　世代間伝達　170
†世代性　166, 174-175, 195-196
†先行オーガナイザー　100, 104
†前成説　38, 42
　前操作期　46
†総合的な学習（総合学習）　71, 80, 86, 101, 105-106, 109, 112, 114-115, 125, 128, 135, 223
†相互作用説　38, 42
　早熟化傾向　66-67
†創造性　4, 84, 207
　創造性検査　80
　ソーシャルサポート　247-250
　ソーンダイク　Thorndike, E. L.　21-22
†素質　40-42
　素朴概念　27-28, 50
　素朴理論　50

た 行

　体験学習　86, 203
†対象の永続性　46, 52
　対人関係　70, 147, 156, 173, 230
　対人コミュニケーション　173
　態度的目標　96
†態度の一貫化傾向　232
　第二次性徴　34, 64
†達成動機　93-94
　多文化教育　239

　単位制高校　179
　男女共同参画　263
　地域集団　61
　知識構造　44, 49
　知的発達　12, 14, 16, 35, 44-45, 47-51
†知能　84
　知能検査　14-15, 17, 80, 213, 215
†知能指数　15, 20
　チャーター・スクール　110, 115
　注意（Attention）　57
　中高一貫教育　179
　中年期　165, 254
†調節　45-46, 51-52
　ティスコーワ　Tyszkowa, M.　243-247
†適合性　195, 246-247, 252
　適性検査　215-216
　適性処遇交互作用（ATI）　98, 103
†転移（学習の転移）　49, 86, 231
†同一化　90, 164
†同一視　158, 164
†同化　45-46, 52, 90, 236, 240
†動機づけ　22, 30, 85, 91, 93, 96, 103, 132
†道具的機能　168, 175
†道具的条件づけ　22, 30
　道徳性　15
†ドメスティック・バイオレンス　261, 262
　友だち親子　171

な 行

†内発的動機づけ　23, 88, 90-92, 94
†内面化　59, 91-92, 94
　仲間集団　34, 60, 159
　二者関係　144
　20答法　146
　日本語指導　234
　乳児期　31-32
†認知機能　19
†認知心理学　30, 80
†認知説　51
　認知的目標　96
　認知発達　13, 23, 246

は 行

　ハヴィガースト　Havighurst, R. J.　55, 64
†バウチャー制度　115
　バズ学習　99
　発見学習　100, 102

† 発達課題　31, 35-36, *41*, 55, 64-65, 68, 165-166
† 発達指数　14, *20*
　発達障害　16
　発達段階　31-32, 37, 45, 47, 90, 165, 192, 200-201, 224
　発達の最近接領域　24-25, 30
† パラサイト・シングル　181-182, *186*
† ハロー効果　217, *220*, 229
　反社会的行動　71, 248
　ピアカウンセリング　250
† ピアサポート　269, *272*
　ピアジェ　Piaget, J.　11, 13, 24, 33-34, 45-47, 50, 124
† PTSD（心的外傷後ストレス障害）　261, *263*
　非社会的行動　71, 248
† ビネー式知能検査　215, *219*
† 表象のレベル　124, *127*
† フィードバック情報（KR）　95, 102-*104*
† 符号化　44, *51*
† 不登校　16, 157, 233, 248, 252, 254, 266, 268
† 不本意入学　179, *186*
† フリーター　177, 180-182, *186*, 254
　ブリーフカウンセリング　264, 269-271
　ブルーナー　Bruner, J. S.　23-25, 100
　ブルーム　Bloom, B. S.　77, 98, 102
　ブレーンストーミング　51
　フロイト　Freud, A.　11, 33
† プログラム学習　77, 98, *103*
† プロジェクト法　113, *115*
† プロセス評価　114-*115*
† 文化相対主義　*241*
　文章理解　13, 26-27
　法則定位的研究　11
† 方略　*51*
† ポートフォリオ評価　*116*, 132
† 保存性　13-14, 24, 46, 48, *52*

ま・や行

　マッチング理論　201
　メタ認知　49, 117
† メディア・リテラシー　*127*
　面接法　214-215
† メンター　196-*197*
　メンタルヘルス　250
　目標ー方法ー評価のサイクル　95
† 目標準拠評価　135, *137*
　目標理論　92
　モラトリアム　173, 205
　問題解決　25, 44, 48, 51, 206, 248
　問題解決能力　118
† 問題行動　16-17, 171, 248-249, *251*
† 役割取得　16, *20*
　友人関係　212, 226, 267
　幼児期　12, 31, 33, 46, 144
† 予定説　38-39, *42*

ら・わ行

　来談者（クライエント）　268-269, 271
† 来談者中心療法　268-269, *272*
　ライフ・キャリア　189
　ライフ・キャリアの虹　189, *197*
　ライフコース　165-166, *175*
　リアリティ・ショック　194, *197*
　リーダーシップ　227
　領域固有性　46
† 臨界期（敏感期）　11, 40, *42*, 236
† 臨床心理士　6, 260, *262*, 265
　レディネス（準備性）　21-26, 28-29, 174, 245
　恋愛　173
† 連合説　*51*
　老年期　31-32, 36
　ロールシャッハ法　216
　ローレンツ　Lorenz, K. Z.　11, 222
† 論理療法　269, *272*
† Y-G 性格検査（矢田部・ギルフォード性格検査）　216, *219*

執筆者および執筆分担（執筆順）

梶田正巳（中部大学）　編者，序章
吉田直子（常葉学園大学）　I-1, I-2
鋤柄増根（名古屋市立大学）　I-3
杉村伸一郎（広島大学）　I-4
浅野敬子（中京女子大学）　I-5
鈴木眞悟（愛知文教大学）　I-6
伊藤康児（名城大学）　II-1
速水敏彦（名古屋大学）　II-2
石田勢津子（名古屋外国語大学）　II-3
石田裕久（南山大学）　II-4
田中俊也（関西大学）　II-5
大野木裕明（福井大学）　II-6

松浦均（中部大学）　III-1
杉村和美（名古屋大学）　III-2
高橋靖恵（九州大学）　III-3
橋本剛（静岡大学）　III-4
金井篤子（名古屋大学）　III-5
浦上昌則（南山大学）　III-6
西出隆紀（愛知淑徳大学）　IV-1
伊藤篤（神戸大学）　IV-2
早矢仕彩子（静岡大学）　IV-3
平石賢二（名古屋大学）　IV-4
森田美弥子（名古屋大学）　IV-5
宇田光（南山大学）　IV-6

学校教育の心理学

2002年9月1日　初版第1刷発行
2006年3月20日　初版第2刷発行

定価はカバーに
表示しています

編者　梶田　正　巳
発行者　金　井　雄　一

発行所　財団法人　名古屋大学出版会
〒464-0814　名古屋市千種区不老町1 名古屋大学構内
電話(052)781-5027／FAX (052)781-0697

©KAJITA Masami et al. 2002　　Printed in Japan
印刷・製本　㈱太洋社　　ISBN4-8158-0437-0
乱丁・落丁はお取替えいたします。

R〈日本複写権センター委託出版物〉
本書の全部または一部を無断で複写複製（コピー）することは，著作権法上での例外を除き，禁じられています。本書からの複写を希望される場合は，日本複写権センター（03-3401-2382）にご連絡ください。

今津孝次郎/馬越徹/早川操編
新しい教育の原理
―変動する時代の人間・社会・文化―
A5・280頁
本体2,800円

江藤恭二/篠田弘/鈴木正幸編
子どもの教育の歴史
―その生活と社会背景をみつめて―
A5・250頁
本体2,300円

早川操著
デューイの探究教育哲学
―相互成長をめざす人間形成論再考―
A5・306頁
本体5,500円

今津孝次郎著
変動社会の教師教育
A5・344頁
本体5,000円

松野修著
近代日本の公民教育
―教科書の中の自由・法・競争―
A5・376頁
本体5,700円

広田照幸著
教育言説の歴史社会学
四六・408頁
本体3,800円

服部祥子/原田正文著
乳幼児の心身発達と環境
―大阪レポートと精神医学的視点―
B5・350頁
本体5,000円

服部祥子/山田冨美雄編
阪神・淡路大震災と子どもの心身
―災害・トラウマ・ストレス―
B5・326頁
本体4,500円